W0248924

Remerciements

La vie d'une auteure est faite de travail, de passion, et de belles rencontres.
Je tiens à remercier infiniment la formidable équipe de Bragelonne – Milady.
Et notamment, Aurélie qui, la première, m'a encouragée.
Isabelle pour sa confiance et pour m'avoir si bien communiqué son amour des comédies musicales.
Et ma très chère éditrice, Julia, qui pendant des mois m'a guidée dans l'écriture de ce roman, avec autant de gentillesse, d'investissement, que de talent.
Grâce à elle, j'ai pu simplement me dire : *keep calm and write.*

Aux deux soleils de ma vie.

Prologue

Pont des Arts, Paris, un samedi soir…

— Mais qu'est-ce que vous faites ? me demanda un agent de sécurité, accompagné d'un berger allemand.

Qu'est-ce que je faisais ? Quelle question pertinente ! Il était 2 heures du matin, et je me tenais accroupie face au parapet grillagé du pont, le front en sueur, une pince coupante à la main. J'avais opté pour la plus grosse du magasin, pensant naïvement qu'elle cisaillerait en moins de deux un cadenas ridicule en forme de cœur. Pourtant, après dix minutes de dur labeur, j'étais à peine parvenue à obtenir une entaille digne de ce nom. Avoir fait la queue pendant une demi-heure à la caisse d'une grande surface de bricolage n'avait vraiment servi à rien.

Je m'étais fait avoir. Encore une fois…

Un an auparavant, j'étais tombée amoureuse d'un connard, celui que je n'aurais jamais dû choisir : Benjamin ! Beau, sexy, drôle, attentionné… Dit comme ça, il avait l'air parfait, sauf que ce samedi-là, il dansait dans les bras d'une autre.

Chaque fois que j'imaginais la scène, je ressentais une douleur dans la poitrine. Une main invisible et cruelle serrait mon cœur, comme on essore une éponge jusqu'à en extraire la dernière goutte.

J'ignorais que l'amour pouvait faire aussi mal. Avec le départ de Benjamin, le bonheur m'avait fuie, brutalement, sans préavis, et il n'existait aucun centre de désintox pour ce genre de sevrage.

Quelque peu étonnée, j'entendis alors quelqu'un fredonner le tube *Rehab* de la regrettée Amy Winehouse. Il me fallut quelques secondes pour reconnaître ma voix.

Une chose était sûre : je devais absolument détruire ce bout de ferraille afin de préserver le peu de raison qu'il me restait. C'était ça, ou planquer un fagot de dynamite sous la décapotable de Benjamin. En même temps, l'un n'empêchait pas l'autre ?

Qui vivra verra, pensai-je avec la maigre consolation d'avoir désormais tout mon temps pour moi, et donc tout le loisir de fomenter des complots.

L'agent continuait de me regarder. N'avait-il rien de mieux à faire ?

— Mais qu'est-ce que vous fichez ? répéta l'entêté.

— Eh bien, ça se voit, non ? lançai-je. Ou alors vous êtes bigleux ?

Habituellement, j'étais beaucoup moins agressive, et très polie. Mais une bouteille de chardonnay avait su libérer mes instincts sauvages.

— Arrêtez immédiatement ! Vous n'avez pas le droit de faire ça.

— Écoutez, monsieur le gendarme…

— Je suis agent de sécurité.

— Peu importe. Je détruis simplement le symbole… (je cherchai l'expression la plus appropriée) d'une grosse daube. Où est le problème ? C'est mon cadenas, de toute façon, donc ma propriété. Regardez, il y a mes initiales : « L. D. » Lina Degenne, c'est moi. Et celles de l'autre enflure, « B. N. », oui, comme la marque de biscuits au chocolat. Vous voyez ! criai-je d'un ton qui, même à moi, parut légèrement hystérique.

L'agent s'approcha avec prudence. Il avait raison d'être méfiant, car j'avais effectivement prévu de l'assommer avec ma pince coupante, si nécessaire. Une image réjouissante me traversa l'esprit : je me vis en train d'alléger Benjamin de la partie la plus délicate de son anatomie. « Clac ! Clac ! » Cette pince me serait peut-être utile, finalement…

J'ignorais d'où me venait ce nouveau besoin de provoquer, mais je trouvais ça suffisamment agréable et grisant pour lui laisser libre cours, en me moquant des conséquences.

— Je suis déterminée à couper cette merde et à la balancer le plus loin possible dans la Seine. Pigé ?

Quelque part, dans les brumes alcoolisées de mon cerveau, je pris vaguement conscience de glisser sur une pente savonneuse.

— Je voulais dire cette « chose », rectifiai-je en désignant le cadenas.

L'agent se pencha sur moi, les narines gonflées de colère. Je ne sais pas si c'était à cause de ça, de ses yeux bleus et ronds, ou tout simplement du chardonnay, mais la ressemblance avec un bœuf s'imposa à moi.

Allez savoir pourquoi, je me mis à pouffer. Il se redressa brusquement.

— Je crois surtout que vous avez trop picolé, miss.

Je me levai, excédée par son ton moralisateur. J'en avais assez des gens qui me disaient quoi dire ou quoi faire. Comme ma mère qui m'avait conseillé de ne pas venir à la petite sauterie de ce soir « pour mon bien ». Tu parles ! Elle avait surtout peur que je vide mon sac en public.

— Oui, et alors ? Si je veux gerber, j'ai les plus grandes chiottes de la capitale sous ce fichu pont, ajoutai-je en me pliant par-dessus la rambarde en guise de démonstration.

Il devint livide.

— Éloignez-vous ! Il ne manquerait plus que vous tombiez par-dessus le marché.

Je m'exécutai, le regard méchant et la pince brandie. Secouant la tête, il afficha un air goguenard que je préférai ne pas relever.

— Bon, votre petit manège a assez duré. Rentrez chez vous, ça vaudra mieux.

— Vous ne comprenez pas ! braillai-je à m'en éclater les poumons. Mon petit ami est tombé fou amoureux de ma sœur. Ma propre sœur fête aujourd'hui ses trente ans, au bras de mon ex, et toute ma famille trouve ça normal ! Nor-mal ! répétai-je lentement pour bien lui faire comprendre toute l'horreur de la situation.

— Ah…

— On était ensemble depuis un an ! Un an ! Oh, bien sûr, j'aurais pu voir des signes… comme la fois où il a insisté pour accompagner ma garce de frangine à son cours de cuisine japonaise, alors qu'il déteste les sushis…

À l'évocation de ce jour, je sentis ma gorge se serrer, puis des larmes couler. La semaine précédente, je m'étais pourtant juré de ne plus pleurer. J'avais passé trop de nuits à rembobiner le film, cherchant à déterminer quand tout avait commencé entre eux.

Il y avait eu des regards complices, mais pas de quoi m'alarmer. Au contraire, je me réjouissais que les deux personnes les plus importantes de ma vie s'entendent aussi bien ! Difficile d'être plus quiche ! Parfois, le soir, cette espèce de salaud recevait des textos, qui le mettaient étrangement de bonne humeur. Des *sextos*, peut-être ?

Puis, il avait commencé à passer ses samedis au bureau. Une surcharge de travail, à ce qu'il disait…

Je m'étais sûrement grillé quelques neurones à force de cogiter. Cela avait failli me rendre folle et je ne voulais plus – ne pouvais plus – y penser.

Par contre, il m'était impossible d'effacer le souvenir de cet après-midi où, trois mois après notre rencontre, Benjamin m'avait conduite sur ce pont pour y poser notre cadenas d'amour…

« *J'espère que tu ne trouves pas ça trop cliché ?* » s'était-il brusquement inquiété.

Je l'avais embrassé.

« C'est affreusement cucul, mais j'adore ! »

Avant, quand je souffrais, je me précipitais chez ma sœur pour qu'elle me console… La sensation d'un gigantesque gâchis me fit perdre toute dignité. Mes larmes redoublèrent, et je me mis à gémir.

L'agent esquissa un geste vers la poche de son blouson noir.

— Si vous êtes suicidaire, j'peux appeler les pompiers.

« Suicidaire » ? Et puis quoi encore ? Pour que les deux autres puissent roucouler tranquillement ? Plutôt crever ! J'avançai vers lui en titubant, le poing levé.

— C'est plutôt un meurtre que j'ai envie de commettre, espèce d'idiot !

Il me toisa, les mâchoires serrées, avant de tourner les talons.

Le lendemain, je ne me rappelais plus grand-chose, hormis les grognements du chien et le regard du type, lorsqu'il m'avait laissée, seule, sur le pont. Il avait eu une expression de pitié teintée de dégoût, que je ne parvenais pas à oublier. Je m'étais vue à travers ses yeux, et ce n'était pas joli joli.

Ce matin-là, quelque chose se passa dans ma tête. Je compris que je ne voulais plus inspirer ce genre de sentiment à qui que ce soit.

Plus jamais.

Chapitre premier

Sudbury, ouest londonien

— Alors, ça vous plaît ?

Le studio n'était pas plus grand que l'abri de jardin de ma grand-mère, et la décoration était semblable à celle de sa maison, ce qui lui donnait un aspect à la fois familier, et assez terrifiant. Le sofa était recouvert d'un velours fleuri, absolument immonde, assorti à celui des doubles rideaux et – comble du bonheur ! – au motif de la moquette lie-de-vin. Dans la minuscule kitchenette, la gazinière paraissait si vieille que je me demandai si j'oserais l'allumer un jour, au risque de faire péter tout le quartier.

Il fallait admettre la vérité : les photos sur le site Internet de locations ne lui rendaient pas justice. En réalité, cet appart était bien plus horrible.

Pourtant, je me fendis d'un large sourire.

— C'est parfait, monsieur Ramesh, merci beaucoup.

Le propriétaire, un homme d'un certain âge, au crâne luisant et au teint cuivré, me donna un morceau de papier.

— Voici votre contrat de bail.

Il semblait attendre quelque chose en échange, mais quoi ? Je cherchais dans mon esprit embrumé par la fatigue du voyage. Ma meilleure amie, Frédérique, m'avait d'abord conduite jusqu'à Cherbourg, d'où j'avais pris un ferry quasiment gratuitement – grâce à une promo hallucinante ! Puis, un car Eurolines bondé m'avait menée de Portsmouth à Londres, et enfin le métro, de la gare de Waterloo à Sudbury.

J'étais si déboussolée que j'avais l'impression de flotter, au sens propre, comme au sens figuré. Il fallait que je me concentre pour me rappeler que, la veille encore, je me trouvais à Paris, dans la chambre d'hôtel que j'occupais depuis ma rupture avec Buzz l'Éclair – petit surnom mesquin qui me rappelait la vitesse à laquelle il expédiait nos étreintes.

Je pouvais encore sentir le tangage du bateau dans mes jambes, et j'avais dû me démettre l'épaule à force de traîner mon énorme valise, dont la poignée s'était imprimée à jamais dans la paume de ma main. Je n'avais qu'une hâte : ressortir m'acheter quelque chose à manger, si j'en trouvais la force, déplier le matelas qui servait aussi de banquette dans le bow-window, et puis dormir.

Si j'avais pris l'Eurostar, ça aurait été largement moins éreintant, plus rapide, mais aussi plus cher. Or, gérer au mieux mes modestes économies était devenu ma principale raison de vivre. Mon roman *Un été à New York* s'était vendu à vingt mille exemplaires en France et au Québec, ce qui était honorable pour une première publication, mais ne me permettait quand même pas de m'offrir un loft design avec vue sur la Tamise.

Je pouvais tout juste payer le loyer de ce studio miteux. Mais j'allais vivre au rez-de-chaussée d'une maison à colombages, d'architecture typiquement victorienne, située sur une avenue calme et résidentielle, à deux pas de la gare et des parcs, dans un quartier qui me rappelait un tas de souvenirs sympas...

M. Ramesh continuait de me regarder fixement, si bien que ça en devenait gênant. Devais-je dire, ou faire quelque chose ? Me présenter afin de le rassurer ?

Un coup d'œil dans le miroir ovale piqué de rouille, suspendu au-dessus du canapé, me confirma mes craintes. Avec ma tignasse rousse foisonnante, mes vêtements chiffonnés, et mon maquillage dégoulinant, je ressemblais vaguement à une échappée de l'asile.

Une nuit affreuse passée sur un carré de moquette du ferry, et je n'étais plus que l'ombre de moi-même. Mais ça en valait la peine, car cette promo était *vraiment* hallucinante !

Je détournai les yeux de mon reflet, pour me recentrer sur ce brave M. Ramesh. Même si son logement était atroce, il devait certainement y tenir un peu.

Je pris un ton assuré :

— Je suis romancière. J'ai eu de grosses galères ces derniers temps, mais ici, dans votre splendide appartement, je compte bien repartir de zéro.

Son appart est moche à chialer, alors pourquoi est-ce que tu te sens obligée de lui lécher les bottes ?

— J'ai vécu à Londres pendant un an, quand j'avais dix-huit ans. J'étais fille au pair chez une famille de Wembley. Je me promenais souvent dans les parcs de Sudbury, enfin dès que Mme Cleaver me laissait une minute pour souffler…

La ferme, Lina ! Tu vois bien que ce type n'en a rien à battre, de tes histoires.

— Malgré les exigences incroyables de cette peau de vache, c'était la plus belle période de ma vie. Je me sentais libre, à l'époque. J'avais l'impression d'avoir l'avenir devant moi, que tout était possible… Vous voyez ce que je veux dire, n'est-ce pas ?

Il ne me répondit pas. Je pris cela pour une approbation.

— En venant à Londres, je désire plus que tout retrouver cet enthousiasme, cette envie de croquer la vie à pleines dents… J'adore cette ville !

J'aurais dit n'importe quoi pour convaincre le propriétaire que je paierais mon loyer, rubis sur l'ongle, et qu'il n'avait aucun souci à se faire pour son précieux mobilier antique.

J'étais, sans conteste, la locataire idéale. Il ne pouvait pas rêver mieux.

M. Ramesh plissa les yeux, m'examinant d'un air étrange, à travers ses lunettes cerclées de plastique couleur écaille. Toujours est-il que face à son regard dubitatif, je crus bon de me justifier, sans me rendre compte un seul instant que j'étais en train de m'enfoncer.

— Je sais que beaucoup de gens se vantent d'écrire, mais moi, je suis vraiment écrivain, vous savez. Oh, pas une grande auteure bien sûr, mais c'est une passion que j'ai, depuis que je suis toute petite. Évidemment, il est difficile d'en vivre, et…

Le propriétaire émit une sorte de grognement las, en croisant les bras sur sa poitrine, juste au-dessus de son embonpoint.

— Bon, je ne voudrais pas me montrer impoli, mais ma femme m'attend pour le thé. Vous avez l'argent de la caution, mademoiselle ? J'avais parlé d'un mois d'avance au téléphone, mais si ça ne vous dérange pas, je préférerais que ce soit deux.

On pouvait dire que j'avais vraiment le chic pour faire bonne impression.

Je fouillai dans mon sac à main, à la recherche de mon portefeuille, sans me départir de mon sourire, tandis que M. Ramesh tendait déjà la main. Je pris sur moi pour ne pas pousser un cri victorieux, genre : « Tadaaa ! », en lui donnant non pas deux, mais trois mois d'avance.

Il avait eu tort de me sous-estimer.

Une fois M. Ramesh parti, je m'écroulai sur le canapé, pile dans un trou abyssal, dont je n'étais pas certaine, vu mon état de fatigue, de pouvoir ressortir. Il y eut un concert de ressorts, et un drôle de craquement qui n'augurait rien de bon.

Ce sofa menaçait de s'effondrer d'un instant à l'autre.

Mais dans la vie, je le savais, tout dépendait de la façon de voir les choses :

M. Ramesh n'était pas méfiant envers moi, non. En fait, il m'aimait déjà tellement qu'il voulait me garder comme locataire le plus longtemps possible.

Cet appartement n'était pas vieillot et laid. Il était *vintage*.

Surtout, il avait l'avantage d'être à des années-lumière du deux pièces flambant neuf appartenant aux parents de Buzz, et que j'avais partagé avec lui pendant plusieurs mois.

J'étais certaine que ça marcherait. Ici, j'allais oublier l'épisode le plus douloureux de mon existence, comme on efface un dessin raté, sur une ardoise magique, avant d'en faire un plus beau.

Il me suffisait juste d'y croire. Mais je n'étais pas assez naïve pour penser que ce serait facile.

Après un temps infini, je réussis à m'extirper, non sans mal, de la fosse du canapé, pour me préparer une tasse de thé, avec les sachets de P.G. Tips et le petit paquet de sucre roux achetés sur le ferry. C'était ma façon de célébrer mon arrivée en Angleterre.

Sans aucune surprise, je dénichai l'ustensile incontournable de chaque foyer anglais : une bouilloire, et la branchai au-dessus de la gazinière. En ouvrant les placards, je constatai que la vaisselle était dans le plus pur style « Ramesh » : vieille et dépareillée. Le contraire m'aurait étonnée.

J'optai pour un mug très kitsch à l'effigie de la reine Elizabeth, avec la cuillère assortie – tant qu'on y était. Résistant à l'envie de lancer un grand « God save the queen », j'attendis patiemment que le thé infuse. Même si je le préférais habituellement avec un nuage de lait froid, je pris plaisir à le déguster, et cela me réchauffa. L'arôme me rappela l'époque bénie où j'avais des espoirs plein la tête, une sœur que j'adorais, et un cœur encore intact.

Arrête de te lamenter, pauvre cloche ! Est-ce que tu crois qu'ils pensent à toi, eux ?

Ma boisson terminée, je me sentis un peu mieux. Je vis même mon appartement d'un œil neuf, imaginant quelques aménagements et achats pour le rendre plus moderne (dans la mesure du possible). J'allais être bien, ici.

J'attrapai mon vanity et me dirigeai vers la salle de bains, que je n'avais pas encore vue. Durant la visite, M. Ramesh avait désigné la porte grise d'un air si renfrogné que je n'avais pas eu le courage de l'ouvrir.

Du moment qu'il y avait de l'eau chaude, et des toilettes avec une chasse d'eau, je m'estimerais heureuse. Eh oui, j'en étais là.

Je tournai la poignée, m'attendant au pire… et découvris une baignoire ! Un peu plus, et je me serais mise à danser de joie. Quel petit cachottier, ce M. Ramesh ! Ou alors, c'était une sorte de test : seuls les durs à cuire, ceux qui avaient supporté l'horreur de la visite, gagnaient le droit suprême de profiter de ce petit bijou.

L'objet de mes délices était en faïence couleur vieux rose. Lorsque je vis que les joints du carrelage étaient – juste – un peu moisis, mon bonheur atteignit son paroxysme.

La baignoire et la cuvette des toilettes étaient pratiquement collées l'une à l'autre – il n'y avait même pas l'espace pour passer une main, mais ça n'avait aucune importance. Je fis couler l'eau qui était délicieusement brûlante, et versai une généreuse quantité de bain moussant au pamplemousse. Je barbotai pendant une bonne heure, sans penser à rien, avant de me glisser dans un survêtement doux et large.

La salle de bains – décidément fabuleuse ! – comportait une fenêtre que j'ouvris pour chasser la buée. Un timide soleil de mars donnait sur un jardinet à l'arrière. Je me demandai par où je pouvais y accéder, si même j'en avais le droit. Je me promis de poser la question plus tard.

En premier, je déballai mon ordinateur portable blanc et l'installai sur la petite table rectangulaire, près de la porte d'entrée. Je n'avais pas encore de connexion Internet, mais, d'un point de vue strictement professionnel, rien ne pressait. N'ayant pas donné de nouvelles à Guillaume Fourcade, mon éditeur, depuis des semaines, je n'en attendais pas en retour. Lors de notre dernier échange, il avait évoqué l'idée de publier une suite à *Un été à New York* – idée qui m'avait tout de suite emballée.

Pourtant, après cinq mois, je n'avais toujours rien écrit, pas même l'ombre d'un synopsis...

Je rangeai quelques vêtements sur le portant qui faisait office d'armoire, après quoi, mon estomac vide se rappela à moi.

Un prospectus de pizzeria aux couleurs criardes était placardé sur le frigo. Le descriptif des pizzas était alléchant, il y en avait même une au poulet tandoori ! J'en salivais d'avance. Je m'apprêtais à les appeler pour en commander une, quand – eh bien oui ! – je me souvins que j'avais résilié mon abonnement téléphonique en France et que, venant d'arriver, je n'avais pas encore eu le temps d'en souscrire un. Mon rêve de me faire livrer mon dîner s'envola. J'aurais pu m'acheter quelque chose à manger en arrivant à Sudbury – j'avais repéré une épicerie ouverte vingt-quatre heures sur vingt-quatre à seulement trois rues de chez moi. Mais ne voulant pas faire attendre mon propriétaire, je n'avais pas pris la peine de m'y arrêter.

D'après les indications de M. Ramesh, il y avait un autre appartement à l'étage. Je n'avais pas prévu de jouer à la voisine parfaite et d'aller me présenter, tout sourires, genre *Desperate Housewives*, mais j'avais vraiment, vraiment besoin de passer ce coup de fil à « Sasha, le roi de la pizza ».

Chapitre 2

Mes espoirs furent vite déçus : il n'y avait personne à l'étage, et je dus me traîner jusqu'à l'épicerie de quartier, en jogging, mal coiffée, et sans avoir trouvé le courage de me remaquiller. J'essayai de me consoler en me disant que je serais heureuse d'avoir de quoi me préparer un bon petit déjeuner, le lendemain matin.

Les cinq cents mètres qui me séparaient de l'épicerie ne me parurent pas plus courts pour autant. Je vacillais à chaque pas, trébuchais sur le rebord des trottoirs (pourquoi étaient-ils si hauts, ce jour-là ?), et glissais sur toutes les plaques d'égout qui se mettaient en travers de mon chemin. Un vrai zombie.

Ce qui me fit penser à Frédérique, qui était particulièrement accro à *The Walking Dead*. Dernièrement, elle m'avait invitée pour regarder les premiers épisodes de la saison 5, dans l'appartement qu'elle occupait en colocation, en attendant d'avoir terminé ses études d'éducatrice spécialisée.

« Des zombies dégueu qui se font exploser la cervelle, ça va te changer les idées, ma Lina ! »

Lorsque j'aperçus enfin la devanture, la morte-vivante que j'étais crut défaillir de bonheur. L'espace d'un instant, l'envie farfelue d'entrer, bras tendus, yeux fixes, en poussant d'affreux grognements « zombiesques », me traversa l'esprit. Peut-être que si Fred avait été là... Il m'arrivait de penser que nous n'avions pas tellement changé depuis notre rencontre, au collège. Quelque part, nous étions toujours deux gamines enthousiastes et un peu fofolles.

Elle n'avait jamais cherché à me plaindre, préférant me secouer les puces que de me laisser me lamenter sur mon sort. Lorsqu'elle avait su que Buzz m'avait quittée pour ma sœur, Fred avait fondu en larmes.

« Ce n'est pas possible ! Pas elle ! »

Elle savait à quel point j'aimais Annabelle. Il était une fois, il y a des millions d'années de cela, une petite fille qui répondait fièrement à qui venait l'embêter dans la cour de l'école : « Toi, tu vas voir ce qui va t'arriver, quand je vais raconter ça à ma grande sœur ! » Les souvenirs s'invitaient parfois dans mon esprit sans avoir été conviés, et je m'en serais bien passée.

Seule Frédérique me comprenait. Elle me manquait déjà.

Fatiguée ou pas, je pris la décision de me rendre à Harrow dès le lendemain, pour choisir un opérateur Internet. La connaissant, je devinais que Fred devait trépigner d'impatience en attendant de mes nouvelles. Et moi, j'avais hâte de savoir si le bel Italien, rencontré la semaine précédente au mariage de son frère, l'avait contactée.

Par chance, même si j'en avais bavé (et que je souffrais encore), les histoires d'amour des autres ne m'étaient pas devenues insupportables.

La boutique était typique de la banlieue londonienne : une sorte de caverne d'Ali Baba remplie à bloc. Quelle que soit votre origine, vous pouviez y trouver des produits adaptés à vos goûts en allant du curry à un large éventail de thés et de confitures, en passant par de la morue séchée, et des produits cosmétiques à foison, pour tous les types de peaux et de cheveux.

Les odeurs mêlées de poisson et d'épices me ramenèrent quelques années en arrière, lorsque Mme Cleaver m'envoyait faire des courses dans l'épicerie proche de chez elle…

Une émotion, aussi agréable qu'inattendue, me submergea, et cela pouvait paraître bizarre, mais j'eus l'impression d'être revenue chez moi. Fred prétendait que j'avais dû être anglaise dans une autre vie (elle n'était pas à une théorie mystique près). En même temps, comment expliquer le coup de foudre que j'avais ressenti pour ce pays six ans auparavant ? Je gratifiai d'un sourire la ravissante jeune femme en sari qui se tenait derrière la caisse, et attrapai un panier en plastique, avec un regain d'optimisme.

Je parcourus les rayons étriqués sous le regard chaleureux d'un homme moustachu qui se tenait dans un coin du magasin. Sans réfléchir, je pris tout ce dont j'avais besoin, avant de boitiller jusqu'au rayon des surgelés. Il y avait bien des pizzas. Je posai mon sac sur le sol et me penchai pour examiner les boîtes. J'hésitai entre une Margarita qui me paraissait de bonne qualité, et une autre, répondant au nom évocateur de : « Délices de la mer ». Bien sûr, il faudrait que j'allume le four de la mort... Mais que valait la vie si l'on ne prenait pas de risques ?

— À votre place, mademoiselle, je ne choisirais pas celle-là, dit une voix masculine, près de moi.

Je me tournai et découvris un jeune homme qui me souriait. La première chose que je remarquai, outre son air amusé, fut son regard bleu vif qui me fixait avec assurance. Ensuite, je vis ses cheveux noirs brillants, ses beaux traits, et me forçai à ne surtout pas lorgner son corps (qui, soit dit en passant, était finement musclé, si j'en jugeais par ce que je pouvais entrapercevoir sous son blouson noir à demi ouvert).

— On dirait que les crevettes sont en plastique, ajouta-t-il, en désignant d'un hochement de menton la boîte que je tenais.

Je me figeai. Évidemment – évidemment –, il portait un tee-shirt moulant (pas un gros pull en laine, ou une doudoune fermée jusqu'au cou), une barbe de trois jours qui lui donnait une allure subtilement virile en soulignant sa mâchoire carrée, et summum de l'horreur : il avait des fossettes. En fait, j'étais en train de me demander si je n'avais pas aperçu une BM rouge rutilante garée devant l'épicerie, juste avant d'entrer. J'étais prête à parier que c'était la sienne.

De toute façon, il pouvait être sexy en diable, que ça n'y changeait rien : j'étais bien assez grande pour choisir ma pizza !

— Merci, mais justement, ça tombe bien, j'adore les crevettes artificielles, rétorquai-je sèchement.

Je glissai la boîte dans mon panier, sans lui accorder un autre regard, et m'apprêtais à partir, lorsque je l'entendis murmurer de sa voix légèrement rauque :

— Je voulais juste vous aider.

Je me sentis soudain honteuse. Pourquoi est-ce que je m'étais énervée contre lui ? Après tout, il avait simplement voulu se montrer gentil. La vérité est que je l'avais rembarré parce qu'il était très séduisant, sûr de lui, et qu'il me rappelait avec quelle facilité les beaux gosses pouvaient briser le cœur des filles…

Ce ton cinglant, qui me venait de plus en plus spontanément, était sans doute l'un des effets secondaires de ma rupture. Si je ne faisais pas gaffe, j'allais finir par me transformer en une vieille bonne femme aigrie et exécrable, détestant la gent masculine, par principe. Agresser ce mec ne réparerait pas mon cœur en pièces détachées, parce que ce n'était clairement pas à lui que j'en voulais.

Je me décidai finalement à relever les yeux, cherchant la formule adéquate pour m'excuser, sans trop en faire, tandis qu'il passait une main dans ses cheveux d'un geste absolument répugnant de sex-appeal. À l'autre bout du rayon, une cliente l'observa à la dérobée.

— Pardon, marmonnai-je, j'ai eu une longue journée et je suis fatiguée…

Il parut satisfait. Je remis la pizza de la mer à sa place, et en saisis une autre.

— Celle-là n'est pas mieux, déclara-t-il. La pâte ressemble à du carton.

Mon exaspération refit surface. Il n'allait donc jamais me foutre la paix ? Je ne lui avais rien demandé ! Je préférai ne pas répondre et m'éloigner au plus vite, avec ma pizza en carton-pâte. Je n'avais pas fait deux pas qu'il me héla. Cette fois, c'en était trop ! Je fis volte-face.

— Quoi encore ?

Il pointa le sol du doigt.

— Vous avez oublié votre sac à main.

J'ignorais ce qui m'énervait le plus : la lueur rieuse dans ses yeux, ou le fait qu'arrogant comme il l'était, il devait attribuer cette étourderie au trouble – complètement hypothétique – qu'il aurait provoqué chez moi. Je fonçai ramasser mon sac, avant de repartir aussi sec en murmurant un « merci » du bout des lèvres.

— J'espère qu'on se reverra ! cria-t-il.

Je haussai les épaules.

— Pas moi ! marmonnai-je, en français.

— Qui vivra verra, mademoiselle, me répondit-il dans la même langue.

Au secours !

Je fis un détour par le rayon des sodas, afin de satisfaire mon addiction au Coca, et officieusement, dans l'espoir que le type serait parti lorsque je me rendrais à la caisse. De loin, je le vis discuter longuement avec la femme en sari, puis il lui tendit une petite affiche, avant de quitter le magasin.

Enfin débarrassée !

Pourtant, alors que la caissière passait mes articles en revue, je ne pus m'empêcher de jeter un coup d'œil à travers la vitrine, pour voir où il allait, juste – juste – par curiosité.

Eh bien voilà, j'avais raison !

Il monta effectivement dans la BM rouge, à côté d'une belle jeune femme aux cheveux blonds et courts, et démarra en trombe.

Une fois mes courses réglées, je sortis à mon tour, les bras chargés d'un lourd carton – la caissière ne disposant pas de sacs suffisamment solides pour mes achats. Avant d'entamer mon périple, juste – juste – parce que j'avais besoin de me concentrer pour mobiliser mes toutes dernières forces, j'inspectai l'affiche que l'homme moustachu était en train de coller sur la porte.

Elle annonçait un concert donné par un groupe, The Velvet Sound, dans un pub de Wembley.

Laisse tomber, Lina, tu t'en fous, de toute façon !

Après un moment de pur désespoir à la vue de mon carton plein à ras bord que j'avais provisoirement abandonné sur le trottoir, je dus me résoudre à rentrer chez moi.

Malgré quelques pauses – tous les dix mètres environ – et deux ampoules aux doigts, je tins bon. Lorsque, enfin, ma maison apparut dans mon champ de vision, je manquai de lâcher brutalement mes courses. La BM rouge était parquée juste devant.

Chapitre 3

Je passai la matinée du samedi dans la ville voisine de Harrow, dont j'avais toujours adoré le centre et ses nombreux commerces, disposés autour d'une rue piétonne, ses établissements scolaires réputés, à l'architecture ancienne *so british*, son ambiance qui m'évoquait celle d'une ville anglaise de province… et pas seulement.

Je me rendis compte que, tout en flânant, une partie de moi était déjà en train d'écrire l'histoire de mes retrouvailles avec Jaimee, du heureux hasard qui l'aurait replacé sur mon chemin six ans après notre première rencontre, et de la façon dont nous ne cesserions de parler. L'autre partie de moi – la plus pragmatique – n'était pas sans savoir que c'était juste le produit d'un cerveau à l'imagination débordante.

J'ouvris d'abord un compte bancaire à la *Barclays*, puis, mon RIB à la main, je souscrivis un abonnement Internet ainsi qu'un forfait mobile, pour un montant total qui me fit sortir les yeux de la tête.

Je n'eus ensuite que quelques pas à faire pour aller fureter dans le magasin *Debenhams*, à la recherche d'objets décoratifs, mais n'y trouvai rien qui me convienne. J'étais affreusement déçue.

En me réveillant ce matin-là, sur le sol de mon salon éclairé par les impitoyables rayons du soleil levant, la vérité m'avait sauté au visage : je ne pourrais pas vivre un jour de plus dans la cabane de Shrek.

— Vous auriez davantage de choix dans notre magasin d'Oxford Street, m'indiqua gentiment la vendeuse, devant mon air dépité.

Cela m'encouragea à commettre un acte héroïque, c'est-à-dire aller faire du shopping en plein cœur de Londres, un samedi après-midi…

La Bakerloo Line me conduisit directement à la station Oxford Circus, d'où un flot humain grouillant me transporta, puis me largua sur le trottoir, quelque part entre *Topshop* et le caniveau, pas très loin, heureusement, de mon objectif.

La vendeuse du *Debenhams* de Harrow m'avait bien conseillée : le magasin qui se dressait sous mes yeux semblait en effet des plus prometteurs. Fendant vaillamment la foule, je pris l'ascenseur jusqu'à l'étage consacré à la décoration d'intérieur. Le plus difficile fut alors de me raisonner.

Non, Lina, tu ne peux pas acheter ce sublime lustre en nacre d'une délicatesse inouïe. Stop ! Détourne immédiatement les yeux de ce fauteuil en cuir rose !

Casse-toi vite de ce magasin! Get out of this place! RIGHT NOW!

Mais à peine avais-je posé le regard sur les splendides pièces reconstituées, qu'une sorte d'esprit diabolique prit possession de moi. Il me força à ressortir une heure plus tard, chargée de trois coussins gris perle et d'un jeté de canapé en tissu damassé assorti, d'une paire de doubles rideaux, d'une lampe de salon recouverte de plumes (le tout dans la même teinte), de plusieurs sets de table en patchwork pastel, et d'un service à thé en porcelaine délicatement fleurie. Pour 4,99 livres de plus (une broutille!), un grand tapis bleu nuit parsemé d'une pluie d'étoiles dorées me serait livré dès le lundi suivant, au lieu du délai de cinq jours habituel.

Comme toutes les personnes qui viennent d'exploser leur budget, je me trouvai mille et une excuses pour soulager ma conscience : je ne pouvais pas par exemple prendre le jeté et les coussins, sans changer également les doubles rideaux. Mais du coup, la moquette allait fortement jurer. Un tapis était l'unique solution. Je me voyais déjà le caresser voluptueusement de la plante de mes pieds nus.

En l'absence d'un mec dans ma vie, j'avais bien le droit à un peu de douceur, non ?

Une averse avait dû tomber entre-temps. La chaussée mouillée était encore vernissée par la pluie, mais le soleil était revenu. Avant de m'engouffrer dans la station de métro bondée, je m'arrêtai quelques instants à la terrasse d'un café, dans une petite rue adjacente un peu plus calme que l'artère principale, sans penser à la somme considérable que je venais de dépenser. Je devrais juste me trouver un petit job plus vite que prévu. Disons, approximativement, dans une semaine.

— Un cappuccino, s'il vous plaît.

Le serveur hocha la tête et s'éloigna, en faisant virevolter son kilt. Londres était vraiment *la* ville où tout était permis.

Une fois ma commande passée, je me mis à observer discrètement les attitudes et les tenues des passants. Sur le trottoir d'en face, un couple marchait lentement, en se souriant par intermittence. Lui, était très élégant, avec sa haute silhouette, ses cheveux blonds bien coupés et son costume bleu marine. Elle, avait la chevelure noir corbeau et donnait dans le style grunge, jean déchiré, tee-shirt des Rolling Stones, et une boutique complète de piercings sur le visage. Chacun était beau à sa manière.

Surtout, il y avait quelque chose dans la façon dont ils se regardaient. Quelque chose qui appuya droit sur un point douloureux, au fond de ma poitrine.

Buzz m'avait-il jamais regardée comme ça ?

Soupirant, je me perdis dans la contemplation des amoureux, qui s'attardaient devant une vitrine.

Soudain, le jeune homme fut pris d'une violente quinte de toux qui le fit se plier en deux. Je remarquai alors sa pâleur, ses épaules osseuses qui paraissaient transpercer sa veste. Sa compagne le couvrit d'un regard anxieux, avant de l'enlacer.

Si ça se trouve, il est gravement malade ? Ou même en phase terminale, qui sait ? Oh, les pauvres ! La vie peut être tellement injuste des fois.

Ils étaient si mignons, si touchants. Mon sang bouillonna.

— C'est dégueulasse ! m'exclamai-je en français.

Le client de la table d'à côté tourna la tête vers moi.

— Ben quoi ? Vous voulez ma photo ?

Le type haussa les épaules, et je pus reprendre le fil de mes réflexions.

Calme-toi, Lina. Le blanc-bec a peut-être tout simplement chopé la crève, et la vendeuse de clous se serre contre lui parce qu'elle caille dans son jean à trous.

Le barman déposa ma commande sur la table, en me décochant un clin d'œil.

— Vous êtes charmante, me lança-t-il avec un accent écossais facilement identifiable, tant il était prononcé (et confirmé, qui plus est, par le port du kilt dévoilant deux jolis genoux glabres au-dessus de grandes chaussettes blanches).

J'avais fait des efforts pour me pomponner, ce matin-là. Je m'étais maquillée avec soin, en mettant en valeur mes yeux verts. Sous mon petit imper (un faux Burberry acheté aux puces), j'avais choisi un chemisier soyeux couleur émeraude, dont le décolleté en V était sexy sans être vulgaire, un pantalon noir droit, agrémenté de fines bretelles qui lui donnaient un côté masculin-féminin amusant, et des escarpins à hauts talons compensés. Mes cheveux, que j'avais légèrement lissés, tombaient en vaguelettes sur mon dos.

— Merci, c'est gentil, rétorquai-je.

Je lui rappelais peut-être une fille qu'il avait connue là-bas, sur les hauts plateaux d'Écosse…

— Française ? J'aurais dû le savoir. Avec des yeux pareils ! Ils sont magnétiques.

Je devins pivoine.

— En fait, je viens d'arriver, je vis à Sudbury. Je ne connais encore personne, ici…, chuchotai-je, les yeux rivés sur mon cappuccino.

— Sudbury ? C'est marrant, moi je vis à South Kenton. On est presque voisins. Est-ce que c'est vrai que toutes les Françaises sont des accros de la mode ? Moi, j'adore Jean-Paul Gaultier ! (Il exécuta un petit tour sur lui-même, en agitant son kilt.) Enfin, ses vêtements, pas lui, précisa-t-il en riant. Bien qu'il soit assez bien conservé pour son âge.

— Tout à fait, confirmai-je, le nez dans la mousse.

Certes, le premier homme à me trouver attirante depuis des lustres était une sorte de Highlander gay, qui cherchait peut-être juste à m'extorquer un gros pourboire.

Peu importait, j'avais failli oublier à quel point c'était agréable de se sentir belle.

Le dimanche matin, je fus réveillée par le grondement du tonnerre, et le martèlement de la grêle sur les vitres du bow-window. Deux tasses de thé plus tard, je me retrouvai assise devant mon ordinateur, une couette sur les épaules parce que je n'étais pas parvenue à mettre le chauffage en route. Dehors, le ciel couleur de suie me donnait la douce impression d'être dans un cocon. L'ambiance idéale pour travailler.

Ce n'était qu'un petit résumé de rien du tout, qu'il me faudrait sans doute enrichir et pétrir pendant des heures avant de le laisser reposer (et éventuellement, de le jeter), mais après des mois de désert absolu, sans envie d'écrire, ni même le moindre bourgeon d'idée, j'étais plus excitée qu'une puce.

Déflagration d'amour (titre de travail).

Qu'est-ce que vous faites quand le même jour, vous perdez votre job et votre petit ami, et que votre famille vous fait sentir que vous n'êtes définitivement pas à la hauteur? (Bien sûr, le mot «ratée» ne franchit pas leurs lèvres, mais vous l'entendez quand même.)

Vous fuyez! C'est exactement ce que j'ai fait. J'ai pris mes cliques et mes claques, direction Londres. Mais en débarquant à Heathrow, le sort s'acharne: on me vole mon sac à main, contenant mon argent et mes papiers.

À l'aéroport, un chauffeur en livrée agite une pancarte où il est écrit : « Mademoiselle Inès ». Au bout d'un moment, il repart bredouille. Et si c'était un signe du destin ? (Je le mériterais bien, non ?) Et si… je prétendais être cette demoiselle, au moins le temps de reprendre pied ? Après tout, ma mère m'a toujours reproché de manquer d'initiative… Si jamais la véritable Inès débarque, je n'aurai qu'à feindre la confusion et prétendre que je venais moi aussi pour une embauche ?

Je découvre bientôt que cette Inès a été embauchée comme assistante d'un jeune écrivain : Shane Ligthman. Comme je suis supposée m'occuper notamment du téléphone, ça tombe bien. Si Inès appelle, je lui dis tout simplement que Mr Lightman a changé d'avis, et hop, à moi la belle vie dans une chouette propriété de South Kensington !

Enfin presque, parce que niveau compétences, je n'arrive pas à la cheville de cette Inès, apparemment…

Shane est beau et gentil. En le rencontrant, je suis victime d'une violente déflagration d'amour. Lui, par contre, il a une petite amie (une fille splendide, cultivée, élégante – bref, détestable). Je sens qu'il cache un secret aussi…

Mais en amour, tout est permis, et quoi qu'il arrive, je suis bien décidée à ne plus laisser passer ma chance !

Parfois, je me demandais ce qui ne tournait pas rond chez moi. Mon père nous avait quittées lorsque j'avais sept ans, pour aller vivre avec une autre femme. Ma sœur, ma mère et moi avions ricoché de colère en chagrin, telles des boules de flipper, avant de tomber dans l'énorme trou que mon père avait laissé en partant.

Durant des semaines, Annabelle avait préparé à dîner tous les soirs, apportant un plateau devant la porte close de notre mère, qu'elle récupérait immanquablement intact le lendemain. Elle avait pris soin de moi, m'aidant à me préparer le matin, corrigeant mes devoirs le soir, et s'efforçant de rire à mes petites anecdotes d'écolière.

Et puis un beau jour, d'un coup, tout était rentré dans l'ordre, même si plus rien en définitive n'était comme avant. Ma mère avait repris son rôle, Annabelle avait pu redevenir l'adolescente rebelle à l'intelligence vive qu'elle était, et j'arrivais de nouveau à m'endormir le soir, sans difficulté et sans faire de cauchemars. Mais la blessure persistait, sensible, inguérissable. Elle empêchait ma mère d'épouser cet homme gentil, à la patience d'ange, que ma sœur et moi surnommions « le Professeur », à cause de ses lunettes rondes, de sa moustache et de sa collection de nœuds papillons. Après toutes ces années, il espérait encore qu'un jour elle dirait « oui ».

Mon père nous avait abandonnées, Buzz m'avait trahie de la pire des façons, pourtant, je n'en démordais pas : l'amour était le sel de la vie.

J'étais un peu comme ces gens qui croient en un dieu, quels que soient les arguments imparables leur prouvant qu'il n'existe pas. Ils ont beau savoir que personne ne peut être physiquement penché au-dessus d'eux, sur des nuages (constitués, si tant est besoin de le rappeler, de vapeur d'eau), ils continuent d'avoir foi.

Tous les romans à l'eau de rose que j'avais lus depuis l'adolescence ne pouvaient pas être qu'un tas de salades ! Il existait forcément dans ce monde des coups de foudre merveilleux, des passions dévorantes, et des amours qui duraient toujours. Plus on m'affirmait le contraire, et plus je restais campée sur mes positions.

Je devrais peut-être consulter un psy.

Mon résumé terminé, je me rendis compte qu'il était déjà midi. J'avais ajouté deux pages d'explications à l'intention de mon éditeur, ainsi qu'un descriptif des personnages principaux, inspiré du couple si particulier que j'avais vu dans la rue. Je me sentis brusquement vidée. C'était toujours ainsi lorsque j'écrivais, le temps s'écoulait, le monde s'agitait, et je consumais mon énergie sans même m'en rendre compte.

Lorsque ma connexion Internet fonctionnerait, d'ici un ou deux jours d'après le vendeur, j'enverrais peut-être cette nouvelle idée à Guillaume, sachant d'avance qu'il serait déçu. La veille, j'avais pris la décision de ne pas écrire de suite à *Un été à New York*. Ce roman appartenait tout simplement à une autre vie.

Une pluie drue avait succédé à la grêle, et il faisait quasiment nuit en pleine journée. Je me plongeai avec bonheur dans un bon bain chaud, qui redonna vie à mon corps congelé.

L'estomac dans les talons, je m'attelai ensuite à la préparation d'un plat de pâtes, avec les restes du poulet tandoori que j'avais acheté, en rentrant d'Oxford Street.

J'épluchai, puis coupai des oignons avant de les jeter dans une sauteuse tapissée d'huile d'olive. L'odeur qui s'en dégagea me donna l'eau à la bouche. Une fois les oignons blondis, j'ajoutai de l'ail, des poivrons taillés en lamelles, de la sauce tomate et les morceaux de poulet. Comme la gazinière et moi étions devenues deux grandes copines, j'allumai un second feu pour lancer l'eau des pâtes, et m'appuyai contre le comptoir de la kitchenette, rêveuse.

Je redoutais ce dimanche après-midi. Il me rappelait ceux où j'attendais vainement que mon père vienne me chercher. Pendant un temps, Buzz avait réussi à me faire oublier mon angoisse dominicale et à combler ce vide, Fred avait ensuite pris le relais en me tenant compagnie en ce jour maudit.

Mais ce dimanche-là, je me retrouvais seule, avec moi-même, et je dus batailler contre l'irrépressible sentiment de tristesse que je sentais monter en moi.

Quelqu'un frappa à la porte. Ça ne pouvait être que le voisin, étant donné que je venais de l'entendre dévaler les marches d'escalier quatre à quatre – à moins que ce ne fût la ravissante brune que j'avais aperçue la veille entre ses bras, devant la maison. Je ne les avais pas espionnés intentionnellement, j'étais juste – juste – en train d'accrocher mes nouveaux doubles rideaux.

Sentant peut-être mon regard, mon voisin avait fini par tourner la tête vers moi, et j'avais alors hésité entre deux attitudes : le saluer, mine de rien, même si cela faisait trois bonnes minutes que j'étais en train de les observer sans bouger, ou me cacher précipitamment derrière un pan de tissu gris.

Mais ça aurait eu l'air suspect. Alors, j'avais hoché la tête, avant de refermer mes rideaux.

Il frappa une seconde fois, et j'allai ouvrir d'un pas traînant.

— Bonjour, voisine, lança-t-il en français.

Il était vêtu d'un pantalon de survêt, et d'un tee-shirt sans manche tellement large et distendu qu'il laissait apparaître la majeure partie de ses pectoraux. Je haussai les sourcils de stupeur, moi qui étais emmitouflée dans mon jogging et un gros gilet.

— Vous n'avez pas froid comme ça ?

Des étincelles d'amusement s'allumèrent aussitôt dans ses yeux. Décidément, plus j'étais mordante, et plus il avait l'air de trouver ça drôle. Je devais absolument changer de stratégie.

— Bonjour, rectifiai-je, bien décidée à ne plus être le dindon de la farce.

J'hésitai à l'appeler par son nom, que j'avais découvert la veille en ramassant le courrier dans l'entrée – le facteur l'ayant fait glisser à travers la fente. Cela aurait créé une forme de connivence entre nous, et c'était vraiment la dernière chose au monde que je désirais.

Ce type changeait visiblement de copine comme de chemise, il avait une bande de potes plus bruyante qu'un orchestre gitan, et il ne semblait pas être capable de choisir un tee-shirt à sa taille.

— Vous voulez quelque chose ? demandai-je, irritée de le voir examiner mon intérieur d'un œil curieux.

L'idée qu'il cherchait à me faire payer la façon dont je les avais épiés, sa petite amie et lui, me traversa l'esprit. Il fixa son regard sur moi et m'offrit un sourire outrageusement charmant.

— Vous auriez du thé, s'il vous plaît ? J'ai oublié d'en racheter.

Cela ne m'étonna pas, puisque, à l'épicerie, il passait son temps à ennuyer les aimables clientes au lieu de faire ses courses. Pourtant, je ne pus m'empêcher de penser qu'il s'agissait peut-être d'un prétexte. Mais d'un prétexte pour quoi ? Pour venir me voir ?

— Pas de souci, dis-je, en pleine réflexion.

Je me dirigeai vers la boîte en fer posée sur le comptoir de ma kitchenette. De la porte, je l'entendis demander :

— Vous préparez quoi ? L'odeur monte jusque chez moi. Ça sent drôlement bon.

D'un coup, tout s'éclaira, et je compris mieux la raison pour laquelle il était venu frapper à ma porte : il voulait un *take-away*. Ce type m'agaçait, mais je ne souhaitais pas me mettre à dos mon voisin, dès mon arrivée dans un pays où je me retrouvais seule, pour ne pas dire naufragée. Sans oublier qu'il tombait à point nommé. La visite de Swann Geary me permettait de me changer les idées, au moins pendant un temps.

Être énervée, c'était toujours mieux que de se sentir déprimée.

Chapitre 4

— Des pâtes avec une sauce tomate aux poivrons, répondis-je.

— Ça a l'air extra.

Je ne pouvais raisonnablement pas le laisser sur le pas de ma porte.

— Si ça vous tente, proposai-je en lui faisant signe d'entrer.

D'une démarche souple et légère, il me rejoignit près de la gazinière et se mit à humer le contenu de la casserole, tandis que je m'écartais pour attraper le paquet de spaghettis.

— Mais je vous préviens, il y a de l'ail, expliquai-je. Vous n'aimez pas ça, je crois ? Les Anglais, je veux dire.

— Je suis irlandais.

Il dut lire la stupéfaction sur mon visage, car il crut bon d'ajouter :

— Dans mon métier, il faut apprendre à perdre son accent.

Mon coco, si tu crois que je vais te demander quel est ce fameux métier, tu te fourres le doigt dans l'œil.

Mais rien ne m'empêchait d'essayer de le deviner, juste – juste – par jeu.

Alors, voyons, était-il… expert en pizzas ? Avec ce superbe torse et ce petit fessier bien ferme, c'était peu probable. Je repensai à l'affiche. Il jouait peut-être dans ce groupe, The Velvet Sound ? Si c'était le cas, j'imaginais aisément la meute de fans hystériques qu'il devait traîner derrière lui.

Comme s'il pouvait lire dans mes pensées, il se retourna brusquement et me dévisagea.

— Euh…, bredouillai-je. Asseyez-vous si vous voulez, c'est bientôt prêt.

Il s'installa dans le canapé.

— Je peux ? demanda-t-il en désignant la télé.

— Faites comme chez vous.

Dans le rôle de la voisine parfaite, je me surprenais moi-même.

— Au fait, je m'appelle Swann, annonça-t-il en souriant étrangement, comme s'il devinait, grâce à son sixième sens peut-être, que je connaissais déjà son nom.

J'avais commis l'erreur de déposer par réflexe son courrier sur l'étagère, dans l'entrée de la maison.

— Lina.

Il y avait quelque chose de Ian Somerhalder, dans son éternel sourire supérieur. Quelque chose qui le rendait à la fois détestable et irrésistible. Il avait toujours l'air de se moquer du monde, ou du moins, de le regarder du haut d'un piédestal. Je n'étais pas surprise que les plus belles filles se ruent dans ses bras comme des mouches sur un pot de confiture.

Après, comment parvenaient-elles à le supporter ? Mystère.

Je plongeai les pâtes dans l'eau bouillante, en m'efforçant d'oublier la présence troublante de cet inconnu, qui se trouvait sur mon canapé. Perdue dans mes pensées, je m'aperçus soudain que je ne l'entendais plus jouer avec la télécommande. Je tentai de l'entrapercevoir, du coin de l'œil. Nulle trace de Mister Beau Gosse. Où était-il passé ?

J'émis un ridicule petit hoquet de surprise en le sentant me frôler, ce qui ne manqua pas de le faire sourire à mon plus grand désarroi. Il se faufila derrière moi, passa entre l'évier et le comptoir, puis pianota sur les boutons de la chaudière suspendue au mur. Quelques instants plus tard, je perçus le gargouillis de l'eau dans les tuyaux.

— Il faisait froid, déclara-t-il simplement en m'effleurant de nouveau, et un peu plus longuement, me sembla-t-il, que nécessaire.

Ce mec respirait la sensualité par tous les pores de sa peau, et à sa manière de se comporter, à son assurance démesurée, tout portait à croire qu'il en était parfaitement conscient. J'avais la sensation, à tort ou à raison, qu'il jouait sciemment avec moi. Chaque fois que je rougissais, il paraissait atteindre le paroxysme de la jubilation.

— En même temps, vous n'êtes pas très habillé, lâchai-je, un peu sèchement.

Je tenais à le vouvoyer, même si en anglais, cette subtilité de langage existait seulement dans ma tête, et qu'il ne pouvait donc pas sentir le mur que je tenais à maintenir entre nous. Cette pensée me désespéra encore plus.

— Ma tenue vous embarrasse ? demanda-t-il sur un ton innocent, alors que ses iris brillaient comme ceux d'un chat.

— Je dis ça pour vous. Si vous avez envie d'attraper une pneumonie, c'est votre problème !

Il passa la porte de mon appartement, la laissant grande ouverte derrière lui. L'instant d'après, j'entendis ses éclats de rire dans l'escalier. Le masque de la gentille voisine tomba.

— Qu'est-ce qu'il y a de si drôle ? braillai-je.

Pas de réponse.

Il revint au bout de cinq minutes, vêtu d'un polo bleu à manches longues qui moulait ses muscles.

— Ça vous convient mieux, comme ça ? demanda-t-il.

Je haussai les épaules, d'un air détaché, alors que je bouillais de l'intérieur.

— Vous êtes un grand garçon, après tout. Vous savez ce que vous avez à faire.

Je m'attendais à ce qu'il retourne s'installer sur le sofa, mais il se posta devant la gazinière, à quelques centimètres de moi. Au bord de la crise de nerfs, j'attrapai la passoire posée dans l'évier, et égouttai les pâtes d'un geste sec, tout en sentant son regard insistant. La moitié des spaghettis tombèrent dans l'évier. J'étais tellement excédée que je les ramassai à la main, en pestant, et en me brûlant les doigts par la même occasion.

Je me baissai pour ouvrir un placard, à la recherche d'un Tupperware à lui prêter, tout en me disant qu'au pire, je pourrais toujours réutiliser le carton du poulet tandoori. L'odeur d'une eau de toilette masculine envahit soudain mes narines. Il se trouvait juste derrière moi, et fouillait le placard du dessus. Je me redressai vivement comme si une guêpe venait de me piquer les fesses. Lorsqu'il agita une assiette sous mon nez, son éternel sourire à la Ian Somerhalder aux lèvres, j'eus du mal à ne pas la lui jeter à la tête.

— Comme tu l'as dit, je suis un grand garçon, alors je peux me servir tout seul.

À la façon dont il me parlait, je sentais qu'il devenait de plus en plus familier, et je me mis à regretter sérieusement de lui avoir permis d'entrer chez moi. Si la solitude commençait à me jouer des tours pareils, il allait falloir agir, et vite.

Mon voisin fit glisser un tiroir pour en sortir une grosse pince en plastique que je n'avais pas encore remarquée. Devant mes yeux médusés, ce sans-gêne prit des pâtes, qu'il arrosa généreusement de sauce, avant d'aller se rasseoir sur le canapé.

— Tu n'aurais pas quelque chose à boire, s'il te plaît ? osa me demander l'effronté.

— Non !

Lina, reste calme. Inspire, expire. Zen. Tu ne peux pas tuer quelqu'un, juste parce qu'il est prétentieux et envahissant. Ça ne se fait pas…

— Vous pouvez faire attention à mes sets de table, dis-je, le cœur serré à la pensée qu'un spaghetti à la tomate aille tacher mes petits chéris en patchwork.

Encore ce sourire.

— La proximité d'un homme te fait rougir, et tu es maniaque. Ça fait longtemps que tu vis seule, on dirait.

D'un autre côté, en y réfléchissant, la peine de mort n'existe pas en Angleterre. Et puis, je suis certaine que les jurés, surtout les femmes, me comprendront. J'ai des circonstances atténuantes…

— Alors, comme ça, vous êtes psy ?

Il rit en secouant la tête.

— Non, je suis chanteur et danseur.

Je voulais vraiment ne rien laisser transparaître de mon admiration, mais ce fut plus fort que moi : les artistes m'avaient toujours fascinée. Si je n'avais pas été romancière, je me serais lancée dans la chanson. L'écriture, comme la voix, est un excellent vecteur d'émotions.

Je souris.

— C'est génial. Vous jouez dans des comédies musicales ?

— Je n'ai eu, jusqu'ici, que de petits rôles. En attendant, je travaille dans un garage, et je chante dans un groupe aussi.

Je fis l'étonnée.

— Et toi ? s'enquit-il.

Je ressentis le besoin idiot de me lancer dans un petit jeu, que je déplorai presque aussi vite.

— Devinez, dis-je.

— Et si je trouve, qu'est-ce que je gagne ?

— Un plat de pâtes aux poivrons.

Il parut réfléchir.

— Cuisinière ?

Je levai les yeux au ciel. Mais qu'est-ce que j'espérais ? C'était l'odeur de mon plat qui l'avait attiré chez moi, et rien d'autre.

— Voilà, c'est ça.

Je préférais sagement couper court à toute autre hypothèse.

— Et pourquoi es-tu venue à Londres ? poursuivit-il.

Soigner un cœur passé à la moulinette.

— Pour oublier.

J'ignorais pourquoi j'avais dit ça, et je n'espérais pas qu'il saisisse le sens de cette réponse.

Pourtant, il eut une expression aussi furtive qu'indéchiffrable, mais qui, pour une fois, ne me sembla pas moqueuse.

— Je peux le comprendre.

Il ne me prêta plus aucune attention et se focalisa sur son assiette. Toujours plantée près du comptoir, j'aurais voulu pouvoir attendre qu'il soit parti pour commencer à manger, mais je mourais littéralement de faim, et en plus il paraissait se régaler.

Je le regardais savourer *mon* plat, indécise, enrageant de constater que j'hésitais à aller m'asseoir dans *mon* propre canapé. Finalement, j'allai m'installer, un plateau à la main, à côté de Swann tout en maintenant le plus possible de distance.

Il parut ne pas relever ma présence, mais je le connaissais déjà suffisamment pour savoir que son silence ne durerait sans doute pas. Afin de bien marquer mon territoire, j'attrapai la télécommande abandonnée sur le sofa, et changeai de chaîne, tout en ayant clairement conscience de la puérilité de mon comportement.

Il ne broncha pas, et heureusement pour lui, car j'avais vu tous les épisodes de *Dexter*, et je connaissais plus de vingt façons efficaces de me débarrasser d'un corps sans laisser de trace.

« Cuisinière » ! Et puis quoi encore ? Et d'abord, qu'est-ce qu'il sous-entend par là ? Qu'une fille avec des fesses généreuses travaille forcément dans la bouffe ? Espèce d'enfoiré !

La BBC One passait l'intégralité des épisodes hebdomadaires d'*EastEnders*, une célèbre série qui se déroule dans un quartier fictif de l'est londonien. En six ans, de nombreux événements avaient bouleversé le quotidien des habitants de Walford, et je dus me concentrer pour retrouver le fil de l'histoire. Comme à mon habitude, une fois plongée dedans, j'eus l'impression d'être propulsée parmi les héros, de vivre avec eux, de ressentir leurs émotions. Le monde réel s'effaça complètement.

Cela m'arrivait aussi lorsque j'écrivais. Je n'étais plus moi, j'incarnais mes personnages.

Je notai à peine les allées et venues de mon voisin, qui alla se chercher un verre d'eau au robinet, puis lava son assiette, avant de revenir à sa place. Son repas terminé, il resta chez moi, tranquille et silencieux, et l'infime partie de mon cerveau qui ne voyageait pas à Walford se demanda vaguement pourquoi. C'était à la fois étrange et agréable de le savoir là.

Dans l'un des épisodes, il y avait cet homme, Peter, si bouleversé après le décès de sa chère Lucy qu'il ne trouvait pas la force de porter son cercueil… Ma gorge se noua, je déglutis avec difficulté. Rassemblant finalement son courage durant l'office, Peter prononça un discours où il disait à Lucy combien il l'aimait…

Ma peine saisit cette occasion pour se rappeler à moi. Ma rupture cataclysmique avait laissé des traces, et j'étais plus que jamais à fleur de peau. J'entendis la sonnerie d'un téléphone. Swann se leva et extirpa un portable de sa poche, tandis que j'en profitais pour sécher discrètement mes larmes du revers de la manche.

— Ouais, salut Kathleen…

Ce n'était pas ma faute, dans un appartement aussi exigu, il m'était impossible de ne pas entendre ce qu'il disait à cette fille. *Vraiment* impossible.

— D'accord, je te rejoins dans une demi-heure à la salle de répétitions…

Une danseuse aussi, vraisemblablement, puisqu'il parla ensuite d'une audition devant se dérouler le mardi suivant, au théâtre Drury Lane. Mais à cause de ce satané chauffage qui fit, à cet instant précis, un bruit d'enfer, le nom de la comédie musicale m'échappa.

Maudite chaudière!

— À tout de suite, ma belle, termina Swann en prenant une voix de velours.

Il n'y avait pas à dire : ce mec savait se la jouer. Il rangea son téléphone et me décocha un clin d'œil tout à fait agaçant.

— Je dois y aller. C'était un plaisir, voisine. Merci pour le repas, je reviendrai.

J'eus l'impression humiliante qu'il me cantonnait dans le rôle de la voisine esseulée qui quémandait un peu de compagnie. La pauvre fille, en somme. Même si c'était en partie vrai, je n'allais pas le laisser croire que je mijoterais chaque jour de bons petits plats, dans l'espoir de sa visite.

— Faudrait pas en faire une habitude, quand même, m'offusquai-je. Je suis peut-être cuisinière, mais ce n'est pas un restaurant, ici !

Il passa la porte en riant.

Chapitre 5

— Tu envisages sérieusement de l'inviter ?

Je n'en croyais pas mes oreilles. Sur l'écran de mon ordinateur, Fred me regardait avec des pupilles brillantes, un sourire béat plaqué sur le visage. Cela faisait cinq minutes qu'elle me parlait de l'homme d'affaires italien qu'elle avait croisé au mariage de son frère, Théo.

Elle voulait l'appeler, alors qu'il ne la connaissait pas, ou si peu. J'étais effarée.

— Mais tu ne l'as vu qu'une fois, ton Alessandro ! En plus, tu m'as dit qu'il t'avait à peine adressé la parole, alors que vous étiez assis côte à côte à table !

— C'est vrai, il est un peu… rustre. Théo m'a prévenue. Mais j'ai complètement flashé sur lui. Tu le verrais, Lina ! Il est tellement attirant, je pense à lui tout le temps… J'ai pu pêcher quelques infos grâce à mon frère qui fait du business avec lui. Alessandro est propriétaire d'un hôtel de charme en Toscane, et il projette de monter un autre établissement à Paris. Il reste ici pour quelques semaines.

— Ok. Donc, tu veux lui passer un coup de fil, genre : « Salut, je suis la fille à qui vous avez passé le sel, l'autre jour. Ça vous dirait de sortir avec moi ? »

— Quelque chose dans ce style…

— Et si jamais il veut aller plus loin, dès le premier soir ?

Elle éclata de rire.

— Je laisserai faire les choses. Mais d'après Théo, il est plus fermé qu'une porte de prison. Et puis, écoute Lina, tout le monde n'est pas comme toi. Moi, je n'attends pas le prince charmant. Bridget Jones, c'est fini ! Maintenant, les filles osent faire le premier pas, sans aucun complexe.

— Le souci, c'est que si tu fais ça, il va croire que tu es une fille facile.

Fred fronça les sourcils. Je me rendis compte que mes paroles pouvaient paraître insultantes. Cet Alessandro était peut-être un gentleman, après tout ? Depuis quelque temps, j'avais tendance à me méfier de tous les hommes, et je compris que ce n'était pas près de changer.

— N'importe quel mec normalement constitué aurait envie de coucher avec une jolie fille comme toi, expliquai-je, en souriant. J'en connais un paquet qui en rêveraient. Je ne voudrais pas que tu souffres, c'est tout.

Elle eut un petit sourire triste.

— Comme toi, tu veux dire ? Je comprends… Au fait, est-ce que tu as appelé ta mère ?

— Non. Pas le courage. Je lui écrirai peut-être un mail, je verrai.

— Elle m'a téléphoné pour prendre de tes nouvelles. Elle voulait savoir si tu allais bien, si ton appart te plaisait.

Je feignis l'indifférence, en essayant de contrer un méchant pincement au cœur. Je n'avais pas la force de l'affronter, pas encore. Ses arguments, je les connaissais sur le bout des doigts. Annabelle était ma sœur, et je ne devais pas détruire le lien unique et précieux qui nous unissait à cause d'une histoire d'amour qui ne durerait peut-être pas. En quelque sorte, ma mère me rendait responsable de la situation, et cela avait le don de me mettre en rogne.

Après de brillantes études dans une grande école de commerce, Annabelle occupait depuis trois ans un poste à responsabilités dans une multinationale, à la Défense. Elle était belle, avec des cheveux blond vénitien et des traits fins qui lui donnaient un air naturellement distingué. Plus les années s'écoulaient, et plus elle ressemblait à notre mère.

Petite, lorsque mes parents me demandaient ce que je souhaitais faire plus tard, je leur répondais :

« Je veux être Annabelle ! »

Quelque part au fond de moi, subsistait toujours cette petite fille qui aurait tant voulu être une autre pour que sa mère soit fière d'elle.

Fred dut deviner où le cours de mes pensées m'avait emmenée. Elle s'approcha de son écran et adopta un ton de conspiratrice.

— Bon, changeons de sujet. Reparle-moi de ton voisin… Swann, c'est ça ?

— Oh, lui ? C'est le mec le plus arrogant que j'aie jamais rencontré.

— Ouais, mais il est canon, pas vrai ?

Je savais ce qu'elle cherchait à faire. Depuis des semaines, elle n'arrêtait pas de me harceler pour que j'entame une nouvelle relation.

Je décidai de lui en mettre plein la vue, par taquinerie.

— Imagine Ian Somerhalder, en plus… chieur. Avec un corps plutôt pas mal, en plus. Bon, je l'avoue, il a un corps de rêve. Il est danseur, en fait.

— Oh, *my god* ! Mais avec un physique pareil, il est sûrement déjà en couple, non ?

— De toute façon, ce n'est pas mon genre. Trop sûr de lui. Trop…

— … beau ? Donc, si je comprends bien, ton truc maintenant, ce sont les mecs moches et timides ?

— Mon truc, ce serait un homme tendre qui me respecte et qui m'aime comme je suis.

— Bla, bla, bla. Moi, je te le répète : le sexe sans contrainte, c'est le meilleur remède pour oublier Benj…

Je levai la main pour l'interrompre.

— Buzz l'Éclair.

Elle éclata de rire, rejetant ses cheveux noirs et ondulés qui, depuis quelques semaines, étaient parsemés de mèches bleu électrique. Fred changeait de coupe au gré de ses humeurs. Avec sa belle peau métissée et son visage ovale aux yeux en amande, elle pouvait presque tout se permettre.

— Pourquoi tu l'appelles comme ça ?

Mon sourire s'élargit.

— C'est bien toi qui m'as dit que ça soulageait d'être mauvaise. L'Éclair, c'est pour la rapidité à laquelle… enfin… pas toujours, mais parfois ça ne durait pas plus de trois minutes. Je me demandais même s'il s'était réellement passé quelque chose, ou si j'avais rêvé.

Elle riait tellement qu'elle en avait les larmes aux yeux.

— Vraiment ? Mais tu ne me l'avais jamais dit !

— Tu me connais, je suis toujours discrète sur ce genre de sujet.

— Alors, on dirait que ta sœur n'a pas vraiment tiré le gros lot !

Je ris de bon cœur avec elle, même si je ne me voilais pas la face pour autant. Quand on aime sincèrement, et cela semblait être le cas d'Annabelle, ce genre de détail ne compte pas.

— T'as raison, mentis-je.

Il m'arrivait encore de pleurer en sentant la froideur de mon lit. Certaines sensations me manquaient aussi, comme lorsqu'il me prenait dans ses bras, le matin, au réveil. Ou la tendresse de ses baisers. Je regrettais le temps où je pensais sans cesse à lui, jour et nuit, jusqu'à l'obsession. Le temps où je me sentais vivante…

Mon sevrage n'était pas terminé, il me restait d'autres étapes à franchir. La guérison prendrait du temps. Mais je parvenais à me moquer de lui, alors qu'il n'y avait pas si longtemps, j'aurais écharpé quiconque osant le critiquer. Je progressais.

Pour ma sœur, c'était plus compliqué… En me volant mon petit ami, et en saccageant l'amour que j'avais pour elle, elle m'avait infligé une double peine.

Une fois calmée, Fred s'essuya les yeux.

— Tu sais ce dont tu as besoin ?

— Oui, de m'amuser.

— C'est ça. Au fait, j'ai une idée. Pourquoi est-ce que tu n'essaierais pas de contacter Jaimee ?

Je rougis.

— Ah oui ? Je n'y avais pas pensé.

En fait, il avait largement occupé mon esprit ces deux derniers jours, depuis la visite de mon voisin. Lorsque Swann avait parlé du Drury Lane au téléphone, des souvenirs étaient remontés. Les parents de Jaimee possédaient un petit théâtre, à deux pas de Covent Garden et de la Tamise, le Miramay. À l'époque, il étudiait l'histoire de l'art à Cambridge, ne revenant que le week-end, dans sa maison familiale, contiguë à celle de Mme Cleaver.

C'était lui qui, le premier, était venu me parler par-dessus le grillage du jardin…

Mon voisin actuel jouait justement dans des comédies musicales. C'était comme si mes pas me ramenaient irrémédiablement vers mon passé… et Jaimee.

— En même temps, je ne me vois pas aller sonner chez ses parents. Qu'est-ce que je leur dirais ? Il n'habite sûrement plus avec eux… Et imagine qu'il m'ait oubliée ! Bonjour la honte ! Non, vouloir revoir un garçon avec qui j'ai juste flirté, il y a six ans, est complètement idiot.

De l'autre côté de l'écran, Fred secoua la tête, avec une expression de profond désespoir.

— Difficile comme tu es, si tu attends de rencontrer un homme qui te plaît, par hasard, tu auras des cheveux blancs et des seins en forme de sacoches avant que ça arrive. Merde, Lina ! Internet, ce n'est pas fait pour les chiens ! Je suis sûre qu'il doit être sur les réseaux sociaux. Tu lui envoies un petit message, et tu vois s'il mord à l'hameçon. Qu'est-ce que tu risques ? Au pire, il ne te répondra pas.

— Internet ? C'est d'un romantisme ! ironisai-je.

— Ma chérie, dans la vie, les histoires d'amour ne sont peut-être pas aussi parfaites ni aussi grandioses que dans les livres, mais elles peuvent être belles malgré tout. Le prince charmant n'existe pas, par contre le monde regorge de chevaliers sexy.

Je savais qu'elle avait raison, mais je n'avais pas envie de l'entendre. Je saisis la perche qu'elle m'avait tendue sans le vouloir, pour aborder un sujet moins délicat.

— Tiens, en parlant de roman…

Je lui résumai l'idée que j'avais envoyée ce jour-là à Guillaume, après avoir passé l'après-midi à flâner dans le beau quartier de South Kensington. Elle me promit d'adresser une prière à toutes les divinités qu'elle connaissait, pour que ça marche.

Le lendemain, remplie de courage, je fis la tournée des agences d'intérim de Wembley, mon C.V. à la main. Comme son contenu était proche du vide intersidéral, une jeune femme serviable me donna l'adresse d'une autre agence, située dans la ville voisine d'Ealing et qui recrutait à tour de bras pour les usines. Ce n'était pas extraordinaire, selon elle, mais ils n'étaient pas trop regardants sur l'expérience. Je n'avais même pas besoin de C.V. ! La chance me souriait.

Je m'y rendis en bus, et fus éberluée d'être recrutée sur-le-champ. L'un des responsables d'Olympic Staff me donna rendez-vous pour le lendemain, à 7 heures pétantes.

Je repartis, soulagée d'avoir trouvé un moyen de gagner ma vie en attendant mieux. Je ne descendis pas à mon arrêt et attendis d'en avoir passé quelques autres, laissant derrière moi le centre-ville commerçant, les bijouteries et les restaurants indiens, pour atteindre le quartier résidentiel de North Wembley.

Carlton Avenue était bordée de longues enfilades de maisons identiques, accolées deux à deux. J'eus une bouffée de nostalgie en y revenant après toutes ces années. Je me revis, le jour de mon arrivée, avec mes grosses valises. Excitée et nerveuse, je n'arrivais pas à aligner trois mots d'anglais.

J'éprouvai un sentiment de colère aussi en repensant à Mme Cleaver. Je rejoignis le numéro 52, où habitaient les parents de Jaimee, restant un long moment à méditer, sur le trottoir d'en face. La maison aux fenêtres closes semblait déserte.

Je ne savais pas précisément pourquoi j'étais venue. Il n'était que 15 h 30, et je me doutais bien qu'il n'y aurait personne.

Après un quart d'heure, je décidai de rentrer chez moi. Au moment où je commençais à m'éloigner, la porte du numéro 54 s'ouvrit. Tétanisée, je vis Mme Cleaver sortir dans son allée. Pourquoi se trouvait-elle chez elle au milieu de l'après-midi ? Comme à son habitude, elle était très chic. Les cheveux au carré, sa silhouette mince et tonique était mise en valeur par le tailleur court qu'elle portait, et son éternel bronzage. C'était indéniable, elle ne faisait pas ses quarante-cinq ans.

En la voyant, je me rendis compte qu'elle me flanquait toujours une trouille bleue, et me sentis bête. Je n'étais plus cette fille timide de dix-huit ans qui obéissait sans se rebeller. À l'époque où je vivais chez elle, son mari venait de la quitter en lui laissant des dettes, et elle devait s'occuper de ses trois jeunes garçons, tout en gérant une grande parfumerie de Harrow.

Pourtant, si j'avais eu pitié d'elle au début, cela n'avait pas duré. Elle avait rapidement trouvé un amant, un garçon de quinze ans plus jeune qu'elle, et je devais souvent m'occuper de ses fils le soir et le week-end, parce qu'elle sortait avec lui.

Durant la semaine, je me chargeais des courses, du ménage, de la cuisine, du linge, et même des travaux de tapisserie et de jardinage, sans m'arrêter une minute. Cerise sur le gâteau : elle exigeait que je me lève à une heure proprement inhumaine pour que la salle de bains soit libérée et son thé déjà prêt à son réveil.

Sans Jaimee, je serais partie bien plus tôt.

Mme Cleaver ouvrit la porte de son garage, pendant que je passais en revue les planques disponibles aux environs. Paniquée, je ne repérai qu'une grosse boîte postale rouge, à une dizaine de mètres de là, et me ruai vers elle.

— Lina ?

Je m'arrêtai, les joues rouges. Mon pire cauchemar était en train de prendre vie. Le diable m'avait vue.

— C'est toi ?

Je me retournai et traversai la rue, le cœur battant, avec l'envie pressante de disparaître sous terre.

— Bonjour, madame Cleaver.

— Mais qu'est-ce que tu fabriques ici ?

Toujours ce même ton sec et suspicieux. Elle avait dû se battre pour conserver sa maison, faire carrière et élever seule ses trois enfants, mais cela n'excusait pas tout. Les filles qui travaillaient pour elle quittaient leur foyer, leur pays, se retrouvant un peu perdues, et elle les traitait comme des chiens.

— Je viens d'emménager à Londres, et...

Elle me scrutait, la bouche pincée. Si seulement j'avais pu fuir !

Une jeune fille, à l'air éreinté, nous rejoignit. Je compatissais. Depuis mon départ, combien d'esclaves avaient souffert mille morts chez cette tortionnaire ? Si grâce à Jaimee, j'étais restée près d'un an, d'autres avant moi n'avaient pas tenu plus de quelques semaines.

— Bon, je dois y aller, balbutiai-je. Au revoir.

C'était totalement ridicule. Je la laissais encore me terroriser, et j'étais certaine qu'elle s'en rendait compte et s'en délectait.

Je remarquai ses pattes-d'oie, au coin des yeux, son cou un peu moins ferme qu'avant. Elle avait beau se maquiller à la perfection, ça ne dissimulait pas les traces laissées par le temps.

Lina, sois forte ! C'est juste une bonne femme désespérée qui ferait n'importe quoi pour rester jeune. Elle martyrise les filles parce qu'elle est jalouse, c'est tout.

Je la gratifiai d'un large sourire, plein d'assurance et de maturité, histoire de lui montrer que désormais, j'étais son égale.

— Juste avant de partir, je voudrais savoir si M. et Mme Watherby habitent toujours ici ? En fait, si je suis venue par ici, c'est pour leur dire bonjour.

Et surtout pas pour revoir ta sale tronche.

— M. Watherby est mort l'année dernière, déclara-t-elle d'un air indifférent, avant de se tourner vers la jeune fille qui attendait près de la voiture. Alors, Katerina, vous montez ? Je n'ai pas toute la journée. Je vais vous montrer où se trouve l'école d'Adam, et demain vous vous débrouillerez toute seule.

Chapitre 6

En me réveillant le samedi matin, je me rendis compte que cela ne faisait qu'une semaine que j'avais emménagé à Londres, et je me sentais déjà différente, plus forte, plus optimiste. Je n'avais pas pensé à Buzz depuis, non pas un, mais deux jours ! Vers 11 heures, je décidai de passer un coup de fil à ma mère. Elle avait encore téléphoné à Frédérique, en insistant pour que je la rappelle au plus vite. Elle avait apparemment quelque chose d'important à m'annoncer.

Avait-elle enfin accepté la proposition du Professeur ? Cette nouvelle m'aurait réjouie, même si l'idée d'assister à la cérémonie en compagnie du couple satanique formé par ma sœur et mon ex me filait la nausée. Je me demandai combien de choux à la crème composaient en général une pièce montée. Aurais-je suffisamment de projectiles ?

Quel dommage ! Moi qui étais littéralement folle des mariages. Fred prétendait que je serais capable d'assommer les autres filles avec un gourdin, rien que pour attraper le bouquet.

Elle exagérait à peine.

Armée d'un discours soigneusement préparé et destiné à enjoliver la réalité, j'attrapai mon portable, puis m'installai confortablement près du bow-window. En composant son numéro direct, à l'agence immobilière que ma mère dirigeait depuis une quinzaine d'années, j'eus l'impression de me débarrasser d'une corvée, et cela me peina.

Je l'appelai au bureau, dans l'espoir honteux que notre conversation serait brève. Annabelle avait réussi l'exploit de tout pourrir, même ma relation avec ma mère.

— Salut, m'man.

— Ah, Lina ! Ça me fait plaisir de t'entendre. Comment vas-tu, chérie ?

— Très bien.

— Ton appartement te convient ?

Je me forçai à sourire, puisque, en commerciale aguerrie, ma mère disait souvent que ça s'entendait au téléphone.

— Il est petit, bien sûr, tu connais le prix des loyers à Londres ! Mais il est vraiment ravissant, dans le style anglais, cosy et douillet.

Je grimaçai de dégoût en jetant un coup d'œil à la ronde, et fus à deux doigts d'éclater de rire. Ma mère eut l'air de me croire.

— Tant mieux… Tu as assez d'argent pour l'instant ? Tu sais que si tu as des soucis de ce côté-là, je pourrais t'aider.

— C'est gentil, m'man, mais j'ai déjà trouvé un super travail.

Il y eut un bref silence. En fait, ces deux derniers jours, j'avais vécu l'enfer. Arrivée à l'heure dite à Olympic Staff, j'étais ensuite montée dans un minibus direction une usine lointaine, où l'on m'avait collée debout devant une table, avec d'autres manutentionnaires. Là, sous l'œil attentif d'un superviseur qui ne laissait rien passer, j'avais empaqueté des gels douche et des eaux de toilette pour hommes dans des blisters, pendant huit heures d'affilée, et à une cadence infernale.

Au moindre accès de lenteur, le superviseur venait nous remonter les bretelles, sans ménagement. Mais j'aurais préféré mourir que d'avouer mes galères à ma mère, pressentant qu'elle l'aurait sûrement répété à Annabelle.

— C'est formidable, dit ma mère, d'un ton morne qui contredisait étrangement ses paroles. Et tes romans ?

J'en restai bouche bée pendant quelques instants. Ma mère ne s'était jamais beaucoup intéressée à ce qui constituait l'essentiel de ma vie. Mais peut-être n'avais-je jamais su trouver les mots pour lui parler de ma passion. Sa question alluma un signal d'alarme dans ma tête. Elle tournait autour du pot. Qu'avait-elle donc de si délicat à me dire ?

— J'ai envoyé un synopsis à mon éditeur, j'attends sa réponse, mais j'ai confiance.

Rien n'était moins vrai. Guillaume, que je surnommais secrètement Flash Guillaume à cause de son incroyable réactivité, ne m'avait même pas envoyé un petit accusé de réception. J'essayais de me rassurer en me disant qu'il était probablement débordé.

À l'autre bout du fil, j'entendis ma mère toussoter.

— Bon, je vais devoir te laisser, chérie, j'ai un rendez-vous, mais avant, je dois t'apprendre quelque chose… J'ai pensé qu'il valait mieux que tu sois au courant.

Sa voix était devenue grave. Mon cœur battit la chamade.

— Benjamin et ta sœur se sont fiancés.

Cet après-midi-là, je restai assise devant mon ordinateur, le regard vague, incapable de travailler. Le matin, en me levant, j'avais prévu d'écrire un essai de ton, afin de trouver la voix de mon héroïne. Mais depuis le coup de fil de ma mère, mes pensées m'échappaient, et je ne parvenais pas à me concentrer.

Sans parler de mes yeux gonflés d'avoir trop pleuré. J'avais toujours su qu'Annabelle n'avait pas pu foutre en l'air notre complicité pour une histoire d'amour sans lendemain, mais j'étais loin de me douter que les choses iraient aussi vite entre eux.

J'allai sur Internet, sans trop savoir pourquoi. Je tombai – complètement par hasard – sur la page de Jaimee. C'était fou les surprises que pouvaient vous réserver deux petits clics sur le Net.

En voyant sa photo de profil, je ressentis une grosse émotion. Mon cœur s'emballa, et je me mis à rougir devant l'écran.

Il était toujours aussi charmant. Des traits réguliers, et plus virils que dans mes souvenirs, un nez droit, une bouche pleine, le tout mis en valeur par une peau légèrement mate héritée de sa mère, d'origine indienne, et de beaux cheveux châtains ondulés. Mon regard tomba, oh totalement par inadvertance, sur son statut. *Célibataire…* Entre deux accélérations, mon cœur s'octroya le luxe de tressauter.

Puisque les aléas inexplicables d'Internet m'avaient amenée sur la page de Jaimee, je n'avais pas d'autre choix que de lire les commentaires. Je découvris avec étonnement qu'il avait pris la relève de son père, à la direction du Miramay, lui qui rêvait autrefois de devenir expert en œuvres d'art.

Comme quoi… La vie pouvait nous jouer de sacrés tours. Par exemple, qui aurait pu prédire que je me lancerais dans une prestigieuse carrière d'emballeuse de gels douche ?

Dans un autre post, il évoquait la première d'un spectacle, *Bonnie & Clyde*, précisant la liste des invités, dont certains étaient très célèbres.

Je fus alors prise d'un coup de folie.

Au cours de la fin d'après-midi, je changeai trois fois de tenue, passant d'une longue robe de soirée rose pâle à une plus ample en soie violette, pour finir par jeter mon dévolu sur une petite robe noire cintrée et décolletée. J'étais tellement fébrile que je craquai trois paires de bas et me bousillai un ongle. Après toute cette agitation, j'étais en nage, et encore, en plein doute.

Un collier, ou des boucles d'oreilles ? La crinière en liberté, ou attachée ? Chaussures à talons, ou ballerines dorées ?

J'aurais pu demander l'avis de Fred, si seulement elle n'était pas partie à la chasse à l'homme. La veille, Théo avait enfin accepté de lui donner le numéro d'Alessandro. Il fallait dire que Fred ne lui avait pas accordé une minute de répit.

« Je l'ai appelé, Lina… »

« Et ? »

« Je lui ai demandé s'il désirait une guide pour visiter Paris. »

Sur le moment, j'avais trouvé l'idée brillante.

« Malin, et très romantique. Bravo ! »

« Sauf qu'il a refusé. »

« Merde ! »

« Comme tu dis. Il m'a rétorqué qu'il n'avait pas le temps pour les distractions, qu'il n'était pas venu pour se promener, mais pour bosser. Puis, il a raccroché aussi sec. »

« Aïe ! Pas cool. »

« J'ai décidé de faire le pied de grue devant son hôtel, demain. Il finira bien par sortir, non ? »

« Tu es sûre ? Je me demande si tu ne vas pas plutôt l'énerver… »

« Tant pis ! S'il ne veut pas de moi, je le suivrai partout comme un toutou jusqu'à ce qu'il cède. »

Même si la rabat-joie en moi avait désapprouvé, mon âme fleur bleue, elle, avait frissonné…

Je me maquillai puis, trouvant le résultat trop prononcé, me démaquillai pour recommencer, avant d'opter pour de grandes créoles dorées, et un chignon moderne, dans le style coiffé-décoiffé.

J'étais à bout de nerfs, mais fin prête.

Au moment de sortir, je tombai nez à nez avec Swann, sur le pas de la porte. Fier comme un coq dans une basse-cour, il tenait une fille à chaque bras : la blonde ravissante que j'avais entrevue l'autre jour, dans la BM, et la sublime brune. Très élégamment habillés, ils formaient un trio éblouissant.

Mais l'instant d'après, quelque chose me frappa.

Alors, comme ça, elles se connaissent ? Mince alors, un ménage à trois !

Je m'efforçai de ne pas prendre un air ahuri, en les contournant, tête baissée.

— Pardon, marmottai-je.

— Salut, voisine. Eh, mais tu t'es mise sur ton trente et un, ce soir ! Un rendez-vous ? Déjà ? Et qui est l'heureux veinard ?

J'hésitai. J'aurais pu inventer un petit ami imaginaire pour lui clouer le bec, mais son indiscrétion m'horripilait. Ça me rappelait aussi qu'à la base, je n'avais pas de rendez-vous.

— Depuis quand est-ce qu'une femme a forcément besoin d'un homme pour s'amuser ?

— Ah bon, tu préfères les filles ?

Je soupirai, découragée. De toute évidence, il ne cherchait qu'à me rendre chèvre. La brune semblait visiblement très amusée par la boutade, tandis que la blonde le fusillait du regard. Elle lui donna une tape sèche sur l'épaule.

— Swann, tu ne changeras jamais ! Laisse-la tranquille, le rabroua-t-elle, avant de se tourner vers moi : Ne te préoccupe pas de lui. C'est juste un sale gosse qui fait son intéressant. Passe une excellente soirée.

Avec son franc-parler et son sourire doux, elle me parut instantanément sympathique.

— Merci, vous aussi, dis-je en voulant m'enfuir.

Mais Swann m'attrapa par le bras. Un peu plus, et je lui flanquais un coup de sac à main pailleté dans la figure.

— Fais quand même attention à toi, murmura-t-il.

Il me lâcha aussitôt, et je partis.

Je pris la Piccadilly Line jusqu'à Covent Garden, tout en me demandant si je ne serais pas obligée d'emprunter des bus pour le retour, ce qui me vaudrait le plaisir d'une longue promenade *by night*. Tout dépendrait de l'heure à laquelle je rentrerais.

En ce samedi soir, Londoniens et touristes avaient envahi les multiples restaurants et les pubs du quartier. Je flânai un peu, m'imprégnant de la gaieté ambiante et de la beauté de l'ancien marché couvert. Comme j'avais encore du temps avant le début du spectacle, je rejoignis la place centrale, où un artiste, parmi d'autres, mimait une passante en train de réajuster sa culotte, à travers son pantalon.

Elle devait penser que personne ne la regardait, jusqu'au moment où une vague de rires la fit se retourner. Même si le petit numéro m'avait amusée, j'accélérai le pas de peur de devenir la prochaine victime.

Le Miramay n'avait pas la prestance des grands établissements voisins, tels que le Drury Lane ou le Royal Opera House. Son entrée modeste, presque discrète, évoquait celle d'un vieux music-hall de l'époque victorienne. Pourtant, en l'apercevant, je ne pus m'empêcher de penser que cet endroit avait quelque chose de magique, comme s'il suffisait d'en franchir la porte pour pénétrer dans un monde secret et merveilleux.

Ce soir-là, « Bonnie & Clyde » s'étalait en lettres lumineuses, et un long tapis rouge avait été déroulé jusque dans la rue. Je me sentis émue, sans trop savoir pourquoi.

Les producteurs qui montaient des comédies musicales et les propriétaires qui s'escrimaient à faire perdurer leurs théâtres ne vendaient pas seulement des places : ils offraient du rêve.

De loin, j'aperçus quelques berlines sombres, et un attroupement de paparazzis s'agglutinant sur le trottoir. Deux malabars en costume encadraient l'entrée, cernée en partie par des barrières de protection.

De nombreux curieux avaient fait le déplacement dans l'espoir d'apercevoir des stars. Après un long moment d'attente, je ne vis ni Kate Moss ni Gwyneth Paltrow, mais je reconnus un présentateur de Channel 4, et deux acteurs d'*EastEnders* en habit de soirée, que des journalistes s'empressèrent d'interviewer.

Les photographes finirent par se disperser comme une nuée de mouches, et plus personne n'entra dans le théâtre. Je jetai un coup d'œil à ma montre : le spectacle était sur le point de commencer… Bousculée par des passants, je demeurai sur le trottoir d'en face, à épier le hall d'entrée, avant de me décider à pénétrer dans un pub, afin d'y déguster un bon *fish and chips*. Je me disais qu'étant donné son nom, *La Sortie des Artistes*, j'avais des chances d'y croiser Jaimee après la représentation.

En le voyant, je prétexterais n'importe quoi, une promenade dans le coin, et jouerais la surprise.

J'aurais pu me contenter de lui poster un message sur sa page. J'y avais même sérieusement pensé, l'espace d'une minute, avant de me raviser. Il m'aurait répondu, ou peut-être pas. On se serait peut-être donné rendez-vous, et après ? Ça me paraissait tellement artificiel.

S'il n'y avait pas une pincée de hasard dans une rencontre, alors elle perdait tout son charme. Ce que je désirais, c'était un coup de foudre.

En six ans, j'avais perdu quelques kilos. Plus sûre de moi, je m'habillais de manière féminine, en osant dévoiler mes formes. Quand Jaimee m'avait connue, j'étais une fervente adepte du look jean-baskets. Je voulais lui montrer la nouvelle Lina, voir sa réaction lorsqu'il comprendrait que c'était moi.

Au bout de deux heures, les spectateurs ressortirent par petits groupes, certains gagnèrent le pub, et je me mis à scruter chaque nouvel arrivant, en croisant très fort les doigts, sous la table.

J'eus l'impression de naviguer intérieurement sur des montagnes russes, passant sans cesse de l'espoir à la déception.

Au bout d'un moment, plus personne n'entra.

De l'autre côté de la rue, les lumières du théâtre s'éteignirent une à une, plongeant la façade dans la pénombre, et je compris que Jaimee ne viendrait pas.

Sans le savoir, les gardiens refermèrent doucement les portes de mon joli rêve.

Chapitre 7

Le dimanche matin, je repris avec une joie infinie le chemin de mon ordinateur…

[…] En bas de l'Escalator, je franchis tant bien que mal une porte tournante menant à la distribution des bagages. Je scrute les environs à la recherche du tapis roulant, quand mon regard tombe sur un type baraqué coiffé comme un porc-épic. Planté à côté d'une rangée de téléphones, en costume noir, il tient une pancarte où il est écrit : « Mademoiselle Inès ».

Il doit sentir mon regard, car il vient m'aborder.

— Mademoiselle Inès ? Je vous attends pour aller à South Kensington.

J'ignore pourquoi il me confond avec cette fille. Je m'apprête à le détromper, avant de me raviser. Un coup d'œil circulaire me confirme qu'il n'y a aucune autre jeune femme en vue. Peut-être a-t-elle loupé son avion ? Cela signifie alors que le porc-épic s'est déplacé pour rien. Quel dommage ! Pour nous deux, d'ailleurs : j'ai besoin d'un moyen de transport – gratuit bien entendu puisque je n'ai plus un sou en poche – et lui, d'un passager. C'est tentant. Au pire, je pourrai toujours feindre un quiproquo une fois arrivée à destination.

— Vous pouvez attendre dans la voiture, pendant que je vais chercher vos valises. La limousine est juste devant.

Une limousine ! Définitivement convaincue, je lui tends mon ticket de bagage, et le suis à l'extérieur du bâtiment.

Je tapai d'un geste fluide les dernières lettres de mon essai de ton et appuyai sur le point final. Je continuais d'hésiter entre l'emploi du présent, qui donnait un style moderne, et celui, plus classique, du passé simple. Je ne savais même pas si l'idée générale allait plaire à Guillaume. Mais je m'en fichais, parce que je pouvais encore sentir le délicieux frisson de la création, le long de ma colonne vertébrale.

Comment est-ce que j'avais pu renoncer à l'écriture pendant aussi longtemps ?

Il était 15 heures, et le soleil brillait généreusement en ce premier dimanche d'avril. Le printemps s'annonçait sous les meilleurs auspices. L'envie de prendre l'air me titilla.

Je sortis de mon appartement, et empruntai le corridor à droite de l'escalier. Comme je l'avais pensé, il conduisait droit à une porte arrière, mais celle-ci était fermée à clé.

C'était trop bête !

Je montai pour aller frapper chez Swann. Une fois, deux fois. Pas de réponse. Soudain, je l'entendis crier :

— J'arrive, j'arrive !

Mais qu'est-ce qu'il fabriquait ? L'idée qu'il se trouvait peut-être au lit avec ses petites amies empourpra mes joues. Je croyais pourtant avoir vu la brune partir, sur les coups de midi, alors que j'étais en train d'admirer les roses de la maison d'en face à travers ma fenêtre – chose amusante que le hasard…

Je restais sur le pas de sa porte, prête à rebrousser chemin, lorsqu'il ouvrit.

— Salut, voisine.

Swann ne portait rien d'autre qu'une serviette blanche enroulée autour de la taille, qu'un simple courant d'air aurait suffi à dénouer. Son torse était dégoulinant, et il avait les cheveux mouillés. Visiblement, je l'avais dérangé alors qu'il prenait une douche. Dans mon échelle personnelle, c'était toujours mieux que de l'avoir interrompu en pleine séance de jambes en l'air. Mais ça restait malgré tout très, très embarrassant.

Merde alors, il n'a pas de peignoir ?

Ce type avait vraiment un gros souci avec sa garde-robe.

Je me concentrai sur mes ballerines.

— Salut. Euh… Excusez-moi… Je voulais savoir si par hasard…

Bon sang, Lina, accouche ! Tu es en train de te couvrir de honte !

— Est-ce que vous sauriez où est la clé pour ouvrir la porte de derrière ?

Ouf! C'était enfin sorti. Je relevai les yeux, parée à affronter la vision de Swann à demi nu.

La veille, sa petite marque d'attention m'avait prise au dépourvu. Bien entendu, j'étais une grande fille, et je pouvais me débrouiller toute seule. Seulement, de temps en temps, même une grande fille apprécie qu'on s'inquiète pour elle. La moue vexée de la brune m'avait aussi encouragée à ne pas le rembarrer. Je n'étais pas allée jusqu'à imaginer qu'elle pouvait être jalouse, mais contrariée, certainement.

— La clé, ah oui…, répondit-il en réfléchissant. C'est moi qui l'ai, mais je ne sais plus où je l'ai mise. Entre.

Je demeurai immobile, et il riva ses yeux sur les miens, avec un sourire félin. Pensait-il que la clé était un prétexte pour venir le voir ? Je devais d'urgence clarifier la situation.

— Je veux juste la clé, merci.

— Évidemment. Je n'imaginais rien d'autre, déclara-t-il, en accentuant la tonalité rauque de sa voix. Mais entre, je ne vais pas te manger, tu sais.

Bon Dieu, Lina, dans quel guêpier est-ce que tu t'es encore fourrée ?

Je le suivis à l'intérieur, en n'osant poser mes yeux nulle part – et surtout pas sur lui. Cela étant, je ne pouvais pas garder les paupières baissées jusqu'à la fin de mes jours.

Contrainte et forcée par le destin, je fus obligée d'examiner le salon de Swann. Pendant ce temps, le dos tourné, il fourrageait dans les tiroirs de son bureau, sa serviette oscillant dangereusement à chacun de ses mouvements comme le pagne d'une vahiné.

Pourvu qu'elle ne tombe pas ! Au moindre bruit de chute de tissu, je m'enfuis en courant.

La pièce était relativement bien rangée. Des affiches de célèbres comédies musicales tapissaient les murs : *Les Misérables*, *Grease*, *Mamma Mia*, et il y avait une grande photo de lui en costume de scène, genre XIXe siècle, avec un chapeau haut de forme et une canne dorée. Comme doté de sa propre volonté, mon regard se promena un peu partout, avant de s'arrêter sur le canapé-lit. Là, près d'un coussin, trônait une paire de menottes recouverte de fourrure rouge.

Une série d'images sortie de mon imagination défila dans ma tête, et j'eus une bouffée de chaleur. Mes yeux écarquillés tombèrent ensuite sur un string en dentelle noir oublié sur un accoudoir. Je me sentis mal.

Des menottes à moumoute, et maintenant, ça ! La fille n'est quand même pas repartie, le derrière à l'air ? Merde ! Bien sûr que si !

— Au fait, maintenant que j'y pense, je crois me souvenir que la clé est posée sur l'encadrement de la porte, susurra soudain Swann.

Il s'était retourné et, à son expression, il semblait se délecter de mon embarras. Pourquoi fallait-il toujours que je me laisse surprendre ? Son sourire ravi m'ôta toute envie d'être amicale. J'étais certaine qu'il savait depuis le début où se trouvait la clé, et qu'il m'avait intentionnellement fait entrer chez lui pour me ridiculiser.

Une vague de colère me coupa le souffle. De plus, sa serviette était descendue d'un cran. Loin de s'en soucier, il paradait. Il continuait de s'amuser avec moi, si bien que je sortis de mes gonds.

— Là, tout de suite, tu sais à quoi tu me fais penser ? À ces grands singes d'Afrique ! Lorsqu'ils souhaitent démontrer leur virilité, pour intimider leurs congénères ou séduire des femelles, ils se pavanent en bombant le torse. Certains mâles vont même jusqu'à exhiber leurs parties génitales. J'espère au moins que tu m'épargneras ce spectacle.

En arrivant chez moi, moins d'un quart de seconde plus tard, je me demandais toujours ce qui m'avait pris d'aller frapper chez lui.

Non, mais quel con !

Remise de mes émotions, je trouvai facilement la clé en tâtonnant au-dessus de la porte, et pus sortir une chaise à l'arrière de la maison. Le jardin était un étroit rectangle de pelouse mal entretenue, entouré d'une haie de rosiers étouffant sous les mauvaises herbes. Il faisait peine à voir.

Je ne connaissais rien au jardinage, mais la vue de cette friche me fendit le cœur. Elle était à l'image de ma vie : un terrain abandonné qui avait grand besoin d'un bon nettoyage. Soudain, lui redonner un peu d'allure me parut primordial, pour ne pas dire vital. C'était comme si en prenant soin de ce jardin, j'allais remettre de l'ordre dans mon existence. J'avais conscience que ce raisonnement ne répondait à aucune logique.

Je me levai, allai chercher un grand sac-poubelle, et m'attelai à la tâche. Si en l'absence de tondeuse, j'étais impuissante pour la pelouse, je pouvais au moins me débarrasser des mauvaises herbes.

Cela me prit deux bonnes heures.

Lorsque j'estimai mon travail enfin terminé, j'avais le dos fourbu, les mains écorchées et les ongles complètement fichus. Mais j'étais comblée. La haie était propre. Ma vie s'arrangerait aussi.

Je m'écroulai sur la chaise, fière de mon œuvre.

— On fait la paix, voisine ?

Vêtu d'un pantalon noir et d'une chemise bleu vif, Swann se tenait sur le perron, avec une tasse dans chaque main. Alors ça, c'était trop fort ! Il venait m'importuner jusque dans mon refuge !

— J'ignorais que nous étions en guerre, rétorquai-je.

Il s'assit sur la marche. Mais qu'est-ce qu'il cherchait au juste ?

— Je t'ai préparé un irish coffee. C'est ma spécialité.

Il déposa un mug près de lui, et me tendit l'autre. Je devais absolument rester sur mes gardes. Il ne pouvait pas m'avoir pardonné la réplique sur les grands singes, aussi rapidement. Après un instant d'hésitation, je finis par accepter la tasse, tandis qu'il continuait de parler tout seul.

— Je dois dire que tu as un sacré caractère, mais c'est plutôt marrant.

Cette fois, je réagis :

— « Marrant » ?

— Oui.

— C'est totalement involontaire.

Je n'étais toujours pas décidée à sourire. Toutefois, je me détendis. Buzz ne m'avait jamais dit que j'étais drôle. Il est vrai que par peur du ridicule, je gardais souvent mes pensées et mes reparties pour moi. Je me rendais compte, avec le temps, que nos conversations se portaient souvent sur un seul sujet : lui. Tant que je l'écoutais attentivement, tout allait bien entre nous et il semblait heureux. À l'époque, j'aurais fait n'importe quoi pour le satisfaire.

Ce que je pouvais être cruche !

Swann attrapa sa tasse et la fit tourner entre ses mains.

— Écoute, pour tout à l'heure, quoi que tu penses de moi, je ne suis pas… comment vous dites en français, déjà ? Ah oui, « un coureur de jupons ».

Avec son accent, cela donna un amusant : « coureuuur de jouponnes ». J'ébauchai l'ombre d'un sourire.

Nous y voilà ! La comparaison avec les grands singes a du mal à passer, on dirait. Alors, piqué au vif, Swann Geary ?

— Je ne demande qu'à te croire, dis-je sans conviction.

Il me toisa, avec une expression nouvelle : de la colère. Ses yeux lançaient des éclairs.

— Je ne suis pas du genre à bondir sur tous les nibards qui passent !

Qu'est-ce qu'il entendait par là ? Qu'il appréciait d'abord les femmes pour leur « beauté intérieure » ? En voyant ses petites amies, ça ne sautait pas aux yeux, et je restai dubitative. Mais j'avais bien aimé son compliment de tout à l'heure, si c'en était un.

Ah, tu veux de l'humour ? Eh bien, tu vas être servi, mon coco !

— « Nibards ». Je n'aime pas ce terme. Si tu veux vraiment faire la paix, alors il va falloir penser à revoir ton vocabulaire. Pourquoi ne pas se pencher un peu sur l'origine des mots ? « Nibard » pourrait venir de « nid », du fait que les enfants aiment bien se blottir contre la poitrine de leur mère. Prenons maintenant le mot « couillon », qui signifie en gros : « abruti ». L'origine de ce terme peut être le mot « couilles », en référence au minuscule cerveau qui se trouve entre les jambes des hommes qui parlent de nibards.

Il éclata de rire, et d'un coup, l'ambiance se réchauffa. Ce mec était imbuvable, et je le détestais toujours autant, mais au moins, il ne faisait pas semblant d'être quelqu'un d'autre. Dans un sens, c'était rassurant. Ces derniers mois, j'avais reçu ma dose de mensonges, d'hypocrisie et de non-dits pour une vie entière.

— Ça t'arrive souvent de jouer au dictionnaire vivant ? plaisanta-t-il.

Souriant, je goûtai à la boisson, uniquement poussée par la curiosité. C'était délicieux, fort et sucré. Par contre, je me demandai si mon voisin n'avait pas eu la main un peu lourde sur le whiskey. Il fallait sans doute que j'en avale une autre gorgée, pour vérifier.

Pas mal.

Il se mit à contempler les rosiers.

— Tu es jardinière, aussi ?

— J'aime arracher des saletés, ça me défoule.

Il rit de nouveau.

— Sans blague, tu fais quoi dans la vie ?

— J'emballe des gels douche.

Le whiskey commençait à me monter à la tête, et quelque part dans mon cerveau germa l'idée que c'était peut-être le but poursuivi par mon voisin. Une vengeance à coup d'irish coffee.

— En fait, j'ai trouvé du travail dans une boîte d'intérim, mais c'est horrible. Je fais juste ça en attendant de publier un autre roman.

À son tour, il but longuement et reposa sa tasse près de lui. Puis, il me jaugea du regard, comme pour vérifier si j'étais conforme à l'image qu'il se faisait d'une romancière.

— Ah oui ? Alors comme ça, tu es écrivain ?

— J'essaie, en tout cas. De toute façon, c'est tout ce que je sais faire.

— Et tu écris quoi ?

— Des romans à l'eau de rose.

Je m'attendais à une réponse ironique, ou un rire moqueur, mais il parut pensif.

Soudain, un souvenir me revint.

— Et ton audition ?

Une seconde trop tard, je me rappelai que je n'étais pas *supposée* être au courant pour ce casting au Drury Lane, puisque je n'étais pas *supposée* avoir écouté sa conversation téléphonique.

Apparemment déstabilisé, il fronça les sourcils, avant d'afficher son sourire dévastateur *made in* Ian Somerharlder.

— Je te répondrai uniquement si tu me dis comment s'est passée ta soirée d'hier.

— Hors de question.

— Alors, tant pis.

Je soupirai.

— C'était merdique. Voilà, tu es content ?

— Trop vague. Cette réponse n'est pas valable.

— Bon, OK ! Tu veux la vérité ? Eh bien, je connais quelqu'un qui tient un théâtre, le Miramay, ou plutôt, je l'ai connu il y a longtemps, quand j'étais fille au pair, ici. C'est lui que je voulais voir hier, mais ça ne s'est pas fait. Ma meilleure amie se démène pour séduire un homme dont elle est tombée éperdument amoureuse en moins d'une minute, et j'ai appris que mon ex s'était fiancé avec ma sœur.

Ce que je débitais n'avait ni queue ni tête, et je m'interrompis, consternée. C'était comme si une autre avait pris possession de ma bouche.

Lina, ce n'est pas parce que tu es bourrée que tu dois raconter ta vie !

Mes craintes d'en avoir trop dit furent vite confirmées par son expression réjouie. Il avait réussi son coup : m'enivrer pour me tirer les vers du nez.

Salaud !

— Maintenant que tu sais tout de ma vie ô combien formidable et trépidante, dis-moi comment s'est passée ton audition.

La sonnette de la porte d'entrée retentit juste à cet instant. Mon voisin se leva.

— Je dois te laisser.

— Eh, tu n'as pas respecté notre accord !

Il se contenta de me lancer un autre de ses horripilants clins d'œil.

Tête à claques, va !

J'aurais pu me lever, insister, mais l'alcool m'avait plongée dans une sorte de torpeur bienfaisante. Je n'avais pas envie de bouger. Lorsqu'il s'en alla, et que j'entendis la voix de la belle brune dans le corridor, j'éclatai de rire en repensant au string orphelin.

J'étais définitivement soûle.

Chapitre 8

— Et vous avez déjà travaillé en tant que serveuse ?

Assis en face de moi, à une table de la salle, le patron du pub *The Irish Tavern* me scrutait sans sourire. Heureusement, durant le trajet en bus jusqu'à Wembley, je m'étais préparée mentalement à l'entretien, imaginant les différentes questions que l'on pourrait me poser, le plus dur étant de trouver des réponses.

Je me redressai sur ma chaise, et adoptai un ton assuré, même si ce que je m'apprêtais à dire frisait le ridicule. L'annonce précisait : « Un an d'expérience exigé. »

— J'ai servi les invités pour les cinquante ans de ma mère…

C'est bien Lina, tu as craché le morceau !

Le patron, un homme élancé aux cheveux grisonnants et au nez aquilin, se racla la gorge. Une ombre inquiète passa sur son visage.

— Bon, bon. Je vous engage à l'essai. Présentez-vous demain, à 11 heures. Si ça marche, vous travaillerez tous les midis, dans la salle du restaurant, et vous pourrez aussi faire des extras le soir, à certaines occasions, comme lorsqu'il y aura des concerts par exemple.

« Des concerts »... Après un bref instant de stupeur, j'acquis la certitude extrêmement contrariante que Swann était intervenu en ma faveur. Cela expliquait la rapidité avec laquelle s'était déroulée la discussion, et sa conclusion pour le moins inattendue.

Lundi matin, j'avais trouvé une petite annonce glissée sous ma porte. Sur le morceau de papier qui parlait de l'offre d'emploi, mon voisin avait écrit : « À charge de revanche, rouquine ! »

« Voisine », « rouquine », ma parole, mais j'avais affaire à un vrai poète !

J'aurais voulu déchirer l'annonce et l'oublier. Mieux que ça : j'avais fantasmé de la brûler en fredonnant des incantations vaudoues pour qu'il déménage au plus vite. Mais le lundi, Olympic Staff m'avait confié une nouvelle mission, encore plus cauchemardesque que la précédente, à deux heures de route d'Ealing. Dans un entrepôt poussiéreux, on avait disposé des piles de prospectus le long d'une table. Les intérimaires devaient prendre une feuille sur le dessus de chaque pile, puis déposer ce nouveau paquet en bout de table, avant de repartir dare-dare de l'autre côté.

Après deux jours à jouer la toupie folle, j'avais décidé d'appeler le numéro indiqué sur l'annonce.

De toute façon, si Swann pensait obtenir quelque chose en échange, il pouvait toujours attendre ! Avec tout ce qu'il m'avait fait subir, j'estimais que j'avais bien mérité une petite compensation.

« À charge de revanche », et puis quoi encore ? Je ne te dois rien, Grand Singe !

S'il avait voulu m'aider, c'était son choix, pas le mien.

Je rentrai chez moi, impatiente d'apprendre la bonne nouvelle à Fred qui était aux abonnés absents, depuis deux jours. Avait-elle enfin réussi à apprivoiser son *bellissimo* Italien ? Sa détermination m'épatait, et faisait battre mon petit cœur romantique.

En ouvrant ensuite ma messagerie, je clignai des yeux, avec un mélange d'excitation et de crainte. Guillaume m'avait répondu. Je cliquai sur l'enveloppe, d'une main tremblante.

Chère Lina,

J'ai été vraiment très heureux d'avoir de tes nouvelles. Je suis certain que Londres saura t'apporter dynamisme et inspiration !
J'ai découvert ta nouvelle idée avec beaucoup de plaisir. Malgré son caractère original et amusant, je dois me résoudre à ne pas y donner suite. Tout d'abord, en volant le job, puis le petit ami d'une autre, ton héroïne n'est

pas attachante, et tu le sais, cet aspect est primordial en romance. Il me semble qu'avec ses réflexes de coucou, elle n'est pas un personnage très scrupuleux : elle pique le boulot de quelqu'un qui a fait le voyage pour changer de vie et envisage d'avoir une relation avec le compagnon d'une autre…

Disons qu'il y a d'emblée un gros travail à faire sur le capital sympathie de l'héroïne. Or, la règle de base en romance et en chick-lit, c'est que l'héroïne doit être sympathique. Le lecteur ou la lectrice ne doit pas avoir à lui chercher des excuses. La narration doit les lui livrer sur un plateau. Là, dès le début du roman, elle se comporte comme la « méchante » de l'histoire.

J'en suis vraiment navré. Je comprends très bien que tu ne souhaites pas écrire de suite à *Un été à New York*, et d'ailleurs, cela tombe plutôt bien, à vrai dire. En effet, en concertation avec l'équipe commerciale, la maison a récemment décidé de lancer une nouvelle collection, dans une orientation plus érotique, afin de répondre aux tendances actuelles. Dans les semaines à venir, je vais donc me consacrer presque exclusivement au lancement de cette collection, et ne pas enrichir pour l'instant notre catalogue chick-lit.

Si tu as un projet pouvant correspondre à notre nouvelle ligne, je serai ravi d'en prendre connaissance.

Au plaisir de te lire,
Guillaume

Incrédule, je relus le message, dix fois de suite, pour m'assurer que mes yeux ne m'avaient pas trahie, et malheureusement ce n'était pas le cas.

Guillaume me proposait donc d'écrire un roman de… cul.

J'attendis de me calmer, avant de le remercier pour sa gentillesse, ainsi que pour cette « intéressante piste de travail », sachant pourtant que je serais incapable d'y donner suite.

Mes espoirs tombaient à l'eau. À la pensée de devoir chercher un autre éditeur, je me sentis complètement abattue. C'était comme retourner à la case départ. Il m'avait fallu trois ans de travail, de remises en question, et des dizaines d'envois, avant d'être publiée.

Toute cette galère pour rien! Même en cherchant bien, qui peut me garantir qu'une autre maison acceptera mes idées et aimera mon style?

Moi, écrire des scènes osées? C'était aussi improbable que de voir un jour Swann entrer dans les ordres.

Mes connaissances sur le sexe se résumaient à deux positions – disons trois, avec celle que Buzz m'avait obligée à prendre un soir, parce qu'il avait mal au dos (avec du recul, je me demande d'ailleurs si ce n'était pas un prétexte). Je n'avais jamais fait l'amour dans des endroits insolites, sauf si le canapé Louis-Philippe offert par les parents de Buzz entrait dans cette catégorie.

Quant à la liste de mes petits amis, elle était aussi ténue que le contenu de mon C.V. À dix-neuf ans, j'avais rencontré un étudiant en anglais, Thomas. Notre histoire n'avait pas duré, et il s'était expatrié en Australie. Je m'étais alors aperçue qu'il ne me manquait pas vraiment. Nos étreintes rapides, dans sa petite chambre cradingue de la cité universitaire, ne m'avaient pas laissé un souvenir impérissable, hormis l'odeur de ses chaussettes sales.

En résumé, j'aurais préféré que Guillaume me propose d'écrire un thriller sanguinolent, ou même un essai philosophique.

Tout ça, parce qu'un jour, quelque part aux États-Unis, une nana a eu l'idée de pondre un roman au sujet d'un mec qui change cinquante fois de couleur ! Je la hais !

Le lendemain, je me sentais si nerveuse que j'arrivai avec trois quarts d'heure d'avance à *The Irish Tavern*. Situé en bordure de ville, c'était un grand établissement chaleureux, pourvu d'une terrasse et d'une aire de jeux pour les enfants, où les familles devaient aimer se retrouver.

À mon arrivée, M. McFarlane, le patron, m'expliqua les rudiments du métier, comme la mise en place des tables, l'achat quotidien des fleurs dans une boutique proche, et le maniement de la caisse. Puis il me présenta à la cuisinière, une petite femme d'une cinquantaine d'années, aux cheveux très courts, et débordante d'énergie.

En deux temps trois mouvements, la dynamique Derdre me détailla le menu, qui n'était pas très compliqué à retenir : un choix de pommes de terre fourrées, des omelettes variées, et un genre de brunch traditionnel irlandais, composé d'œufs au plat, de saucisses, de bacon, de pain brun et d'une garniture au choix. Les desserts étaient très peu demandés. Tant mieux.

Le premier midi, il y eut une vingtaine de clients, et je me rendis compte que j'étais parfaitement à l'aise dans mon nouveau rôle. Moi qui étais d'ordinaire assez réservée, je prenais plaisir à discuter avec les gens. J'eus l'impression de me découvrir.

À l'époque où mes parents étaient encore ensemble, mon père travaillait comme serveur dans une brasserie 1900, près de la tour Eiffel. Lorsque j'avais été en âge de comprendre, Annabelle m'avait rapporté les reproches incessants que lui faisait ma mère sur son manque d'ambition. Papa rétorquait qu'il adorait son métier, et qu'il le rendait heureux.

Cela faisait seize ans qu'il vivait en Suisse avec sa seconde femme, Charlotte, et je les voyais rarement. Je me souvins de leur mariage. J'avais presque suffoqué en découvrant la joie qui illuminait leurs prunelles, la sincérité de leurs sourires radieux… Avec les années, je ne leur reprochais plus leur bonheur, mais je m'étais irrémédiablement éloignée de mon père. Les semaines sans lui parler étaient devenues des mois, puis des années, et je n'avais plus rien à lui dire.

Pourtant, ce jour-là, en virevoltant de table en table, je me sentis étrangement proche de lui.

Si tu pouvais me voir, papa…

Sans le vouloir, mon insupportable voisin était tombé juste avec cette offre emploi.

Les commandes prises, je les apportais en cuisine, et, le cas échéant, allais chercher les boissons au pub, à côté. Jeremy, le barman, se chargeait de remplir les verres, sur fond de musique celtique.

—Alors, comme ça, le patron nous a dit que tu connaissais Swann ? me demanda-t-il en me donnant deux pintes de Guinness remplies à ras bord.

Qu'est-ce qu'il voulait dire par là ? Je tâchai de ne pas m'énerver, même si l'évocation du Grand Singe avait le don de me hérisser les poils.

—C'est mon voisin.

—Ah ouais ?

Il eut un petit rire imbécile que je préférai ne pas relever.

Les commandes s'enchaînèrent, et je ne vis pas le temps passer. À la fin du service, j'allai partager mes pourboires avec Derdre, comme me l'avait spécifié le patron.

La cuisinière compta les pièces sur le plan de travail. Nous avions récolté 15 livres en tout.

— Eh bien, pour une première journée, ce n'est vraiment pas mal, ma belle !

— Merci, c'est gentil.

— Je suis heureuse que le patron n'ait pas encore choisi une pimbêche. La fille avant toi prétendait que tous les pourboires lui revenaient de droit, parce que c'était elle et son corps de rêve, que les clients appréciaient, et pas ma cuisine !

J'arrondis les yeux, proprement scandalisée, tandis que Derdre esquissait une grimace de dégoût.

— Le jour où M. McFarlane a viré Kathleen, j'ai applaudi. Cette fois au moins, Swann a eu meilleur goût.

Kathleen ? Swann avait aussi fait engager sa petite amie comme serveuse, ici ?

Saisissant brusquement ce que Derdre insinuait, je rougis.

— C'est juste mon voisin, vous savez.

Elle hocha la tête d'un air entendu.

— Oui, oui.

— Mais c'est la vérité !

— Bien sûr. À demain, ma belle, lança-t-elle en se retournant pour nettoyer des casseroles.

En sortant de la cuisine, je ruminais ma colère.

Avant mon départ, le patron m'informa que j'étais engagée. D'un ton assez étrange, il me parla ensuite du concert qui devait avoir lieu le samedi soir. Il me toisait, et je ne comprenais pas pourquoi.

— C'est le groupe de votre… ami.

Il n'allait pas s'y mettre lui aussi ! Est-ce que la planète entière croyait que je couchais avec Swann Geary ?

Reste calme, Lina. Ne pète surtout pas les plombs.

— En fait, c'est mon voisin. Uniquement, mon voi-sin, précisai-je lentement en faisant appel à toute ma force de persuasion.

M. McFarlane eut un drôle de sourire.

— Bah, de toute façon, ce ne sont pas mes affaires. Allez, au revoir, Lina.

En gagnant l'arrêt de bus, je me promis de rétablir au plus vite la vérité. Une autre certitude naquit dans mon esprit : en me dégottant ce job, le machiavélique Swann Geary avait tout prévu.

Il savait exactement ce que les gens du pub supposeraient, et dans quel état cela me mettrait. J'avais conclu un pacte avec le diable.

Plus tard, chez moi, je sautai de joie en recevant un appel de Fred. Elle semblait si surexcitée que je ne comprenais rien à ce qu'elle racontait.

— Répète-moi tout ça doucement. Tu as fait quoi ?

— J'ai soudoyé le concierge de l'hôtel, et je me suis installée avec un sac de couchage dans le couloir, juste devant la chambre d'Alessandro. Vers minuit, il a finalement ouvert…

Je la connaissais. Elle n'achevait pas sa phrase exprès, pour me faire mariner.

— Et alors ? Qu'est-ce qu'il a fait ?

— Je lui ai dit que je passerais toutes les nuits à camper là, à moins qu'il ne m'accorde un rendez-vous.

— Tu es complètement cinglée ! dis-je, en riant.

— Il a soupiré. Puis, il a dit : « Si c'est la seule façon de me débarrasser de vous ! »

Le bonheur de Fred faisait plaisir à entendre, mais comme elle le disait, vu la manière dont il lui avait ensuite claqué la porte au nez, c'était loin d'être gagné. À mon tour, je lui parlai du message de Guillaume.

— Je te comprends, Lina. Mais tu devrais quand même y réfléchir. Être un auteur d'une nouvelle collection, c'est une sacrée opportunité.

— Je ne vais pas renier ce que je suis, juste pour être publiée !

— Qui te parle de renier ta personnalité ? Ta vie, c'est l'écriture, n'est-ce pas ? Alors, peut-être que tu devrais simplement… t'adapter.

— C'est mort, Fred. Je ne pourrai jamais écrire un roman sadomaso.

Elle éclata de rire.

— Tu exagères toujours tout ! Tu m'as bien dit que Guillaume avait parlé d'érotisme, ce n'est pas la même chose. Pourquoi est-ce que tu n'essaierais pas ? Imagine un roman drôle, romantique et sexy.

— Mouais.

— Ce qu'il te faut, c'est une source d'inspiration. Jaimee, peut-être ? Tu m'as dit qu'il t'attirait énormément. Et si c'était toujours le cas ?

— Bon, admettons. C'est vrai, j'ai toujours regretté de ne pas être allée plus loin, avec lui. J'étais trop jeune, trop timide, je n'ai pas osé…

— Mais tu aimais lorsqu'il t'embrassait ?

Cette allusion me ramena des années en arrière. Je n'avais jamais oublié les longs baisers enflammés de Jaimee…

— Si on veut, répondis-je, évasivement.

— La voilà, la solution ! Avec Jaimee, tu pourrais libérer tes instincts sauvages et réveiller la tigresse qui sommeille en toi. Je suis sûre que ce serait, hum, super *hot* !

— Tu dis n'importe quoi.

Mais je ne pus m'empêcher de pouffer.

Je passai le reste de la soirée devant la télé, à regarder plusieurs épisodes de la série *The Tudors*, avec le chaud bouillant Jonathan Rhys-Meyers, jusqu'à ce que je me rende compte qu'il me faisait penser à Swann Geary. Je zappai aussitôt.

Il était tard, mais je n'avais pas sommeil. Je réfléchissais à ma vie, à ce que j'étais venue faire ici, et à la manière déroutante dont les choses tournaient. J'avais voulu prendre un nouveau départ, me lancer très vite dans l'écriture d'un nouveau roman chick-lit et, pourquoi pas, retrouver Jaimee, mais rien ne se passait comme prévu. À force de me triturer les méninges, je mis le doigt sur un point important : jusqu'ici, j'avais toujours laissé les événements, les gens, gouverner ma vie. Il fallait que ça change.

Je m'installai devant mon ordinateur.

Au fil de la navigation, j'appris que la première de *Bonnie & Clyde* avait été massacrée par les critiques, qui jugeaient le spectacle exagérément violent, et l'acteur principal, fade à pleurer. D'après le journaliste, il avait autant de charisme qu'une basket trouée… Le *Daily Mirror* évoquait la faillite imminente du Miramay, avec une photo volée de Jaimee, mal rasé, les traits tirés, les yeux rouges.

Le pauvre !

En deux clics, je trouvai son adresse e-mail professionnelle, au théâtre. Je descendis un grand verre de chardonnay, et me lançai, pendant que je me sentais suffisamment folle pour le faire.

Bonjour Jaimee,

Je ne sais pas si tu te souviens de moi. Je suis Lina, la fille au pair qui travaillait chez les Cleaver, il y a six ans. Voilà, je vis à Londres depuis peu, et j'ai découvert complètement par hasard que tu avais repris la direction du Miramay. De mon côté, je suis devenue romancière. Disons plutôt que j'ai publié un livre. Mais bon, il faut bien un commencement à tout, non? ☺
En fait, je voulais simplement te dire que si jamais tu avais envie qu'on se revoie, je suis dans les parages.

Lina

À près de 1 heure du matin, je n'attendais pas de réponse, ni cette nuit-là, ni même un jour. Aussi, lorsque ma messagerie bipa, deux minutes plus tard, une volée de papillons s'empara de mon ventre.

Chapitre 9

Plus je m'approchais du théâtre, et moins j'arrivais à respirer normalement. Bientôt, j'allais me mettre à haleter comme une femme enceinte sur le point d'accoucher.

Jaimee m'avait proposé de passer le voir, le lendemain après-midi. En lisant son message, j'avais dû déployer des trésors de self-control pour ne pas me jeter sur le clavier. J'avais attendu deux longues minutes, les yeux rivés sur l'horloge numérique, en comptant les secondes, avant de taper une réponse.

Ce sera avec plaisir, merci Jaimee.

J'avais écrit « plaisir », alors que je me liquéfiais littéralement de bonheur devant mon écran.

Mais c'était une chose d'avoir fantasmé des centaines de fois sur nos retrouvailles, c'en était une autre de les vivre en vrai. Est-ce que je devais lui serrer la main, ou le prendre dans mes bras ? Quel ton devais-je adopter ? Amical, ou bien, un peu plus intime ? Un baiser, et si oui, de quelle sorte ?

Au bord de la crise de nerfs, j'agitais de plus en plus vigoureusement le plan du métro qui me servait d'éventail. Lorsque des rires retentirent derrière moi, je m'immobilisai.

Si jamais c'est le mime de l'autre jour, je le tabasse à mort. Au moins, ça me détendra.

En me retournant, je découvris un couple d'adolescents qui s'embrassait…

Quelle idée aussi de vouloir se revoir, six ans après ! En plus, je déboulais dans sa vie, la bouche en cœur, alors qu'il croulait sous une montagne de problèmes. On ne pouvait pas reprendre notre histoire là où elle s'était arrêtée, et faire comme si nous nous étions quittés seulement la veille.

Maintenant que j'étais sur le point de revoir mon premier amour, je me demandais ce que je faisais là. Je savais que c'était la peur, et rien d'autre, qui me poussait à esquiver cette rencontre. Pendant dix longues minutes, je restai plantée au milieu des passants, incapable de me décider à avancer, jusqu'à ce que je comprenne ce qui m'effrayait autant. J'avais peur de ce que j'allais éprouver. Peur de retomber amoureuse, et de me sentir vulnérable. Peur de souffrir, encore une fois.

Je n'en étais plus à rêver du Grand-Amour-Qui-Dure-Toujours, mais je réclamais une histoire qui me laisserait autre chose que du chagrin et de l'amertume, en souvenirs. Les gens pouvaient être si faux, parfois. Cela me rappela une phrase que j'avais écrite dans *Un été à New York* : « En amour, je vole haut, et je tombe aussi très bas. »

Vas-y, c'est bon, je me casse !

Je fis volte-face, m'éloignant de quelques pas, avant de m'arrêter de nouveau.

Bon sang, Lina ! Tu ne vas quand même pas fuir toute ta vie ! Sinon, ça voudra dire que Buzz l'Éclair a gagné. Tu ne peux pas laisser faire ça. Tu dois continuer de croire que la magie existe, et que tu y as droit.

Au moment de me retourner, je percutai un passant de plein fouet. Le bouquet de fleurs qu'il tenait à la main voltigea avant d'atterrir sur l'asphalte.

— Oh, pardon…

— Lina ?

En relevant le nez, je découvris Jaimee, stupéfaite et complètement bouche bée. Il paraissait tout aussi étonné que moi.

— On n'avait pas dit 17 heures ? (Il jeta un coup d'œil à sa montre.) Tu es en avance.

Effectivement, il était un peu plus de 16 heures.

— Oui… Je suis venue directement du travail, mentis-je, alors que j'étais retournée chez moi en quatrième vitesse pour me préparer, et filer.

L'idée d'être en retard m'avait rendue si anxieuse que j'avais prévu une heure de battement, au cas où une catastrophe hautement improbable empêcherait le métro de circuler.

Jaimee était là, devant moi, et je ne parvenais pas à y croire. Il était très grand et, en le voyant, je me rappelai subitement combien j'avais aimé me blottir contre lui… Comme si une vanne avait été ouverte, quelque part dans mon cerveau, un torrent de souvenirs et d'émotions déferla en moi. La fébrilité avec laquelle je l'attendais toute la semaine, pendant que je trimais pour l'autre bique. La chaleur de son « baiser de retrouvailles », lorsqu'il revenait de Cambridge, le vendredi soir. J'avais toujours été dingue de ses lèvres…

Hep papillon, on se calme !

Des cheveux tombaient sur l'un de ses yeux, et il avait ce sourire, qui déclenchait un délicieux frisson dans ma poitrine. C'était ainsi que tout avait véritablement commencé entre nous. J'avais repoussé une mèche rebelle, et il en avait profité pour saisir ma main…

Un sentiment de terreur s'empara de moi, si fort qu'il me sembla voir les mots « Barre-toi, Lina ! » flotter en grand au-dessus de la rue.

En silence, Jaimee ramassa le bouquet, abîmé par le choc. Certaines roses pendouillaient lamentablement sur les côtés, d'autres avaient perdu des pétales.

— C'est gentil, Jaimee. (Ma voix vacilla.) Ces fleurs sont très belles… Un peu moins maintenant, forcément, mais je suis sûre qu'elles étaient magnifiques, euh… à l'origine.

Il eut une expression de surprise, teintée d'embarras.

— Hein ? Ah, en fait, elles sont pour une artiste qui a eu un petit problème de voix, hier, pendant la représentation.

Oh non ! Quelle idiote ! Pourquoi est-ce qu'il faut toujours que je me mette dans des situations pareilles ?

Bravo, Lina. Tu viens une nouvelle fois de te coller la honte de ta vie !

Je ne savais plus où me mettre.

— Ah bon ? marmonnai-je, écarlate, en me dandinant d'un pied sur l'autre.

Vite, une diversion ! Il est passé où, ce mime de mes deux ? Jamais là quand on a besoin de lui !

Heureusement, pile au bon moment, Jaimee eut un sourire doux qui éclaira ses yeux, derrière ses lunettes.

— Tu croyais qu'elles étaient pour toi ?

— Oui...

— En fait, j'y ai pensé chez la fleuriste, mais j'ai eu un doute...

Alors, comme ça, il s'était posé des questions, lui aussi ! Je l'avais imaginé en directeur de théâtre, sûr de lui, autoritaire, et habitué à prendre des décisions cruciales. Là, il me faisait plutôt penser à l'étudiant, dont les maladresses et la timidité avaient su si bien me faire vibrer. Sa veste grise ouverte laissait entrevoir sa chemise blanche froissée, qui sortait en partie de son pantalon. Son col était mal positionné, et il avait dû malmener ses cheveux, si j'en jugeais à l'épi qui se dressait sur le sommet de sa tête.

Trop craquant.

Il m'examinait, et je compris ce qui me déconcertait depuis le début : le voile de tristesse qui assombrissait son regard.

Le décès de son père, peut-être ? Il l'admirait tellement. Sans parler du théâtre, son héritage familial, et de l'écrasante responsabilité qui pèse sur ses épaules. À sa place, j'aurais l'air accablée, moi aussi.

Je me demandai soudain ce qu'il pensait de moi…

— Lina, ça te dirait d'assister à un casting ? Si ça t'intéresse, bien sûr…

Tu parles que ça m'intéresse ! Surtout avec toi.

Je hochai la tête, en souriant. Il parut si heureux que j'eus l'impression de valoir tout l'or du monde.

— Génial ! Allons-y.

Ma raison me hurlait de déguerpir sans attendre une seconde de plus. Jaimee me faisait toujours le même effet, et en restant avec lui, j'avais toutes les chances de me brûler les ailes. Je marchais à son rythme, tandis qu'il me lançait furtivement des coups d'œil en biais.

— Mais d'abord, je crois que tu ferais mieux d'acheter d'autres fleurs, lui conseillai-je. Sinon, ton artiste risque de se vexer.

Il brandit le pitoyable assemblage de roses.

— Tu as raison. C'est vraiment la honte, ce bouquet. Elle va croire que je lui en veux.

— Si tu lui offres ça, elle va te haïr.

Il le jeta par-dessus son épaule, et continua de marcher. Lorsque nos regards se croisèrent, et qu'il éclata de rire en même temps que moi, je sus que j'étais foutue.

Peu importait où ça me mènerait, je n'avais strictement aucune envie de partir. Mes pieds ne touchaient plus terre, et je n'avais qu'un désir en tête.

Encore.

Après un petit tour chez le fleuriste, Jaimee m'invita à m'asseoir dans la salle du théâtre, juste un rang derrière les deux personnes chargées du casting. Le Miramay était un lieu divin, décoré dans un style Art nouveau. Il y avait tellement de dorures et de peintures, sur les murs et les plafonds, que je ne savais pas où poser les yeux. Finalement, ils se fixèrent avec fascination sur les lustres monumentaux en cristal qui scintillaient au-dessus de ma tête.

— Je dois te laisser quelques minutes, chuchota Jaimee en se penchant sur moi. J'ai deux ou trois petites choses à régler.

Je tâchai de camoufler au mieux ma déception. Ça ne dut pas fonctionner aussi bien que je le souhaitais.

— J'ai l'impression que ça te dérange, fit-il remarquer.

— Non, non, affirmai-je, alors que tout ce que je désirais c'était qu'il vienne s'asseoir à côté de moi.

— Je ne te crois pas. Ton visage est tellement expressif. Tu le savais ?

Il eut un sourire qui me tua sur place. Comment lui en vouloir ?

— Ne t'en fais pas. Je vais me plonger avec bonheur dans l'univers des auditions.

— En principe, je ne devrais pas en avoir pour longtemps. À tout de suite, madame la romancière.

Il s'éclipsa par une porte arrière, tandis que sur scène, le premier candidat s'avançait. Les yeux fébriles, il bafouilla en donnant son nom. Son trac était si palpable qu'il me contamina. J'en oubliai momentanément Jaimee, et je me mis à trembler pour le chanteur. Non, *j'étais* lui.

Allez, respire. Tu vas très bien t'en sortir. Regarde, ils ne sont pas si impressionnants que ça. Le mec a des cheveux tellement frisés et épais qu'on dirait une chapka, et la femme ressemble trait pour trait à Mrs Doubtfire.

Un jour, Fred m'avait dit que pour contrer le stress lors d'une entrevue importante, il fallait imaginer son interlocuteur nu. La seule fois où j'avais essayé, ça m'avait tellement déstabilisée que j'en avais perdu mes mots.

Clairement, il n'existait pas de recette miracle. Au son d'un piano, plusieurs chanteurs se succédèrent, entonnant le même titre nostalgique de Bob Dylan. Certains paraissaient confiants, peut-être trop. D'autres avaient l'air d'y mettre toutes leurs tripes, comme si leur vie en dépendait, et j'en eus les larmes aux yeux. Je dus me contenir pour ne pas applaudir à tout rompre.

Par contre, je laissais échapper des « Mais vas-y ! » lorsque les artistes hésitaient, ou des « Oh non ! » dès qu'ils se trompaient, ce qui me valut quelques regards courroucés de Mrs Doubtfire.

Après chaque chanson, le candidat effectuait un numéro de danse époustouflant.

C'était si dur de les voir se mettre à nu. Je devinais l'enjeu que cela représentait pour eux, le début d'une grande carrière, ou la fin de tous leurs espoirs. Un soir, j'avais entendu le père de Jaimee dire que la carrière d'un artiste de comédie musicale était naturellement courte, et qu'il fallait saisir la moindre occasion de tenter sa chance.

La danse achevée, les producteurs leur donnaient froidement congé, avec une formule horrible :

— Pas la peine de nous appeler. Nous vous contacterons.

Les pauvres petits candidats souriaient tant bien que mal, en quittant la scène. Mais de là où je me trouvais, je pouvais capter les commentaires acerbes de Chapka et de son acolyte.

— Avec cette voix, il devrait changer de métier.

— Je suis d'accord. Poissonnier sur les marchés, ça lui conviendrait mieux, tu ne trouves pas ?

Mrs Doubtfire se mit à ricaner, et j'éprouvai une furieuse envie de l'étrangler avec son foulard en soie mauve.

— Non mais, c'était quoi ce look ? On a dit années 1970, pas défilé de la Gay Pride !

À la fin des auditions, je n'avais toujours pas revu Jaimee.

Je sortis de la salle, et longeai un couloir rouge et doré, jusqu'à ce que je trouve une porte avec l'inscription « Direction ». Des éclats de voix me parvinrent. Jaimee devait être au téléphone. Je sursautai en l'entendant hurler.

— Vous ne pouvez pas rompre notre contrat !… Je me moque que le succès de *Bonnie & Clyde* ne soit pas à la hauteur de vos espérances, vous ne pouvez pas partir faire une tournée en province, maintenant !… Vous savez que je suis au bord du gouffre, et vous me faites ça ?… Comment ça, vous avez besoin de tester le spectacle ? Foutaises ! Il fallait y penser avant !… Très bien, appelez votre avocat, j'en ferai autant. Ou plutôt, non, je viens vous voir, et nous allons discuter, face à face !… Oui, maintenant ! Et vous n'avez pas intérêt à vous défiler !

Je l'entendis lancer quelque chose, son téléphone, peut-être, et pousser un juron. Je patientai quelques instants, avant de frapper très timidement à la porte.

— Entrez !

Son ton furieux me glaça le sang. Lorsqu'il vit que c'était moi, Jaimee eut l'air surpris, un peu comme s'il m'avait oubliée. Apparemment, je tombais mal. Mieux valait le laisser seul.

— Je vais m'en aller, dis-je. Je voulais te remercier de m'avoir permis d'assister aux auditions. C'était super.

Son regard était éteint. Il ne me souriait même pas, mais je savais que ce n'était pas sa faute. Comment s'intéresser à une amourette de jeunesse, alors que le monde s'écroule autour de vous ?

Mes craintes étaient justifiées : je débarquais dans sa vie au mauvais moment. Je n'aurais pas dû venir.

D'ailleurs, il semblait déjà à des années-lumière de moi.

— Je suis désolé, Lina, mais j'ai un imprévu.

Je vis le téléphone cassé, par terre, et me forçai à sourire.

— Au moins, je saurai quoi t'acheter pour ton anniversaire, dis-je pour détendre l'atmosphère, et lui faire comprendre que je ne lui en voulais pas.

Ma petite plaisanterie sembla porter ses fruits. Le visage légèrement moins crispé, Jaimee s'approcha de moi.

Je t'en supplie, demande-moi de t'attendre !

Il me prit les mains, occasionnant un bond phénoménal de mon cœur. Le contact de sa peau me fit frissonner. Je me rendis compte que je retenais mon souffle.

— Pardonne-moi, Lina, je dois vraiment y aller.

Il y eut un moment de flottement, où ni l'un ni l'autre ne parla. Un vent de panique s'empara de moi. Comment lui faire comprendre qu'il m'attirait toujours autant ? Je mourais d'envie de l'embrasser, mais j'étais incapable de franchir le pas. Nous venions à peine de nous retrouver, nous n'avions échangé que quelques paroles anodines, je ne pouvais pas lui sauter dessus comme ça ! Je ne savais même pas s'il désirait renouer avec moi. Rien ne se passait comme je l'avais imaginé, et je me sentis complètement démunie.

Après un instant, il s'écarta.

— Ça m'a fait plaisir de te revoir, Lina, déclara-t-il, d'un ton inexpressif.

Aussitôt, il attrapa sa veste sur le portemanteau. Je fermai les yeux en pensant à tous les mots qui n'avaient pas pu franchir mes lèvres, et au baiser que je n'avais pas osé lui donner.

Lorsque je les rouvris, il était parti.

Chapitre 10

Le lendemain matin, à 7 heures, j'eus droit à un réveil en fanfare à cause d'une scène de ménage explosive, à l'étage. Cette dispute avait-elle un rapport avec le retour de la fille blonde ? La veille, je l'avais croisée devant la maison, à mon retour du West End. Tandis que les insultes fusaient au-dessus de ma tête, je me levai, confortée dans l'idée que les relations à trois étaient vouées à l'échec. Entre nous, quelle femme normalement constituée pouvait avoir envie de partager son homme avec une autre ? Le plus heureux dans l'histoire, ça devait être ce petit profiteur de Swann.

Il y eut un fracas de vaisselle qui me fit sursauter, alors que je me trouvais encore dans un état second, entre veille et sommeil. Définitivement réveillée, j'allai me préparer une tasse de thé, en m'efforçant de ne pas m'inquiéter pour si peu. Ils devaient faire partie de ces couples qui avaient besoin de se quereller pour mettre un peu de piment dans leur quotidien. Enfin, c'est ce que j'imaginais, sans savoir pourquoi.

— Qu'est-ce que tu crois, Kathleen ? hurla soudain mon voisin dans l'escalier. Je n'ai pas besoin de toi ! Je n'ai besoin de personne !

La porte fut claquée avec violence, et quelqu'un dévala les marches, avant de s'arrêter dans le hall d'entrée. J'entendais des pleurs. La fille semblait attendre que Swann se ravise et vienne la chercher.

Je savais exactement ce qu'elle ressentait. Certaines phrases ont le pouvoir de vous briser en morceaux. Un jour, il avait suffi de quelques mots de Buzz pour me fracasser.

« En rencontrant ta sœur, j'ai compris ce qu'était l'amour. »

Dans ce genre de situation, on se moque de rester digne. On s'écroule, on hurle, on fond en larmes, et l'autre vous répète tellement de fois qu'il est désolé, que ça n'a plus aucun sens.

Au bout de quelques minutes, la belle brune se résigna à partir. Je la vis s'éloigner, à travers ma fenêtre, indifférente à la pluie battante qui se déversait sur elle. Swann ne voyait-il pas ce qui crevait les yeux ? Le visage défait de Kathleen ne laissait aucun doute. Même si ça me paraissait incompréhensible, cette fille tenait à lui.

Mais après tout, ce n'étaient pas mes affaires. Je préférai ne pas me casser la tête à essayer de comprendre la vie sexuelle débridée de Swann Geary.

Une fois prête, je me rendis à *The Irish Tavern* pour mon service du midi. Malgré les commandes qui s'enchaînaient, je ne cessais de penser à Jaimee. J'étais bien décidée à le revoir. Si, par bonheur, il acceptait un autre rendez-vous, il faudrait que je change d'attitude, que je sois plus rentre-dedans, moi, Lina. Autant remettre en cause les principes fondamentaux de l'univers.

Est-ce qu'il existe un manuel à l'intention des filles comme moi ? Comment séduire un homme qui vous plaît sans avoir l'air d'une chatte en chaleur, *ou un truc du style ?*

Dans le bus qui me ramenait chez moi, je n'avais toujours pas résolu cette question.

Un autre sujet me tracassait : mon roman.

Fred avait raison ! Je ne pouvais pas abandonner mon rêve au premier obstacle venu. J'avais travaillé trop dur pour laisser tomber maintenant. Si je devais écrire des scènes érotiques, j'allais bien finir par y arriver. Ça ne devait pas être si compliqué ! Je n'avais qu'à me servir de mon imagination. Je pouvais aussi m'inspirer de ce que j'avais entrevu chez Swann, pourquoi pas ?

Il avait l'air d'en connaître un rayon.

Je m'installai devant mon ordinateur, me sentant l'âme d'une *warrior*. Mais après deux heures passées à ne pas détacher mon regard de mon écran, comme si des mots allaient en jaillir brusquement comme par magie, je compris que c'était tout, sauf facile.

Dans mon esprit, une étreinte entre un homme et une femme tenait en deux phrases.

Il m'embrassa, et m'entraîna vers le lit... Au petit matin, je me réveillai comblée, à ses côtés.

Franchement, les points de suspension ne disaient-ils pas tout ? Pourquoi fallait-il en rajouter ?

Mais je connaissais la réponse : un auteur devait être capable d'écrire ce genre de scène, surtout si sa carrière en dépendait. Après tout, le sexe n'était que l'aboutissement logique des histoires d'amour romantiques qui foisonnaient dans ma tête. Comme je n'arrivais à rien, j'envoyai un petit message à Fred pour lui souhaiter bonne chance, car ce soir était le grand soir. Elle allait enfin passer un moment en tête à tête avec son Italien.

À 19 heures, lorsque je pris le bus pour regagner *The Irish Tavern*, j'adressai une supplique pour elle à Cupidon.

Espèce d'andouille, décoche une flèche à bon escient pour une fois, ça changera !

Une fois arrivée, je fus surprise de découvrir le pub déjà plein, plus d'une heure avant le concert. La proportion de femmes dépassait amplement celle des hommes.

Pendant que M. McFarlane installait du matériel sur la scène, je courais de table en table, hélée de partout. Autant l'avouer, j'étais assez curieuse de savoir si le talent de chanteur de Swann-le-tombeur-de-ces-dames était à la hauteur de son physique.

— Eh ! mademoiselle, je vous avais demandé une Tennent's !

Je promenai mon regard ahuri de la tasse de thé que je venais de déposer sur la table au type chauve et largement tatoué qui me toisait. Je devais encore être plongée dans mes pensées…

— Je suis désolée, monsieur. Je me suis trompée de table. Je vous apporte votre bière tout de suite.

— En te voyant, je croyais que tu étais irlandaise. Mais tu es française, pas vrai ?

Dans sa bouche, le mot « française » prenait des accents lubriques, et je réprimai une moue énervée. Le mec avait les yeux rouges, et de la sueur perlait sur son front. Avant mon service, M. McFarlane m'avait bien recommandé d'être diplomate avec les clients éméchés. Je me demandai si j'allais pouvoir tenir toute la soirée.

— Je vais chercher votre boisson, dis-je en me ruant vers le bar.

Je le servis en moins de temps qu'il n'en fallait pour le dire, puis repartis vers d'autres clients qui m'appelaient, jusqu'à ce que les lumières du pub s'éteignent. Des spots furent allumés sur la scène, et le groupe The Velvet Sound apparut, Swann en tête.

Vêtu simplement d'une chemise blanche et d'un pantalon sombre, il tenait une guitare, tandis que ses deux compagnons prenaient respectivement place derrière une batterie et un violoncelle. Lorsqu'ils commencèrent à jouer, le silence se fit. C'était un air folk-rock doux et très agréable qui me propulsa instantanément loin du pub et de son atmosphère étouffante. Je demeurai debout, dans un coin de la salle, mon plateau vide plaqué contre ma poitrine. J'attendais avec impatience que Swann se mette à chanter.

Je voulais qu'il m'embarque pour un beau voyage, et oublier tout le reste, l'espace de quelques chansons.

Je fus vite déçue.

Pourtant, sa voix rauque pouvait se révéler étonnamment délicate par moments, surtout lorsqu'il montait dans les aigus. Il possédait un timbre voilé, capable de s'adresser directement au cœur d'une femme, mais il se la jouait, avec ses airs de séducteur.

Lorsqu'il exécuta quelques pas de danse extraordinairement souples, des filles s'égosillèrent : « Swaaaany » ! Je faillis monter sur scène pour m'emparer du micro.

Qu'on fasse tout de suite sortir ces hystériques !

Juste après, il entonna un deuxième titre, plus mélancolique, et mon pouls se mit à battre au rythme puissant et lent de la batterie. Je me laissai bercer, paupières fermées. En me concentrant sur sa voix, et uniquement ça, je fus à deux doigts de vivre un moment magique, loin de mes problèmes, et de tout ce qui me pesait.

Mais quelqu'un, près de moi, hurla. Je rouvris les yeux, agacée.

— Qu'est-ce que c'est que ce branleur ? beugla le client tatoué. On est dans un pub irlandais ici, pas dans un cabaret de tapettes !

Si Swann l'entendit, il fit comme si de rien n'était et continua de chanter. Je fermai de nouveau les paupières, jusqu'à ce que j'entende une chaise tomber. Le type venait de se lever en titubant.

— Si t'es là, Geary, c'est juste grâce à ta belle gueule, parce que comme chanteur, tu vaux que dalle !

Il avait le visage furibond, et si rouge qu'il semblait être sur le point d'exploser. Il s'attendait sans doute à une réaction et en fut pour ses frais. Il parut alors atteindre le paroxysme de la rage.

— Au fait, Geary, est-ce que ta mère t'a enfin dit qui était ton père ? Mais bon, faudrait déjà qu'elle le sache elle-même, pas vrai ? Parce que avec tous les mecs qu'elle s'est tapés dans sa vie, on pourrait remplir un putain d'annuaire !

Profondément révoltée, je rivai mon regard sur Swann. J'ignorais pourquoi il restait sur scène à chanter, alors qu'il venait de subir l'une des pires insultes qui soit. Les yeux baissés, il gardait les mains crispées sur sa guitare.

J'avais conscience de me mêler de ce qui ne me regardait pas, mais je ne pouvais pas rester les bras croisés.

Sans réfléchir une seconde, j'attrapai une pinte pleine de bière sur une table voisine, et la jetai à la face du client, qui se répandit en grossièretés. Affolé, M. McFarlane accourut aussitôt pour le calmer. Le sort qui m'attendait ne faisait aucun doute…

Le concert terminé, quand le patron vint m'annoncer qu'il ne souhaitait pas me garder comme serveuse, je ne fus pas étonnée, mais tout de même un peu révoltée. Pour ma part, le client n'avait eu que ce qu'il méritait. Je détestais voir des personnes se faire humilier en public, et je ne regrettais absolument pas mon geste. En plus, malgré son insupportable arrogance, Swann n'était pas tout à fait un étranger pour moi.

Il faisait partie de ma nouvelle vie, à sa manière… ô combien pénible.

Je quittai le pub à 23 heures passées, en chantonnant. Après tout, pourquoi m'inquiéter ? J'étais à Londres, je retrouverais bien un travail, et je n'avais pas perdu le job du siècle, non plus.

Sur le parking sombre, un homme se tenait debout près d'une voiture. Je ne distinguais que sa silhouette, et le bout incandescent de la cigarette qu'il portait à sa bouche. En m'approchant, je reconnus Swann. Il écrasa la cigarette sur le sol, et monta dans sa BM rouge, en me faisant signe de grimper à mon tour.

— Je te ramène ?

Je me sentais trop fatiguée pour refuser ce taxi tombé du ciel.

— OK.

Je m'installai à côté de lui, et il démarra.

Je relevai intérieurement qu'il empruntait un nombre incalculable de détours, ce qui ne me dérangeait pas, même si je ne comprenais pas pourquoi. On aurait dit qu'il attendait le moment opportun pour parler. Je n'aurais jamais cru voir un jour Swann Geary en proie à l'hésitation.

— J'ai appris qu'on t'avait flanquée à la porte, finit-il par dire.

— Ça m'est égal, dis-je pour couper court à une discussion qui pouvait se révéler embarrassante. Quand j'écoute de la musique, je n'aime pas qu'on me dérange.

— Tu te demandes pourquoi je n'ai pas réagi, n'est-ce pas ?

— Un peu, oui.

— Jo me connaît depuis mon enfance. On vivait dans le même quartier à Galway, jusqu'à ce qu'il déménage, ici. Quand je suis venu à Londres, c'est lui qui m'a trouvé un boulot dans le garage où il bossait, et qui m'a hébergé le temps que je m'en sorte. Il n'est pas mauvais, mais il boit trop. Demain, il ne se souviendra même plus de la soirée.

Mais toi, je suis sûre que tu te rappelleras la moindre de ses paroles.

— Ce n'est pas une excuse, m'obstinai-je. Si c'est ton ami, alors pourquoi est-ce qu'il s'en est pris à toi comme ça ?

— Il n'a pas eu une vie facile, mais il m'a filé un coup de main quand j'en avais besoin, et je le respecte. De toute façon, je me fous de ce qu'il peut raconter sur ma mère (même s'il feignait l'indifférence, je n'étais pas dupe). Par contre, il va payer pour ce qu'il t'a dit, tu peux me croire.

Je haussai les épaules avec détachement, même si au fond, je trouvais ça plutôt touchant de sa part.

— Ce n'est pas la première fois qu'on me traite de gros cul… Ça m'est complètement égal. Un jour, j'ai fait le deuil du corps idéal, et j'ai décidé de me contenter de celui que j'avais. Depuis, je vis beaucoup mieux.

Il approuva d'un hochement de tête. C'était la qualité que j'appréciais chez lui, son manque total d'hypocrisie. La plupart des gens à qui vous vous plaignez de votre physique prétendent que vous êtes parfaite, alors qu'ils sont bien contents en réalité de ne pas être comme vous.

— Pour ma mère, c'est pareil, déclara-t-il. Un jour, j'ai fait le deuil de la famille idéale, et depuis, je vis beaucoup mieux.

Je n'en étais pas convaincue. On ne pouvait quand même pas comparer une paire de fesses encombrante à la légèreté d'une mère et l'absence d'un père. Mais

Swann paraissait particulièrement bien dans sa peau, alors je me dis que c'était peut-être vrai.

Une main sur le volant, l'autre bras posé sur la vitre ouverte – on est frimeur jusqu'au bout, ou on ne l'est pas –, il remonta l'avenue principale de Harrow, et mon regard se perdit au loin, tout comme mes pensées. Mon roman restait ma principale préoccupation. Ça pouvait paraître cliché dit comme ça, mais écrire était tout ma vie. C'était la seule chose dont j'avais toujours été sûre, même dans les pires moments de doute. J'aurais fait n'importe quoi pour la préserver. *Vraiment* n'importe quoi.

Ce soir-là, quand Swann chantait et que quasiment toutes les femmes de l'assemblée le dévoraient des yeux, une idée avait bourgeonné dans mon esprit. Ce mec, c'était du sex-appeal à l'état pur. Avec un charisme pareil, il devait savoir un tas de choses captivantes sur le sujet qui m'intéressait. Des choses dont je n'avais probablement pas idée.

— Mon éditeur m'a demandé d'écrire un livre érotique, lâchai-je à brûle-pourpoint.

Est-ce que ça lui paraissait aussi ridicule qu'à moi ? En tout cas, il ne rit pas, et je lui en fus reconnaissante, sans pour autant me faire d'illusions. La Terre était ronde, le soleil brillait, et Swann était un emmerdeur de première. Mais j'avais besoin de lui.

— Le souci, c'est que je ne sais pas comment m'y prendre.

Il parut réfléchir, avec un sourire énigmatique qui n'augurait rien de bon. Au jeu du chat et de la souris, il était facile de savoir qui jouait le rôle du matou.

— T'as un problème avec le sexe ?

Bon, ça, c'est fait. Laisse-le se marrer. L'essentiel, c'est d'obtenir ce que tu veux, au bout du compte.

— Je n'ai pas de *problème* avec le sexe. Je trouve même ça plutôt agréable.

— « Agréable » ?

— Oui enfin, bref, on va dire que je n'ai pas la chance d'avoir ta fabuleuse expérience, rétorquai-je en tâchant de ne pas me montrer trop acerbe.

Son sourire s'élargit encore. Si je ne me jetais pas à l'eau, maintenant, c'était fichu.

— En fait, je me demandais si tu pourrais m'aider.

Je m'étais fait virer à cause de lui, il pouvait bien me rendre ce petit service de rien du tout, non ? Il passa une main dans ses cheveux. Sur le trottoir, deux filles se retournèrent sans se soucier de leur discrétion pour le regarder.

— Tu veux que je te donne des leçons particulières ?

L'amusement perçait dans sa voix. Je pris une grosse, grosse inspiration, loin dans mes poumons.

Vas-y, Lina. Tu n'as rien à perdre, de toute façon. Au pire, il te dira non.

— J'aurais, disons, besoin d'un guide, de quelqu'un qui me conseillerait. Ce serait purement théorique bien sûr, rien que des explications, pas de démonstrations. (J'essayais tant bien que mal de ne pas rougir.) Je te parlerais de mes personnages, et tu me suggérerais, enfin, tu vois... des rapprochements entre eux.

— Des « rapprochements » ?

Il ne pouvait pas s'en empêcher ! Il fallait toujours qu'il se moque de moi.

— Je dois dire que c'est plutôt original comme demande.

— Je comprends, dis-je, de plus en plus embarrassée.

Je mesurai subitement la bizarrerie de la situation.

— J'aurais juste voulu avoir des idées pour certaines scènes...

— « Certaines scènes » ?

— Oui, enfin seulement des trucs normaux.

— « Normaux » ?

J'explosai :

— C'est quoi cette manie de répéter tout ce que je dis ? Ça t'amuse ?

Il ne se démonta pas.

— C'est juste que tu sembles avoir des difficultés à trouver tes mots, ce soir.

— Je suis française, je te rappelle. Je ne possède pas tout le vocabulaire.

Cette fois, il était hilare. Je me demandais ce qui m'était passé par la tête. Swann Geary ne pouvait pas comprendre l'importance que ce projet représentait pour moi, et la dose de courage qu'il m'avait fallu, simplement pour oser lui en parler. Il existait bien des coaches en toutes sortes de choses, alors pourquoi pas en érotisme ? Mais j'avais eu tort, visiblement.

— Laisse tomber. Les vapeurs d'alcool ont dû me retourner le cerveau.

— Non, je crois que ça pourrait être amusant. Mais qu'est-ce que tu m'offrirais en échange ?

— Je te paierai… enfin, dès que j'aurai signé mon contrat.

Il planta son regard de fauve dans le mien.

— Le moment venu, je te dirai ce que je veux.

Comme je commençais à le connaître, je ne pris pas ses paroles au sérieux.

— Du moment que ce n'est pas une séance de travaux pratiques ! plaisantai-je. Autant être parfaitement claire : tu ne m'attires pas du tout. Et je crois savoir que tu as tout ce dont tu as besoin.

Il éclata de rire.

— Ma chérie, tu sais, je n'en ai jamais assez.

Il avait gagné : je devins pivoine. Mais au fait, comment est-ce qu'il venait de m'appeler ?

— Hé, je t'interdis de me donner ce genre de surnom. Je ne suis pas l'une de tes conquêtes ! En plus, j'ai déjà quelqu'un dans ma vie… enfin, presque.

— Le directeur du petit théâtre ?

— Le Miramay n'est pas un « petit » théâtre, le corrigeai-je, vexée comme une gamine.

— OK, OK, faut pas te fâcher, mon cœur.

Je dus faire appel aux quelques techniques respiratoires de yoga que Fred m'avait apprises pour ne pas céder à une pulsion meurtrière.

Il coupa le moteur. Nous étions arrivés. J'étais tellement furieuse contre lui que je ne m'en étais pas rendu compte. J'ouvris la portière et m'empressai de rejoindre la maison, comme si le diable était à mes trousses.

— Je te dis à demain pour ton premier cours, voisine ! me lança Swann de la voiture.

— « Demain » ?

— Repose-toi bien, et sois en forme, ajouta-t-il avant de redémarrer en trombe, musique à fond.

Je m'attendais au pire, mais je n'avais pas le choix. Il était trop tard pour faire machine arrière.

Chapitre 11

Le dimanche matin, je travaillai sur le caractère de mes personnages avec une seule certitude – et ce n'était déjà pas si mal : je ne voulais pas d'une jeune dinde, à qui un mâle expérimenté apprendrait tout. Jusqu'à quand les femmes devraient-elles supporter cette scandaleuse manipulation mentale ? Non, les hommes ne sont ni les plus forts, ni les plus intelligents, et si je me fiais à mon peu d'expérience, certains auraient bien eu besoin d'un GPS spécialisé en anatomie féminine – toute ressemblance avec mon ex serait purement fortuite (ou pas).

À bas les nunuches ! Vive les filles qui savent rendre les mecs fous d'amour ! Vive les filles qui… ne sont pas comme moi.

Cette première base entérinée, j'imaginai un homme froid, obnubilé par son travail, et n'ayant pas un instant à consacrer à une femme, hormis une partie de jambes en l'air expédiée à la va-vite, de temps en temps.

La fille, elle, emploierait des techniques subtiles pour l'amadouer, et lui faire découvrir un monde inconnu de tendresse et de sensualité exacerbée. Plus j'y pensais, et plus ces personnages m'enthousiasmaient. Mes doigts fébriles se mirent à trembler sur mon clavier.

Lorsque Angel, jeune homme d'affaires anglais, est invité à un bal royal, il ne peut refuser. En effet, malgré sa réussite financière, ce self-made-man a toujours nourri un petit complexe vis-à-vis de la noblesse, qui n'oublie d'ailleurs jamais de lui rappeler ses « basses » origines. Seul souci : il ne sait pas danser, et le bal a lieu dans seulement quatre semaines. La dernière chose dont il a besoin, c'est se couvrir de ridicule. Une connaissance lui conseille une excellente professeure, Emily.

Indépendante dans l'âme, Emily vient d'une famille aisée, qu'elle a voulu quitter au plus vite pour mener sa vie librement. Quand elle rencontre Angel, elle est irrémédiablement attirée par lui. Mais elle comprend vite que ce jeune homme complexe ne va pas baisser facilement sa garde. Elle n'a que quatre semaines pour le séduire, corps et âme...

Une fois, Guillaume m'avait dit que les personnages étaient l'élément le plus important d'une histoire, que lorsqu'on les avait trouvés, le reste venait tout seul. Je croisai les doigts. Partant de là, quelques idées de scène m'aideraient sûrement aussi à écrire un synopsis, et j'espérais que le thème de la danse inspirerait mon coach.

Comme à 14 heures, il n'était toujours pas venu, je décidai de sortir dans le jardin, avec un plateau-repas. Le ciel était gris, mais le fond de l'air plutôt doux, et j'entamai mon omelette, en écoutant des rires d'enfants, de l'autre côté de la haie.

Un vieux souvenir s'invita par mégarde. Je devais avoir six ans, et je jouais avec ma sœur sur notre carré de pelouse. Elle faisait des bulles de savon que je m'amusais à éclater. Je ne savais pas pourquoi elle passait du temps avec moi. Depuis son entrée au collège, elle préférait la compagnie de ses copines à la mienne, et s'enfermait souvent dans sa chambre. Mais je me sentais trop heureuse pour lui poser la question.

Soudain, à l'intérieur, des cris avaient retenti. Je m'étais figée, avec une brusque envie de pleurer. Je ne comprenais pas pourquoi nos parents se hurlaient des horreurs, je voulais seulement qu'ils cessent.

« *Allez, petite lionne*, m'avait dit Annabelle en soufflant de plus belle dans le rond en plastique. *Ce n'est rien, continue de courir ! Les bulles ne t'attendront pas !* »

Je l'avais compris des années plus tard : elle m'avait emmenée dans le jardin, pour me préserver. Elle avait sûrement compris qu'une dispute menaçait d'éclater, et elle ne voulait pas que j'y assiste.

Je me demandais par quel étrange maléfice une personne qui vous avait brisé le cœur et lacéré l'âme pouvait vous manquer. Mais c'était un fait : en ce dimanche, je compris qu'une partie de moi souffrait cruellement de l'absence de ma sœur. J'avais cru pouvoir l'oublier, la rayer de ma vie. Je n'avais fait que me mentir à moi-même. Si les dimanches m'étaient si douloureux, c'était parce qu'elle n'était pas à mes côtés. Tout me revint : nos après-midi au cinéma, nos balades dans Paris, nos sorties shopping… Elle disait toujours que j'étais la seule à savoir quels vêtements lui allaient.

J'avais déployé tant d'efforts pour la détester, comme si c'était possible, comme si on pouvait effacer une personne qu'on adorait depuis plus de deux décennies d'un simple coup de gomme.

Mes yeux me piquèrent. À cet instant, un ballon multicolore atterrit à mes pieds, et je me levai pour le renvoyer aux enfants, deux petites jumelles brunes qui s'excusèrent en rougissant, et que je rassurai en quelques mots.

Elles étaient adorables, et me rappelaient tant de choses. Je pris sur moi pour ne pas fondre en larmes.

Restez toujours unies, et ne vous trahissez jamais.

En me retournant, j'aperçus la silhouette de Kathleen par la fenêtre ouverte de l'étage. Pour tout vêtement, elle portait une serviette rose nouée sur la poitrine. Swann avait dû aller la chercher, après m'avoir déposée, et il avait trouvé une manière de se faire pardonner. Comme je l'avais prévu, la réconciliation avait été vite bouclée.

Et voilà, qui avait raison ?

Je me serais délivré une médaille pour ma clairvoyance.

Mon plateau quasiment intact, je rentrai, en n'attendant plus la visite de mon voisin, qui avait visiblement d'autres chats à fouetter. Cette histoire de leçons n'était peut-être même qu'une blague pour lui ? Ou alors, il avait changé d'avis après réflexion. Avec Swann Geary, tout était possible.

Je décidai de prendre un long bain chaud, en écoutant de la musique, à un volume tel que le timbre chaud d'Amy Winehouse faisait vibrer mes écouteurs.

En fermant les yeux, je pouvais presque croire que la chanson *Tears Dry on Their Own* [1] avait été écrite pour moi. Mais je savais que c'était juste le miracle accompli par les meilleurs artistes. Je basculai la tête en arrière, et me laissai aller à verser quelques larmes, puisque comme le disait cette chère Amy, elles ne tarderaient pas à sécher d'elles-mêmes, de toute façon.

En croyant sentir un courant d'air sur ma peau humide, je rouvris brusquement les paupières, le cœur battant. La porte de la salle de bains était toujours fermée, et rien n'avait bougé. Je me faisais sans doute des idées.

---

1. Chanson écrite par Amy Winehouse, Valerie Simpson et Nicholas Ashford en 2007.

Emmitouflée dans mon vieux survêt, les cheveux encore mouillés, je décidai d'étoffer mes personnages, d'imaginer leur vie, leur enfance, en attendant de trouver des pistes plus précises pour l'intrigue. L'écriture avait toujours été mon refuge, et ce n'était pas près de changer. Un silence parfait régnait dans la maison. Après vérification, je constatai que la BM rouge n'était plus parquée dans la rue. Swann et sa petite amie avaient dû sortir. Je me mis à taper, l'esprit tranquille et apaisé.

Emily a toujours été une femme libre. Libre d'aimer qui elle souhaite, libre de vivre pleinement sa passion pour la danse. Elle refuse le soutien financier de sa famille issue de la noblesse anglaise, et elle…

Lorsque quelqu'un frappa à la vitre de mon bow-window, je fis un bond sur ma chaise. Un visage se dessinait à travers le rideau, que j'écartai après m'être levée. C'était la jolie fille blonde qui m'avait paru sympathique, l'autre soir. Elle me souriait en me faisant signe de lui ouvrir, mais la seule fois où je m'étais essayée à cet exercice, j'avais cru que l'encadrement en bois pourrissant allait me rester dans la main.

Je préférais éviter de renouveler l'expérience.

— J'arrive, répondis-je.

En franchissant la porte de mon appartement, je me rendis compte que j'avais oublié de la fermer à clé, et je repensai au courant d'air. Je secouai la tête en me raisonnant. Personne n'était entré chez moi à mon insu.

Je traversai le hall d'entrée et ouvris à la jeune femme, qui patientait. Outre son sourire éclatant, je remarquai son regard bleu, aussi limpide qu'une mer du Sud. Elle arborait un look grunge, veste militaire taille XXL, tee-shirt lâche, jean déchiré, cheveux blond platine, rasés sur les côtés, et longs sur le dessus. Malgré ses vêtements peu flatteurs, elle était rayonnante de beauté.

— Excuse-moi de te déranger. Je devais retrouver Swann chez lui, mais il ne répond pas au téléphone.

— Je crois qu'il est sorti, expliquai-je succinctement.

Mon imagination se mit à galoper. Swann avait donné rendez-vous à la blonde, ne sachant pas si Kathleen accepterait de revenir. Décidément, il lui en fallait toujours une sous la main !

La fille ne parut pas affectée outre mesure.

— C'est tout lui ! Il aurait pu me prévenir, au moins.

Je n'avais aucune envie de m'étendre sur ce sujet, ni sur aucun autre d'ailleurs. Je voulais seulement retourner me terrer dans mon appartement.

— Je vous souhaite un bon après-midi, dis-je en commençant à refermer la porte.

— Eh, attends !

Je m'arrêtai, en réprimant un soupir.

— J'ai du travail, et je…

— Je sais. Swann m'a dit que tu étais écrivain. Je trouve ça génial.

Je fus un rien étonnée que mon voisin lui parle de moi, et me demandai ce qu'il pouvait raconter d'autre sur mon compte. Je me traitai mentalement de parano.

— Je m'appelle Moira, poursuivit-elle, face à mon silence.

Après quelques instants, je répondis :

— Lina.

Elle m'examina, et je me sentis brusquement gênée. Voyait-elle que j'avais pleuré ?

— Swann devait m'emmener faire un tour à Camden. Ça te dirait qu'on y aille toutes les deux ?

— Je ne sais pas…

Moira eut un petit sourire désolé, qui me fit penser à celui d'une enfant.

— Tu n'as peut-être pas envie de te promener avec moi ?

Face à son regard doux, je ne me sentis plus le cœur de refuser son invitation. Et puis, je n'avais encore jamais mis les pieds à Camden.

— Entre un moment. Je vais me préparer. Je n'en ai pas pour longtemps.

Après avoir changé dix fois d'avis, j'optai finalement pour une robe violette, style années 1960, dont le bustier était boutonné sur le devant, assortie d'un blouson court en cuir noir clouté, et d'une paire d'escarpins aux talons vertigineux. En ressortant de la salle de bains, je trouvai Moira, debout devant la fenêtre. Elle se retourna.

— Très joli… Mais tu sais, on va juste faire un tour.

J'eus soudain honte de ma tenue, moi qui en étais si fière un instant auparavant. Pourquoi est-ce que je m'étais habillée comme ça ? Je ne m'attendais pas à croiser qui que ce soit en particulier, et hormis Jaimee (et bien sûr, Swann), je ne connaissais personne ici.

Toujours est-il qu'en allant jusqu'à la station de métro, je me sentis légèrement ridicule, presque déplacée. Une fois dans le train, un silence gênant s'installa. Moira regardait son téléphone, tapotant au hasard, comme ces personnes qui veulent se donner une contenance – je le faisais souvent, moi aussi. Je n'étais pas mieux, lissant et relissant ma robe déjà parfaitement repassée. Je me rendis compte d'à quel point mon histoire avec Buzz m'avait fait perdre tous mes repères. Pendant des mois, mon monde s'était résumé à lui, j'avais perdu l'habitude de côtoyer des inconnus.

Une question me vint, enfin.

— Je peux te demander ce que tu fais dans la vie ?

Elle hocha la tête, prenant son temps.

— Je suis en master de physique nucléaire à Oxford.

— « Physique nucléaire » ? répétai-je bêtement, ne trouvant rien d'autre à dire.

Cette discipline m'évoquait seulement un nom : Einstein.

— Ce n'est pas si horrible que ça en a l'air.

La discussion s'arrêta aussi vite qu'elle avait commencé, et je préférai me taire plutôt que de me mettre à parler de la pluie et du beau temps. Je me perdis dans la contemplation de mon reflet, sur la vitre, comme si je me voyais pour la première fois...

À peine sortie de la station Camden Town, je fus subjuguée par ce coin bourdonnant de Londres, et en premier lieu, par les incroyables devantures en relief, dignes d'œuvres d'art contemporaines. Il y en avait pour tous les goûts : des vêtements hip-hop, punk, manga, vintage, des restaurants du monde entier, des boutiques de souvenirs. Les passants étaient à l'image des magasins, des musiques et des odeurs qui s'en échappaient, un extraordinaire mélange de styles.

En quelques pas, je croisai un homme dont la coupe à l'iroquoise bleue faisait plus de trente centimètres de haut, un autre tatoué jusque sur les paupières, et une fille habillée en soubrette du XIXe siècle.

Je me mis à rêver d'avoir un jour les moyens d'y vivre, comme feu mon idole, Amy Winehouse. Autant dire que ce n'était pas demain la veille.

Je suivis docilement Moira dans trois magasins, où elle n'acheta rien. Elle regardait à peine les vêtements.

— J'ai soif, pas toi ? me demanda-t-elle, en ressortant.

— Pourquoi pas ?

— Viens, je connais un endroit sympa. J'espère que tu aimeras.

« Sympa » ne fut pas l'adjectif qui me vint spontanément à l'esprit en pénétrant dans le *Dracula's*. Le pub avait des allures de grotte sombre, avec ses murs recouverts de pierre et de fausses toiles d'araignées. Les serveurs vêtus de noir arboraient des canines démesurées, et un teint blafard. Effrayants à souhait, ils ressemblaient davantage à d'authentiques créatures de Bram Stoker qu'au séduisant vampire, Edward Cullen.

Mince alors, c'est trop bête ! Si j'avais su, j'aurais mis mon collier d'ail.

Mon étonnement passé, je m'assis en face de Moira, amusée par le lieu. D'un coup, le naturel revint au galop, et un tas de blagues puériles se bousculèrent dans ma tête. Je pensai aussi à Fred, qui aurait sûrement adoré ce pub.

— Et si on kidnappait un serveur et qu'on l'emmenait dehors ? Tu crois qu'il se transformerait en tas de cendres ?

Moira eut un petit rire poli, qui me fit aussitôt regretter mon trait d'humour.

— Ça ne te plaît pas ?

Oups !

Si elle était toujours aussi susceptible, alors que j'avais un don certain pour mettre les pieds dans le plat, ça promettait d'être compliqué.

— C'est très original, j'aime beaucoup.

Elle parut sincèrement contente, comme si me faire plaisir lui importait vraiment. Je fis taire la petite voix aigrie qui me soufflait qu'autant de gentillesse cachait forcément quelque chose.

Je devais arrêter de me méfier de tout, et de tout le monde, ou je finirais momifiée dans l'un des cercueils qui trônaient en fond de salle.

— En parlant de pub, je me suis fait virer de celui où je travaillais.

Elle m'adressa un regard, que je ne sus interpréter.

Vas-y Lina. Sois toi-même. Tu as peur de quoi, au juste ?

Après avoir commandé deux jus de tomate où flottaient des glaçons en forme d'yeux, elle posa le menton sur ses mains.

— Raconte.

J'entrepris de lui rapporter d'abord la manière dont j'avais été embauchée à *The Irish Tavern*, et le fait très agaçant que tous les employés pensaient que j'étais une nouvelle victime de Swann, le *serial charmeur*. Je me rendis compte après coup que je n'aurais peut-être pas dû décrire son petit ami en ces termes, mais je ne pouvais pas ravaler mes paroles.

Je décidai de continuer sur ma lancée, en insistant bien sur le fait qu'il n'y avait strictement rien entre son mec et moi, et qu'il n'existait aucune chance pour que ça change un jour.

— Je me voyais grimper sur le comptoir et hurler dans un mégaphone : « Oyé à la population ! Non, je ne couche pas, et je ne coucherai jamais avec Swann Geary ! »

Plus Moira riait, et plus je prenais confiance. Lorsque j'en vins à la soirée de la veille, et à l'épisode du dénommé Jo, sans entrer dans les détails, un éclair de fureur passa dans son regard, et son visage tranquille changea radicalement d'expression.

— Qu'est-ce que ce connard a dit exactement ?

Son ton haineux me déstabilisa. Je craignis d'en avoir trop dit.

— Ça se rapportait à la mère de Swann…

— Je comprends mieux pourquoi il m'a laissée en plan.

Personnellement, je ne saisissais pas grand-chose, mais je m'abstins de l'interroger. Je n'aimais pas parler des gens en leur absence, et mon instinct me disait que Moira était comme moi.

— Enfin, voilà, résumai-je. Maintenant, il faut que je trouve un autre job.

Je l'interrogeai ensuite sur ses études. Elle m'expliqua qu'elle était l'une des deux seules filles de sa section, et que ce n'était pas toujours simple. À demi-mot, et sans se plaindre, elle évoqua les mauvaises blagues, les remarques désobligeantes, l'isolement. L'autre étudiait à Oxford depuis des années, contrairement à Moira qui, venant de Galway, avait dû se plier à certains rites de passage pour s'intégrer. *Galway…* Comme Swann. Ils se connaissaient peut-être depuis longtemps ? Je n'osais pas l'interrompre pour lui poser la question.

— Par exemple, l'une des épreuves du bizutage consistait à plonger dans le fleuve, la nuit, et entièrement nue.

Je haussai les sourcils, effarée.

— Et tu l'as fait ?

— Je n'ai pas eu le choix. Ils m'ont tous reluquée. C'était humiliant, mais si j'avais refusé, on m'aurait mise à l'écart.

J'étais scandalisée.

— Je pensais que ces pratiques odieuses étaient terminées !

— Non, absolument pas. Mais entre nous, ce n'est rien à côté du reste… Swann voulait intervenir, mais j'ai refusé. Je dois me débrouiller seule. Heureusement, tout ça sera bientôt derrière moi.

Je m'interrogeai sur la signification du mot « reste ».

— Tu es drôlement courageuse.

— Merci. Je n'ai aucun mérite. En me foutant dehors, mon père m'aura au moins appris à être forte.

J'attendis la suite, profondément indignée, admirative aussi. Comparés aux épreuves qu'elle avait endurées, mes petits problèmes me parurent bien dérisoires.

Elle releva la manche de son tee-shirt, pour dégager une épaule et me montrer son tatouage, une gracieuse colombe qui s'envolait en se libérant de ses chaînes.

— Mon père est catholique, et il ne supportait pas l'idée d'avoir une fille lesbienne. Pour lui, j'étais le diable en personne. Le lendemain de mon coming out, à dix-sept ans, j'ai retrouvé mes affaires sur le perron. Je n'ai même pas eu le droit à un au revoir.

Je manquai de m'étouffer en avalant de travers. Moira dut sentir ma stupeur, et se rembrunit.

— C'est le fait que je sois gay qui te dérange ?

Je rougis, en déplorant la méprise.

— Non, bien sûr que non ! Je ne comprends pas qu'on puisse renier son enfant, ça me dépasse. Il y a autre chose, aussi…

— Oui ?

Je pris une inspiration pour lui avouer la vérité.

— Je croyais que tu sortais avec Swann.

Son rire m'ôta un grand poids.

— Moi, avec Swann ? Mais je le considère comme mon frère ! Nous avons grandi dans le même quartier, et…

Elle ne finit pas sa phrase.

— Il n'aime pas qu'on parle de son passé. Ici, il veut tourner la page, et devenir quelqu'un d'autre, si tu vois ce que je veux dire.

Je repensai au jour où Swann s'était invité chez moi pour manger des pâtes. Lorsque je lui avais dit que j'étais venue à Londres pour oublier, il m'avait répondu qu'il comprenait…

— Je vois.

— Et toi ? Tu t'entends bien avec ta famille ?

J'aurais pu esquiver la question, inventer un beau mensonge cousu de fil blanc, puisque c'était mon métier. Mais quelque chose dans le regard de Moira me poussa à l'honnêteté.

— J'ai coupé les ponts avec ma sœur.

— C'est pour ça que tu as l'air si triste ? demanda-t-elle gentiment.

Je hochai la tête.

— Désolée, murmurai-je, horrifiée de casser l'ambiance.

— Tu crois que je suis mieux, moi, avec mes histoires déprimantes ? Mais pourquoi est-ce que tu ne lui parles plus ?

— Elle m'a volé mon petit ami.

— Alors, c'est à elle de se sentir triste, pas à toi. Si vous en êtes arrivées là, c'est sa faute. Tu n'es pas responsable.

— C'est vrai.

— Est-ce que tu penses lui pardonner, un jour ?

— Je l'ignore. Et toi, as-tu pardonné à ton père ?

Elle baissa les yeux sur son verre vide, qu'elle fit tourner entre ses mains.

— Les gens que nous aimons nous font parfois du mal, et nous n'y pouvons rien. J'ai beaucoup souffert de l'intransigeance de mon père, et de la passivité de ma mère, mais j'ai appris à vivre pour moi, pas pour ma famille. Je me suis promis d'être heureuse, avec ou sans eux, termina-t-elle en relevant un visage déterminé.

Juste à cet instant, un serveur passa près de nous en criant un grand « Ah ah ah ! » diabolique, et Moira éclata de rire, en même temps que moi.

Elle lui commanda deux autres verres, contenant un cocktail au nom mystérieux de « Délice de Satan ». En y trempant les lèvres, je compris la raison de cette appellation. La boisson incendia ma gorge, avant d'aller embraser mon estomac.

— Mais qu'est-ce qu'ils mettent, là-dedans ? Qu'est-ce que c'est fort !

Hilare, Moira siffla le sien d'un trait, comme si elle cherchait à s'enivrer. Je ne pus m'empêcher de penser à ce qu'elle m'avait raconté sur les autres étudiants et son quotidien à l'université.

Je devinais qu'elle ne m'avait pas tout dit, par pudeur. Était-elle harcelée à cause de son homosexualité ?

Après avoir jeté un coup d'œil à son téléphone, Moira rappela le serveur vampire pour demander l'addition. Je m'attendais à ce que la note soit ornée de têtes de mort, ou éclaboussée d'une myriade de gouttes de sang. Je fus frustrée de découvrir un simple morceau de papier blanc.

— C'est pour moi, dis-je.

Moira me remercia et se leva.

— Swann était censé me ramener à Oxford. Comme il m'a lâchée, il va falloir que je prenne le train. D'ailleurs, si je ne me dépêche pas, je vais sûrement le rater.

Elle ne s'activa pas pour autant, enfilant sa veste avec une lenteur appuyée. Je me demandai si c'était seulement un problème de moyen de transport qui l'ennuyait, ou s'il y avait autre chose. Son regard se voila, elle devint pensive.

— Quand j'arrivais avec dix minutes de retard pour le dîner, mon père m'envoyait dans ma chambre sans manger. Alors, maintenant, j'arrive en retard partout, et tout le temps. C'est bête, hein ?

C'était typiquement le genre de question qui n'appelait pas de réponse.

En accompagnant Moira en métro jusqu'à la gare de Paddington, je lui racontai le jour de mon arrivée, lorsque j'avais manqué de m'évanouir en découvrant mon « magnifique » appartement, puis ma première rencontre avec Swann. J'espérais lui changer les idées.

Elle riait encore, en me faisant signe, à travers la vitre du train.

À mon retour, en allumant mon ordinateur, je fus estomaquée de trouver trois messages. C'était quand même incroyable ! Lorsque je restais plantée devant mon écran toute la journée, personne ne m'écrivait. Il suffisait que je sorte pour que les gens se rappellent mon existence.

Je jetai le premier sans le lire. Moira m'avait ouvert les yeux : je devais apprendre à vivre en pensant à moi, et à mon bonheur. Je me moquais éperdument de ce qu'Annabelle avait à me dire. Elle me répétait encore sans doute qu'elle était désolée, que son amour pour Buzz avait été plus fort que tout. Qu'elle vive sa vie ! Je comptais bien profiter de la mienne à cent pour cent.

Rassérénée, j'ouvris le second message.

Coucou Lina,

Tout va bien. Je te recontacte plus tard.
Fred

Je fus déçue. La pensée horrible que nous commencions à nous éloigner l'une de l'autre me traversa. Si j'étais encore à Paris, nous aurions pu nous retrouver quelque part, et elle m'aurait raconté sa soirée. Je me disais qu'elle nageait sans doute en plein bonheur, mais une partie de moi demeurait préoccupée.

Le troisième message avait été envoyé par un expéditeur répondant au nom étrange de « Je suis un idiot ».

Certains n'étaient visiblement pas à un stratagème près pour vous inciter à ouvrir leurs spams ! Le pire, c'est que ça marchait. En cliquant dessus, je vis d'abord une carte virtuelle assez laide, sans comprendre. Un personnage de dessin animé se tapait la tête avec un bouquet de fleurs.

Lina,

Tu me connais, je ne suis pas toujours très doué avec les mots, et cette horrible carte est tout ce que j'ai trouvé pour me faire pardonner notre rendez-vous raté.
Si jamais tu as envie qu'on se revoie, je peux venir te chercher chez toi mardi soir.
Je t'embrasse,
Jaimee, celui qui a été assez idiot pour te laisser filer.

P.-S. : si tu acceptes, donne-moi ton adresse.
P.-S. 2 : dis-moi que tu acceptes, s'il te plaît.
P.-S. 3 : l'autre jour, j'ai oublié de te dire à quel point tu étais belle.

Chapitre 12

Je vécus le jour suivant sur un petit nuage. Depuis que j'avais lu le message de Jaimee, je me sentais comme une adolescente, à la veille de son premier rendez-vous amoureux. Dans tous mes états, et incapable de me concentrer pour travailler, je m'étais transformée en véritable tornade ménagère. J'avais vidé et récuré tous les placards, nettoyé les vitres – avec délicatesse eu égard à leur grand âge –, lessivé entièrement la salle de bains, et même brossé les plafonds.

En fin d'après-midi, lorsque quelqu'un frappa à ma porte, je pensai d'abord à Swann dont je n'avais eu aucune nouvelle depuis le samedi. Mais en ouvrant, je découvris un énorme bouquet de fleurs déposé sur la moquette du hall d'entrée.

Je le ramassai, et refermai la porte derrière moi. Comme je n'avais pas de vase sous la main, je pris une grande chope de bière, tout en me promettant de trouver au plus vite un contenant digne de cette composition magnifique. Les doigts tremblants, je détachai ensuite la carte accrochée à l'une des tiges.

J'espère qu'elles te plairont.
Merci d'avoir dit oui.
J'ai hâte d'être à demain soir,
Jaimee

Je résistai à l'envie enfantine de serrer le mot contre ma poitrine. Il y avait si longtemps que je n'avais pas éprouvé ça, si longtemps qu'un homme n'avait pas cherché à me séduire. Si longtemps que je n'avais pas eu l'impression d'exister aux yeux de quelqu'un, ni d'exister tout court.

Je lui envoyai aussitôt un petit message.

Les fleurs sont merveilleuses.
Moi aussi, j'ai hâte.
Lina

Une fois lavée, et confortablement vêtue de grosses chaussettes et d'un pull très long au motif léopard, je décidai de me préparer quelque chose, mais j'avais tellement l'esprit ailleurs que je laissai ma pizza brûler dans le four. Peu m'importait. Je m'assis sur le canapé, en grattant la couche noire avec un couteau. De toute façon, je n'avais pas très faim, je ne pensais qu'à Jaimee.

De la musique me parvint de l'extérieur, a priori du jardin. Mon bain terminé, j'avais laissé la fenêtre et la porte de la salle de bains ouvertes pour évacuer la buée. J'aurais pu simplement jeter un coup d'œil dehors, mais je craignis d'être vue. Ce n'était pas beau d'espionner ses voisins, et Swann ne se trouvait peut-être pas seul ? Je décidai de jouer franc-jeu.

Peut-être avais-je envie d'un peu de compagnie, aussi…

En sortant de mon appartement, je reconnus la chanson. C'était *Another Love*, un titre mélancolique du chanteur Tom Odell.

La porte menant à l'arrière de la maison était entrouverte, et je la poussai doucement, envoûtée par la musique. La voix du chanteur provenait de l'ordinateur portable posé sur le perron, juste à côté d'une veste à capuche. Pieds et torse nus, en pantalon de survêtement, Swann dansait.

C'était si beau, si sensuel, que j'osais à peine respirer. Il se déplaçait avec légèreté d'un bout à l'autre du jardin, comme s'il lévitait au-dessus du sol, et je restais éblouie par cette époustouflante démonstration de danse contemporaine. Son corps et la musique ne faisaient plus qu'un, évoquant toute une palette d'émotions : tristesse, amour, espoir, souffrance…

Je ne mesurais l'effort qu'il fournissait qu'à la façon dont ses muscles se tendaient à chaque mouvement. Un long frisson me parcourut. Lorsque la musique se tut, je me mis à applaudir, sans réfléchir, regrettant juste que ce soit déjà terminé. J'aurais pu le regarder danser pendant des heures.

Près de la haie, Swann sembla sortir d'un rêve. Il se tourna vers moi.

— Tiens, Lina ! Le spectacle t'a plu, on dirait ?

Il y avait un je-ne-sais-quoi d'amer dans sa voix, qui me déstabilisa. Je connaissais le Swann Geary arrogant, sûr de lui, goguenard. Celui qui me regardait, le visage froid et crispé, était un inconnu.

— J'ai trouvé ça inouï.

Il eut un rire désabusé.

— Si seulement les producteurs pouvaient penser comme toi !

— Tu as eu une réponse pour le casting ?

Son regard se durcit. Je me mordis la lèvre inférieure.

— Je voulais juste te dire que j'avais rencontré Moira hier, et que c'est une fille vraiment très sympa.

— Je suis au courant, merci, répliqua-t-il, d'un ton sec.

Savait-il que nous nous étions vues, ou qu'elle était une fille sympathique ? Sa réponse pouvait être ambiguë, mais pas son attitude : manifestement, je le dérangeais. Je fis volte-face, résolue à le laisser seul, mais je sentis soudain une main sur mon épaule. Je me retournai, étonnée par la vitesse à laquelle Swann avait traversé le jardin.

— Excuse-moi. Oui, j'ai eu une réponse, et ce n'était pas celle que j'espérais. Il y a des jours où je me demande pourquoi je continue de bosser aussi dur.

Ça ne sert à rien ! Je devrais probablement arrêter de rêver.

Je voulus lui dire qu'il y aurait d'autres auditions, qu'avec un talent pareil aussi bien en chant qu'en danse – sans parler de son charisme –, il réussirait forcément un jour ou l'autre, que ce n'était qu'une question de temps et de persévérance, mais je me ravisai. Ces paroles banales, il les avait sans doute entendues mille fois, et je comprenais parfaitement ce qu'il ressentait.

Dans nos métiers, le doute est un compagnon qu'il faut apprendre à apprivoiser, tant bien que mal.

—À quoi bon vivre si on ne rêve plus ? tentai-je gentiment, en espérant ne pas déclencher une nouvelle vague de colère.

Alors qu'il ne me regardait plus, il leva soudain la tête vers moi. Je crus déceler quelque chose dans ses yeux, comme un début de complicité. C'était déroutant de converser avec Swann *normalement*, sans moquerie, ni blague exaspérante, de se sentir proche de lui.

Comme il continuait de me dévisager en silence, je cherchai désespérément une idée pour changer de sujet. Je posai les mains sur mes hanches.

—Et au fait, ma leçon ?

Il se baissa pour attraper sa veste, l'enfila en laissant la fermeture ouverte.

—Je pensais que tu avais autre chose en tête.

—Comment ça ?

— Eh bien, j'ai croisé un livreur de fleurs, tout à l'heure. C'est moi qui l'ai laissé entrer dans le hall. Ce bouquet prétentieux vient du directeur du Miramay, je suppose ?

Mais pour qui se prenait-il ? Mon père ? De quel droit me faisait-il passer un interrogatoire ?

— Ça ne te regarde pas !

— Tu sais ce qu'on dit ? La taille du bouquet compense la petitesse de son…

— … théâtre ? rétorquai-je, excédée.

Son regard s'alluma, telle une torche.

— Tu vois très bien de quoi je veux parler.

— Ce ne serait pas par rapport à la taille des voitures, plutôt ? De toute façon, Jaimee n'a pas de souci de ce côté-là.

Swann eut un rire plein de sous-entendus.

Plus horripilant, tu meurs.

— Ah ? Parce que vous avez déjà…

Au petit jeu de savoir qui plongerait l'autre dans l'embarras le premier, j'étais déterminée à remporter une manche, au moins une fois dans ma vie.

— Non. Mais j'ai déjà eu l'occasion de le voir en caleçon moulant, et il a l'air très bien équipé, merci. Je vérifierai tout ça, très bientôt, peut-être.

Je n'avais jamais vu Jaimee autrement qu'en pantalon, et même si nous nous connaissions depuis des années, je n'étais pas totalement certaine de vouloir sauter le pas dès le lendemain, mais ça m'amusait de le faire croire à Swann. J'en avais assez qu'il me considère comme une fille coincée.

Il cessa de rire.

— Méfie-toi quand même, demain soir. Un bouquet pareil, c'est louche.

Bon sang, il se prend vraiment pour mon père !

— Merci pour le conseil, mais je sais ce que je fais. (Quelque chose dans ce qu'il venait de dire me frappa subitement.) Comment est-ce que tu sais que je vais le voir demain ?

Il ne parut pas du tout gêné.

— Eh bien, j'ai lu la carte.

J'en eus le souffle coupé.

— Hein ? Mais quel culot ! Qui t'a autorisé à faire ça ?

— Pas la peine de monter sur tes grands chevaux. Tu te retrouves seule dans un pays étranger, et je suis ton voisin. Il est normal que je veille sur toi. Comme t'as l'air d'être une fille sensible, je ne voudrais pas qu'il t'arrive des bricoles.

Inutile de le nier, je savais depuis l'enfance que mes émotions se lisaient sur ma figure. Ce n'était pas pour rien que mon père m'avait surnommée « Petit cœur sensible ». J'ignorais pourquoi Swann jugeait bon de jouer le garde du corps, mais les accents sincères de sa voix m'apaisèrent. Ils faisaient aussi écho à ce que je ressentais. Même si je ne le croisais pas tous les jours, le savoir dans les parages me rassurait.

Mais ça n'excusait en rien sa curiosité de vieille commère.

— Je connais bien Jaimee, et il ne va rien m'arriver, OK ? Maintenant, parlons d'autre chose.

— Tu es amoureuse de lui ?

Et ta sœur ?

Je levai les yeux au ciel, vaincue. Je savais qu'il ne me lâcherait pas avant d'avoir obtenu ce qu'il voulait.

— La réponse est « oui », et toi ?

— Est-ce que je suis amoureux de Jaimee ?

Je ris malgré moi.

— Est-ce que tu aimes Kathleen ?

— Autant que j'en suis capable.

Cette réponse me laissa perplexe, mais elle avait au moins le mérite d'être honnête.

— Bon, et si on en revenait *enfin* au sujet qui m'intéresse ?

Son visage prit une expression de pure jubilation. Il se délectait.

— Tu as bien réfléchi, chérie ? Tu veux vraiment qu'on parle de sexe ?

Je hochai la tête, en prenant sur moi pour occulter le « chérie ».

— On pourrait rester ici ? Il fait beau, ce soir.

Il y avait une autre raison à ce choix. Je préférais ne pas parler d'un sujet aussi délicat dans l'intimité de mon appartement. Dehors, cela me semblait plus facile, presque anodin. Ce serait une simple conversation entre voisins par une belle soirée de printemps, rien de plus.

— Comme tu veux, ma jolie, répondit Swann.

Je m'assis sur le béton froid du perron, jambes étendues et croisées, m'attendant à ce que mon coach vienne s'installer près de moi, mais il demeura debout, dans le jardin. En quelques phrases, je lui présentai Emily et Angel, leurs vécus, leurs différences, comme on parle de vieux amis. C'était d'ailleurs un peu le cas. Je m'attachais très vite aux personnages de mes romans, si bien que j'éprouvais toujours de la peine en écrivant le mot « fin ». Après, venait l'angoisse de savoir s'ils plairaient à mes lecteurs.

Swann m'écouta religieusement, et je ne pus m'empêcher de trouver ça surprenant. Ce silence respectueux ne lui ressemblait pas.

Il s'accota contre le mur.

— OK, dit-il enfin. Et tu veux savoir quoi exactement ?

— Je pensais d'abord à leur premier baiser…

— Tu sais comment on embrasse, non ?

Non, Lina, ne t'énerve pas. Tout va bien. Demain, tu sors avec Jaimee.

— Je ne suis pas complètement débile, non plus. Mais je me disais qu'il y avait sans doute des façons plus ou moins… charnelles d'embrasser quelqu'un.

Embrasser. J'avais toujours adoré ce mot, tellement plus beau, plus romantique que « faire l'amour », ou « coucher ».

Se rapprochant de moi, Swann plongea son regard bleu dans le mien.

— Tu as raison. Moi, ce que j'aime, c'est découvrir la bouche de ma partenaire, comme on savoure une friandise. La précipitation gâche le plaisir, il faut savoir prendre son temps. D'abord, je passe le bout de ma langue sur sa lèvre inférieure, lentement, patiemment, jusqu'à ce qu'elle entrouvre sa bouche d'elle-même en gémissant. Mais je n'entre pas encore. Sans me précipiter, je me mets à sucer sa lèvre, en attendant qu'elle n'en puisse plus. Quand je sens que sa langue cherche la mienne, qu'elle me supplie d'aller plus loin, alors, et seulement à cet instant, je m'invite à l'intérieur…

Son brusque éclat de rire me fit sursauter.

— Il est si facile de te faire rougir.

Il jouait encore avec moi !

Reste calme. Demain, tu sors avec Jaimee.

Ce mantra me permit in extremis de ne pas exploser. Si je ne me contenais pas, ces petites leçons entre voisins risquaient de se conclure par un bain de sang.

— Bien, bien, je retiens, parvins-je à dire d'un ton détaché. Et aurais-tu une idée de la manière dont Emily pourrait inciter Angel à l'embrasser ? Tu vois, il est plutôt réticent, et bon, il n'y connaît pas grand-chose en matière de sensualité… contrairement à toi.

J'y allais peut-être un peu fort dans la flatterie. Swann haussa un sourcil.

— C'est ton dîner en amoureux qui te met de si bonne humeur ? Tu as les yeux qui brillent.

— On parlait d'Angel, là, et…

— Angel ! Non mais c'est quoi, ce prénom ? Ne me dis pas que tu étais fan de *Buffy contre les vampires* ?

Même si c'était vrai, je n'allais certainement pas le lui avouer. J'avais adoré l'histoire d'amour torturée entre la tueuse et Angel, le séduisant buveur de sang.

— Ce sont des prénoms provisoires, qui nous permettent de les identifier sans avoir à les décrire à chaque fois.

— Et ils n'ont pas de nom de famille ?

Je soupirai.

— Je n'y ai pas encore réfléchi. Je construis mes personnages petit à petit, ça prend du temps.

— Le souci, c'est que sans nom, j'ai du mal à me les imaginer.

Tu parles !

Bien entendu, cette conversation inutile sur les patronymes n'avait qu'un but, m'énerver.

— Dis-toi qu'ils sont un peu comme Prince ou Madonna. Leur prénom fait tout. Ça te va ? Tu te les imagines bien maintenant ?

Il se pencha pour chuchoter.

— Angel… Je parie que tu étais raide dingue du mec de la série, je me trompe ?

Pense à Jaimee, pense à Jaimee, pense à Jaimee.

— Et alors ? Il était fou de Buffy, il se serait sacrifié pour elle. Oui, ça me faisait rêver. Ça te dérange ?

Je me demandai soudain comment nous en étions arrivés à parler de cette série culte, et de mes vieux fantasmes d'adolescente. L'espace d'un moment, j'avais cru mener le jeu, mais de toute évidence, je m'étais trompée.

— Alors, pour ma scène, tu as une idée ? Sinon, il vaut mieux en rester là pour ce soir. Tu m'as déjà bien briefée sur le baiser. Je crois que j'ai saisi le truc, c'était très… (j'eus du mal à trouver le mot adéquat) instructif.

Je me levai, prête à rentrer. Mais Swann m'attrapa la main. La sienne était brûlante et douce.

— En tant que coach, c'est moi qui décide lorsque le cours est terminé. Et là, *mademoiselle*, il ne l'est pas encore.

Il se baissa pour remettre la musique en route, sans lâcher ma main.

— Est-ce que tu sais danser ?

Sans attendre ma réponse, il m'entraîna au milieu du jardin, et je me laissai faire sans résister. La lueur de gaieté dans ses yeux m'ôta l'envie de le repousser. Il semblait avoir oublié son casting raté, et je m'étonnais d'en ressentir de la joie.

Swann me fit tournoyer, sans un mot, simplement en me guidant sur la pelouse. Je fus surprise de la facilité avec laquelle je suivais ses pas, consciente que tout le mérite en revenait au professeur.

M'immobilisant brusquement près de la haie, il posa ses mains sur mes hanches, qu'il fit onduler en rythme, avant de m'obliger à faire volte-face. Je sentis son corps s'appuyer contre mon dos et mes reins. Une main fermement posée sur mon ventre pour me maintenir collée à lui, il m'obligea à suivre les mouvements sensuels de son bassin, avant de se figer contre moi, muscles tendus. L'odeur de sa peau me donnait des vertiges, et je n'osais plus bouger.

Il laissa se promener son souffle sur ma nuque dégagée, tandis que du bout des doigts, il se mit à effleurer les courbes de mon corps, remontant lentement jusqu'à ma gorge où il s'attarda.

Il dut sentir ma respiration de plus en plus saccadée. Sans prévenir, il enserra ma taille et me retourna, comme une toupie.

Nos bouches ne se trouvaient plus qu'à quelques millimètres l'une de l'autre.

— Et là, Emily embrasse son vampire.

Ah oui, bien sûr, le roman !

Je dus recourir au peu de sang-froid qu'il me restait pour reprendre mes esprits. Je m'écartai, en vacillant.

— C'était super, merci.

Je courus chez moi, sans me retourner, pour ne pas le voir savourer sa victoire.

Ça devait être écrit quelque part : la Terre était ronde, le soleil brillait, et quoi que je fasse, Swann Geary gagnerait toujours, à la fin.

Mais grâce à lui, j'avais une merveilleuse idée de scène.

Chapitre 13

Il y a des regards qui ne trompent pas. Celui dont m'enveloppa Jaimee, lorsque je lui ouvris ma porte le mardi soir, fut à la mesure de la fortune dépensée ce jour-là en coiffure et en soins, dans un luxueux salon d'Oxford Street. Je m'étais aussi offert la robe de mes rêves, à seulement quelques pas de là, dans la boutique discrète d'une jeune créatrice en vogue. Le tissu noir satiné, léger et doux comme une plume, épousait mes formes sans les mouler, et son contact sur ma peau me faisait frissonner. Elle était si vaporeuse que j'avais l'impression d'être nue. Avec sa longue fente sexy sur le côté, le message était clair, mais ça ne signifiait pas pour autant que j'étais prête à l'enlever sur un claquement de doigts – dans mon esprit en tout cas.

Jaimee allait devoir faire des efforts pour me conquérir.

— Tu es…

Il me dévorait des yeux. On aurait dit qu'il me voyait pour la première fois. L'une des bretelles glissa légèrement sur mon épaule, et je la remontai, en essayant de ne pas rougir. La leçon de Swann avait provoqué d'étranges effets secondaires sur moi.

Au secours, docteur Freud!

La nuit précédente, j'avais rêvé de Jaimee, nous étions en train de nous embrasser, et…

Ce souvenir me donna une bouffée de chaleur, que je tâchai de réprimer en serrant très fort ma pochette – une autre merveille de la même créatrice. On ne pouvait raisonnablement pas sortir en robe de soirée sans une pochette convenable, non ? Ni sans une paire de sandales. Celles que j'avais choisies avaient des talons et une bride dorée d'une extrême finesse. Avec si peu de matières premières, c'était à se demander pourquoi elles coûtaient aussi cher.

Mais la beauté n'avait pas de prix, tout comme l'expression béate de Jaimee. Je n'aurais jamais osé espérer qu'il en perdrait ses mots, et je priai pour que cette petite lueur dans ses yeux ne s'éteigne pas trop vite.

— Toi aussi.

Il portait une veste de costume gris anthracite parfaitement coupée, sur un pantalon noir étroit qui mettait sa haute silhouette en valeur. Je l'avais aimé avec son éternelle collection de chemises à carreaux, style bûcheron, et ses jeans trop larges. Sous cet élégant habit d'homme d'affaires, je le trouvais irrésistible.

Le doute que Fred avait semé un peu plus tôt dans mon esprit s'éloigna…

Elle m'avait appelée d'Italie, pour m'annoncer une nouvelle qui m'avait estomaquée. Au début, je pensai même à une plaisanterie.

« Quoi ? Tu as laissé tomber les cours à quelques semaines des examens, pour rejoindre Alessandro en Toscane ? Mais tu es devenue dingue ! »

« Non, je suis amoureuse, nuance. Et si Jaimee te demandait de partir avec lui, tu le ferais, n'est-ce pas ? »

« Bien sûr que non ! »

« Alors, c'est que tu ne l'aimes pas vraiment. Tu prétends qu'il te plaît, mais tu es peut-être juste en train de t'accrocher à un souvenir ? »

J'avais failli lui rétorquer qu'elle n'avait pas été la dernière à m'encourager, mais je m'étais tue, submergée par l'incompréhension.

« Fred, tu ne peux pas lâcher tes études, comme ça, sur un coup de tête ! Tu aimes trop ce que tu fais. »

Un long silence m'avait répondu. Puis, elle s'était mise à parler froidement, d'un ton que je ne lui connaissais pas.

« Eh bien, figure-toi que je me pose des questions, depuis des mois. Je me demande si je suis vraiment faite pour ce métier. Mes résultats s'en ressentent, et je ne bosse plus. »

« Mais tu ne m'en as jamais parlé ! »

« Tu sais quoi, Lina ? Ça fait un bout de temps que je vais mal, mais tu étais tellement focalisée sur Benjamin et ta sœur, sans oublier ta petite personne, que tu ne t'es rendu compte de rien ! »

En gros, elle m'avait traitée de sale égoïste. Pour la première fois depuis que nous étions amies, je lui avais raccroché au nez, et l'avais regretté à peine dix secondes plus tard. Lorsque j'avais essayé de la rappeler, elle n'avait pas décroché… Comment est-ce que j'avais pu passer à côté du mal-être de ma meilleure amie ? J'aurais dû être plus attentive, ne pas penser qu'à moi, rester en France, peut-être. Je l'avais laissé tomber, alors qu'elle avait besoin de moi. Je secouai la tête pour oublier cette conversation désagréable, qui m'avait laissé un goût amer dans la bouche, et d'insupportables regrets.

— Je suis heureux que tu aies accepté. *Vraiment* heureux. Bon, est-ce que tu es prête ? On y va ?

Cet empressement me surprit un peu. J'aurais voulu savourer ce moment le plus longtemps possible. Mais il avait probablement réservé une table, et il ne voulait pas arriver en retard.

En attrapant le bras qu'il me tendait, je crus être Cendrillon. D'ailleurs, comme elle, ma robe, mes chaussures et ma pochette allaient aussi mystérieusement disparaître dès le lendemain, sauf que ma bonne fée à moi ne s'appelait pas Marraine, mais eBay. Et au prix qu'elles valaient, je n'avais aucune intention d'en abandonner une sur les marches du palais.

Je montai dans la citadine bleue de Jaimee, le cœur frémissant. J'avais hâte de découvrir ce que cette soirée me réservait, tellement hâte que j'en tremblais.

Pendant le trajet, il me lança des regards et des sourires, qui m'ôtèrent l'envie de parler. Parfois, les mots sont bien moins parlants que les visages, et je ne voulais surtout pas rompre le charme. Je ne lui demandai même pas où nous allions, parce que, au fond, je m'en fichais complètement.

Du moment que j'étais avec lui, le reste m'était égal.

— J'espère que ça te plaira, murmura Jaimee, la voix hésitante.

Je voulus immédiatement le rassurer.

— J'en suis certaine.

Il arrêta sa voiture à deux pas d'un restaurant étoilé du West End, bordant la Tamise. J'avais toujours adoré me retrouver près de l'eau, et me souvenais d'en avoir un jour parlé à Jaimee, lors d'une balade. Il avait choisi cet endroit en pensant à moi.

Il n'avait pas oublié.

En pénétrant dans l'établissement, je fus éblouie par les immenses baies vitrées qui offraient une vue imprenable sur le fleuve, le plafond aux poutres apparentes, le feu qui crépitait dans la cheminée.

Jaimee échangea avec le responsable de salle qui, après m'avoir débarrassée de mon étole, nous guida vers notre table, placée comme je l'avais espéré, au bord de l'eau. Les lumières de la ville se reflétaient dans les flots mouvants et sombres. Est-ce que je me trouvais au paradis ? J'envisageai de me pincer pour vérifier que je ne rêvais pas.

Après un moment à contempler la Tamise, je tournai la tête vers la table, dressée avec élégance. Rien ne manquait, vaisselle en porcelaine, argenterie, serviettes brodées.

Il y en avait même un peu trop.

— Il faudrait appeler un serveur, dis-je, tandis que Jaimee reculait ma chaise, tel un prince charmant. Nous n'avons pas besoin de quatre couverts.

Une telle erreur me parut curieuse dans un établissement aussi prestigieux. Jaimee ne répondit pas tout de suite, me laissant m'installer, puis s'asseyant en face de moi. J'eus un mauvais pressentiment, quelque chose était en train de me foncer dessus comme un train lancé à pleine vitesse.

— En fait, Lina, j'ai dû inviter un autre couple à venir dîner avec nous. Je n'ai pas pu faire autrement, Beckmann est un gros investisseur, et si je n'avais pas accepté de le voir ce soir, comme il l'exigeait, j'aurais perdu toute chance de pouvoir faire affaire avec lui.

Je me raidis, incapable de parler. Ce n'était pas tant de la colère que je ressentais, mais de la déception, une immense déception, que je ne pouvais pas cacher et qui m'étouffait.

Un peu plus, et je me serais mise à pleurer.

Je me levai, et quittai la salle, sans me soucier de mon étole. Comment Jaimee avait-il pu me faire ça ?

Depuis dimanche, j'avais écrit mille fois le scénario de notre soirée dans ma tête, imaginant la chaleur avec laquelle se dérouleraient nos retrouvailles, le romantisme de notre premier baiser, et les suivants, plus torrides… Il venait de détruire tous mes espoirs.

Il me rattrapa devant le restaurant.

— Lina, attends.

Lorsqu'il saisit ma main avec fermeté, je fus à deux doigts de le gifler. Il baissa les yeux.

— Je suis pris au piège. Quand mon père est… parti, le monde s'est écroulé autour de moi. Depuis, je vis un cauchemar. Je me lève chaque jour en me demandant si je ne vais pas perdre le théâtre, et réduire à néant le travail de mon père. Le Miramay était toute sa vie, tu le sais, n'est-ce pas Lily ?

Lily… Ce petit nom me ramena six ans en arrière. Jaimee avait une façon bien à lui de le prononcer, avec un désir contenu. À l'époque, lorsqu'il m'appelait comme ça, je me sentais fondre.

— Je devrais être en train de restaurer des toiles de maître à la National Gallery, au lieu de ça, je me débats chaque minute, juste pour ne pas couler. J'essaie de contacter Beckmann depuis des semaines pour lui proposer un rendez-vous, et forcément, il fallait qu'il me rappelle aujourd'hui ! Mon père a consacré son existence à ce théâtre, je lui dois de continuer… Si je t'avais dit que Beckmann et sa femme dînaient avec nous, je sais que tu n'aurais pas accepté de venir.

Comme je m'obstinais à me taire, il releva la tête. Il y avait une telle expression de désespoir sur son visage que je sentis mon armure se fendiller.

— Dire que je mourais d'envie de passer une soirée en tête à tête avec toi… J'aime le Miramay, mais parfois je me dis que cet héritage est une malédiction.

Quelques secondes auparavant, je pensais que notre dîner gâché était la pire chose qui pouvait m'arriver, mais en le voyant là, épuisé, à bout de nerfs, j'en vins à me dire que des événements bien plus graves pouvaient survenir dans l'existence, comme la disparition brutale d'un père admiré, et la peur panique de ne pas être à la hauteur.

Je devais arrêter de me comporter comme une gamine. Jaimee était tiraillé entre ses obligations et ses désirs personnels, je ne pouvais pas lui en vouloir.

— Au fond, ce n'est pas si grave que ça, hein ? dis-je en souriant. Nous dînons avec ton investisseur, et après…

Lorsqu'il effleura ma joue, avec sa main, je ne fis aucun geste pour le repousser.

— Merci, Lily.

Il s'approcha de moi, et passa un bras autour de mes épaules. Sa paume glissa sur ma peau.

— Après le dîner, nous aurons tout le temps que nous voudrons pour être ensemble, je te le promets, me murmura-t-il à l'oreille.

Et il m'entraîna à l'intérieur. En le sentant si proche de moi, un souvenir tendre me revint. Lorsque j'étais fille au pair, je prenais des cours d'anglais, le vendredi soir, dans un établissement de Harrow. Jaimee tenait absolument à m'y accompagner. Il était fatigué par sa semaine à la fac, je le voyais à ses traits tirés et à ses yeux rougis. Mais j'avais beau lui dire que ce n'était pas la peine de jouer au garde du corps, il refusait obstinément de m'écouter.

« Je ne voudrais pas qu'il t'arrive quelque chose. Tu es mon trésor, et je dois te protéger. »

Personne n'avait encore pris soin de moi comme ça. Épuisé, il m'attendait pendant deux heures, dans le hall du centre de formation, et je le retrouvais souvent assoupi sur une chaise…

À table, lorsque Jaimee m'expliqua que Beckmann possédait la moitié du West End, je fus prise de panique.

— Je ne pense pas être la bonne personne pour t'aider, Jaimee. Si jamais je fais des bourdes ? Tu sais que je suis une championne !

Il me sourit.

— Quand j'ai dit à Beckmann que j'avais prévu de dîner avec ma petite amie française ce soir, c'est lui qui a insisté pour te rencontrer. Alors si tu ne lui plais pas, tant pis pour lui. C'était ça ou rien. Je ne pouvais pas attendre une journée de plus pour te revoir…

Il continua de parler, mais je ne l'écoutais plus. Après les mots « petite amie », mes oreilles s'étaient subitement bouchées. J'essayai quand même de ne pas trop m'emballer. Il avait fallu que Jaimee trouve une façon de me présenter à Beckmann, et c'était sans doute la plus pratique.

Lorsque l'homme d'affaires arriva, au bras d'une magnifique jeune femme aux cheveux auburn, le responsable de salle les accueillit avec déférence. Contrairement à ce que j'avais pensé, Beckmann était habillé simplement, chemise bleue, pantalon sombre. Seule preuve ostensible de sa richesse, une montre de marque ornée de diamants qui à elle seule aurait pu me permettre de vivre pendant dix ans – voire plus.

Je me levai pour les saluer. Sous sa chevelure blanche immaculée, il me décocha un regard perçant qui me mit mal à l'aise.

— Vous êtes Lina, je suppose ?

— Oui, monsieur.

Je regrettai aussitôt le « monsieur ». On aurait dit une petite fille impressionnée par son professeur !

Le dîner n'était même pas encore commencé, et je faisais déjà honte à Jaimee.

— Appelez-moi Jarvis.

Il désigna sa compagne, qui portait une robe assortie à son collier d'émeraudes. Je remarquai aussitôt son nez refait, qui paraissait anormalement fin, et lui donnait un air de poupée Barbie.

— Et voici Caroline, ma femme. Quand Watherby m'a appris que vous étiez française, cela m'a convaincu d'accepter son invitation. Caroline vient de Paris, nous nous sommes rencontrés dans l'avion, l'automne dernier, et elle est très heureuse de pouvoir rencontrer une compatriote.

— J'étais hôtesse de l'air, expliqua la jeune femme, en souriant à son mari. Jarvis m'a séduite au premier regard.

Et pas avec son argent ?

Je fis mentalement taire cette petite voix médisante. Avec sa bonne cinquantaine, Beckmann avait beau être plus âgé qu'elle, il n'en était pas moins très séduisant, charmeur et sûr de lui.

— Bon, et si nous commandions ? suggéra-t-il. Je ne discute jamais business l'estomac vide !

Le dîner ne fut pas aussi catastrophique que je l'avais redouté. Avec Caroline, le courant passa plutôt bien. Elle était drôle, s'amusant à parler en français, langue que son mari ne comprenait pas. Elle me raconta la première fois que Jarvis avait rendu visite à ses parents, dans leur modeste pavillon de banlieue parisienne.

— Je voulais qu'il voie d'où je sortais.

— Pourquoi ?

— Il devait m'accepter comme j'étais. S'il avait honte de moi devant sa famille ou ses amis, alors il ne me méritait pas. Mais Jarvis a été exemplaire, comme toujours. Il a même joué à la pétanque avec mon père.

— On parle de moi ? intervint son mari en souriant.

Elle tourna la tête et lui lança un regard tendre. Depuis le début du dîner, Jaimee ne me prêtait plus attention, se concentrant uniquement sur Beckmann. Même si je le comprenais, je ne pouvais m'empêcher de me sentir invisible.

Le dîner se prolongea tard dans la soirée. Pourtant, aucun des serveurs n'osa se manifester, sans doute par respect pour cet homme puissant qu'était Beckmann. Tandis que je suivais Jaimee jusqu'à la voiture, je fus surprise de voir Caroline et Jarvis repartir à pied, bras dessus, bras dessous, en amoureux.

— Ils ne prennent quand même pas le métro ?

Jaimee secoua la tête.

— Bien sûr que non. Ils habitent tout près d'ici. Et maintenant, qu'est-ce que tu veux faire ?

— Pour être franche, je suis crevée.

Ce n'était qu'en partie vrai. À ma plus grande surprise, Jaimee acquiesça.

— Moi aussi. La négociation a été rude. Beckmann est un requin, et je ne sais toujours pas s'il va accepter d'investir dans le Miramay.

Le Miramay ! Et moi, tu ne me demandes pas si la soirée m'a plu ?

Avait-il vraiment choisi le restaurant pour moi, ou pour Beckmann, qui vivait dans le quartier ?

Sur le chemin du retour, je ne parvins pas à étouffer mes doutes. Je n'avais toujours pas décroché un mot, en arrivant à Sudbury.

Jaimee coupa le moteur.

— Il y a une chose que je rêve de faire depuis que je t'ai revue. Une chose que j'aurais dû faire avant, pour que tu comprennes. Je n'ai jamais pu t'oublier, Lina. Depuis la mort de mon père, j'ai eu des moments difficiles, mais quand je pensais à toi, ça me faisait du bien. C'est fou qu'on se retrouve comme ça, et qu'il y ait encore cette alchimie entre nous. Je pense que c'est un signe du destin… Tu trouves ça bête ?

— Pas du tout…, murmurai-je.

Émue par cet aveu, je tournai la tête vers lui, pour sonder son regard. Toutes mes incertitudes s'estompèrent. La joie qu'il éprouvait à être avec moi se lisait sur son visage. Son désir aussi.

— Embrasse-moi, Lina.

Le fait qu'il me fasse cette demande me troubla. Je n'étais pas habituée à prendre l'initiative. Les joues rouges, je m'approchai timidement de lui, et fermai les yeux. Ses lèvres étaient aussi douces que dans mes souvenirs. Je retrouvais avec délices notre complicité, et sa manière si particulière d'embrasser, sans brusquerie, mais avec sensualité.

Étourdie, je sentis à peine ses mains glisser sur mes épaules. Je ne pouvais pas m'arrêter de l'embrasser. Au moment où il me serra contre lui plus étroitement, et que mes seins durcis par le désir effleurèrent les boutons de sa veste, je hoquetai de surprise. Je n'avais plus seulement l'impression d'être nue. *J'étais* à demi-nue.

Jaimee avait fait tomber mon étole, et baissé mes bretelles.

Je les relevai précipitamment, en détachant ma bouche de la sienne.

— Je crois que je vais rentrer, dis-je, essoufflée comme si j'avais couru un marathon. Je préférerais qu'on prenne notre temps, tu comprends, Jaimee ?

Il semblait avoir lui aussi du mal à calmer sa respiration.

— Bien sûr… Je ne sais pas ce qui m'a pris. Excuse-moi, balbutia-t-il, si confus que j'eus pitié de lui.

— C'est à cause de la robe, elle glisse sans arrêt, et elle…

Jaimee m'interrompit d'une caresse dans les cheveux.

— Tu es toujours la même, Lily. Un ange.

Il me fit jurer de l'appeler dès le lendemain pour un autre rendez-vous, avant de m'offrir un dernier baiser que je rompis la première, de peur de ne pas pouvoir résister à mon envie d'aller plus loin.

En refermant la porte de la maison, je restai un moment immobile dans le hall d'entrée, perdue dans mes pensées. Plus je réfléchissais à cette soirée, et plus je me posais des questions. Et si Jaimee ne m'avait invitée que pour tenir compagnie à Caroline, une Française comme moi ? Jarvis l'avait-il réellement appelé ce jour-là, et pas avant ?

Des paroles de Swann me revinrent en mémoire : « *Un bouquet pareil, c'est louche.* »

Jaimee avait tout fait pour que j'accepte de dîner avec lui.

Arrête de t'imaginer des trucs, Lina ! Tous les hommes ne sont pas des menteurs. Tous les hommes ne sont pas comme Buzz. Ce n'est pas parce que tu as été trahie une fois que tu dois passer à côté d'une belle histoire. Jaimee n'a pas eu le choix, c'est tout.

Pendant le dîner, lorsqu'il parlait chiffres, pourcentages et prévision de bénéfices, j'avais eu la sensation déroutante d'être assise à côté d'un étranger. Il fallait que je réapprenne à le connaître…

Je me retournai, et découvris Swann qui m'observait en silence du haut de l'escalier. Nos regards se croisèrent. Je savais que le mien était triste, et qu'il le voyait.

Je rentrai chez moi, sans même lui souhaiter bonne nuit.

Chapitre 14

Si un jour, quelqu'un m'avait dit que je saurais tirer cinq pages d'un simple bouche-à-bouche, je lui aurais répondu que c'était impossible.

Cette nuit-là pourtant, j'avais surmonté mes barrières intérieures, pour écrire un texte chaud bouillant. Ce n'était pas encore érotique à proprement parler, mais à mon échelle, j'avais franchi un pas de géant. Je me sentais telle une alpiniste ayant gravi l'Everest, une femme nouvelle, déterminée. Le baiser que j'avais échangé avec Jaimee n'était pas étranger à cet exploit. Je pouvais encore ressentir chacune des sensations qu'il m'avait procurées…

Par contre, si Guillaume attendait des démonstrations de Kama-sutra, il allait être déçu. Emily et Angel ne faisaient pas l'amour la tête à l'envers, mais la scène où ils dansaient, puis s'embrassaient, n'en était pas moins sensuelle et excitante.

Pour les séances d'acrobaties, prière de s'adresser au cirque Zavatta, merci.

Avec un petit mot explicatif où je précisais bien que le romantisme resterait ma raison de vivre, je lui envoyai le résumé et l'essai de ton, bien trop fatiguée pour me poser des questions. Lorsque je me couchai au petit matin, je me souvenais à peine de mon nom.

Mais j'étais heureuse. J'avais réussi. Juste avant de sombrer dans un profond sommeil, j'écrivis à Fred pour m'excuser en vrac de tous les crimes dont elle m'accusait. C'était entièrement vrai, je n'étais qu'une immonde égoïste, et j'aurais dû me réjouir de la voir heureuse avec Alessandro, plutôt que de parler comme une vieille bonne femme aigrie par la vie.

L'autre soir, j'avais prié Cupidon. Alors, je ne pouvais pas lui en vouloir d'avoir vidé son carquois sur eux.

La sonnerie insistante de la porte d'entrée me réveilla aux alentours de midi. Swann ne rentrait jamais du garage pour déjeuner. Encore ensommeillée, les yeux gonflés, je dus m'extirper de mon matelas et enfiler un peignoir, la tête pleine d'insultes. Quel taré pouvait s'acharner comme ça sur la sonnette ? En ouvrant la porte, je fus d'abord éblouie par les rayons du soleil. Il me fallut quelques instants pour ajuster ma vision.

— Jaimee ?

Horrifiée, je resserrai mon vieux peignoir rose élimé qui datait du lycée. Je devais avoir une mine de papier mâché, et des nœuds plein les cheveux. Quelque chose de sec et de collant me piquait au coin des yeux. Soudain, ça me revint : je m'étais couchée sans me démaquiller !

J'aurais pu défiler pour Halloween.

Pauvre Cendrillon, elle a drôlement morflé. En même temps, le prince n'était pas supposé la cueillir au réveil !

Jaimee ne sembla pas trop dégoûté par la vue que je lui offrais. En fait, j'eus même l'impression qu'il l'appréciait. Il me souriait.

— Je m'en souviens, c'est le peignoir que tu portais le dimanche matin…

Le dimanche, seul jour de repos concédé par Führer Cleaver, je traînais souvent dans ma chambre, en petite tenue, en toute toute petite tenue. Je n'enfilais mon peignoir que pour gagner la salle de bains.

— Je sais que ce n'est pas beau, mais je t'observais en douce de mon jardin, m'avoua Jaimee, le regard brillant.

J'en restai sans voix. Je n'aurais jamais pensé qu'il me reluquait quand je me promenais en culotte. J'étais partagée entre la déception – le mythe du gentleman en prenait quand même un coup – et le plaisir de savoir qu'il aimait me regarder.

Il y eut un léger malaise, que Jaimee dissipa en me tendant un petit paquet.

— J'ai vu ça dans une vitrine de Wembley, il m'a fait penser à toi.

J'ouvris le boîtier qui contenait un ravissant pendentif doré en forme d'ailes.

— Je ne sais pas si tu te rappelles, je t'avais offert une chaînette avant que tu retournes en France, poursuivit-il. J'aurais vraiment voulu t'acheter un pendentif pour aller avec, mais comme d'habitude, j'étais fauché ! Remarque, c'était toujours mieux que mon immonde bague en plastique !

Je ris. Je me souvenais encore du jour de mon départ, comme si c'était la veille. J'avais eu tellement de mal à quitter Jaimee. Mais ma mère avait exigé que je reprenne mes études – j'avais laissé tomber la fac trois mois plus tard.

Je me souvenais aussi parfaitement de la bague en plastique. Mon anniversaire tombait en milieu de semaine, et je me sentais très seule, sans ma famille. Au cours du dîner, quelqu'un avait sonné à la porte. C'était Jaimee. En pleine période d'examens, il avait fait le trajet depuis Cambridge, en stop.

« *Je devais être avec toi...*, m'avait-il dit, avec toute une tendresse contenue. *Est-ce que tu aimes les fêtes foraines ?* »

La bague, il l'avait gagnée à un chamboule-tout.

— Il est superbe.

Jaimee saisit ma main, mon cœur fit un soubresaut.

— Beckmann a appelé, poursuivit-il. Il est d'accord pour investir dans le Miramay, si je réussis à convaincre des producteurs d'y lancer un nouveau spectacle prometteur. Tu m'as porté bonheur, ange Lily.

Encore une fois, mon cœur oscilla entre émotion et agacement. J'adorais le pendentif, mais je voulais savoir ce qu'il signifiait exactement. Ça pouvait paraître mal élevé, mais il fallait que j'éclaircisse certaines choses, avant d'entamer une vraie relation avec Jaimee.

— Donc, tu m'as offert ce cadeau pour me remercier, c'est ça ?

— Arrête de dire des bêtises. Si je suis là, c'est parce que je n'arrête pas de penser à toi, depuis hier, et ce cadeau, c'est parce que je veux que tu penses aussi à moi, à chaque minute de la journée. Tu me promets de le porter ?

Je hochai la tête, le souffle de plus en plus court, sous le regard fiévreux de Jaimee. Il m'attrapa et m'embrassa longuement, si bien que j'en oubliai le jour et l'heure. Ses mains se glissèrent sous mon peignoir, le dénouèrent, avant d'aller vagabonder sur mon dos et ma nuque…

Lorsqu'il me relâcha, je trébuchai en reculant sur le perron. Ses yeux s'égarèrent sur ma nuisette au décolleté plongeant. Sentir qu'un homme me désirait à ce point me donnait des vertiges.

— Euh…, bredouillai-je. Je dois me préparer pour aller écumer les boîtes d'intérim.

Il réajusta sa cravate, en se raclant la gorge, comme pour recouvrer son calme.

— Tu recherches un job ? J'ai justement une ouvreuse qui m'a laissé tomber, la semaine dernière.

Je te préviens, ce n'est pas mirobolant, juste trois soirs par semaine. Mais tu n'as peut-être pas envie d'un travail comme celui-ci ? Sois franche, ça ne me vexera pas, je te le promets. C'est seulement une proposition, ne te sens surtout pas obligée d'accepter.

Ses paroles contredisaient l'espoir qui faisait scintiller ses prunelles.

S'il avait su ! Comparé à mes précédents emplois, vendre des billets de spectacle dans un aussi bel endroit me parut idyllique.

— C'est gentil, j'accepte avec joie.

— Vraiment ?

On aurait dit qu'il n'osait pas y croire. Le bonheur que je lisais sur son visage réduisit à néant les quelques doutes qui m'habitaient encore, sur le moment en tout cas. Il m'enlaça.

— Comme ça, je pourrai te voir encore plus souvent, Lily.

Il m'embrassa de nouveau, et je crus atteindre la lune.

— Je dois y aller, j'ai un rendez-vous, murmura-t-il en s'écartant, me sembla-t-il à regret.

En me suppliant de le rejoindre à 19 heures devant le théâtre, il avait la voix tellement rauque que j'en eus des frissons…

À peine rentrée, je me remis aussitôt au travail. J'avais une nouvelle idée que je devais absolument coucher sur le papier, là, maintenant, quitte à la modifier plus tard.

Lorsque Emily demande à prendre une douche après la leçon, en laissant sciemment la porte de la salle de bains ouverte, elle espère qu'Angel ne pourra résister à l'envie de la regarder...

Je n'avais pas encore déterminé où cette scène se situerait précisément dans le roman, mais je me disais que plus j'aurais de matière à présenter à Guillaume, plus j'aurais de chance de le convaincre.

Dans l'après-midi, Fred m'appela d'Italie. Il nous fallut moins d'une minute chrono pour nous réconcilier, sans doute parce que nous n'étions pas vraiment fâchées.

— J'aurais dû voir que tu n'allais pas bien, Fred. Je suis une grosse nulle.

— Et comment est-ce que tu aurais pu voir quoi que ce soit ? J'ai tout fait pour te le cacher !

— Pourquoi ? Je sais que j'avais des problèmes, mais j'aurais quand même pu t'écouter, te conseiller, peut-être.

— Je sais. Le truc, c'est que j'avais honte.

Je tombai littéralement des nues.

— « Honte » ? Mais de quoi ?

— Tu comprends, toi, tu as toujours été si sûre de toi. Depuis que je te connais, tu sais que tu veux devenir écrivain. Tu te rends compte ? Tu n'as jamais changé d'avis ! En comparaison, j'avais l'impression d'être… une grosse nulle.

— OK. Alors, disons que nous sommes deux grosses nulles. (Elle rit avec moi.) Eh, mais au fait, tu ne m'as même pas dit comment c'était avec Alessandro ? Si tu es en Italie, c'est que ça se passe bien, non ?

— Tu veux des détails ?

— Évidemment ! Je veux tout savoir, et quand je dis tout, c'est vraiment TOUT.

Elle poussa un petit cri admiratif.

— Eh ! Mais ma Lina a changé, on dirait. Ça ne serait pas à cause de Jaimee, par hasard ?

— Peut-être bien…

— Oh, merde ! J'ai manqué un épisode important ! Arrête de me faire mariner, alors est-ce que vous avez…

— Non, mais ça ne saurait tarder.

— Merde, merde, merde !

J'avais l'impression que nous ne nous étions pas parlé depuis une éternité. Il nous fallut plus de deux heures pour rattraper notre retard. Alessandro ne lui avait pas encore fait de grandes déclarations, mais elle l'acceptait, prenant son mal en patience. Lorsque je lui parlai de la visite de Jaimee et de notre rendez-vous prévu ce soir-là, elle me fit jurer de la rappeler le lendemain pour *tout* lui raconter…

Après une sieste, je me préparai pour mon rendez-vous. J'optai pour une tenue sexy chic, chemisier cintré près du corps, jupe crayon qui soulignait les courbes de mes hanches et de mes fesses, que Jaimee paraissait tant apprécier. Sur sa chaînette que j'avais toujours gardée, le pendentif descendait juste à la naissance de mes seins.

J'imaginais l'expression de Jaimee lorsqu'il verrait le bijou sur moi…

Tandis que je me lissais les cheveux, j'entendis la porte claquer violemment à l'étage. Swann poussa un juron, avant de mettre la musique à fond. Mais même Freddy Mercury, et sa voix incroyable, ne couvrit pas un bruit sourd. Un coup de poing, peut-être ?

Il semblait hors de lui, et je me demandais ce qui pouvait le mettre dans cet état. Je crois que je commençais à ressentir une certaine forme d'attachement pour lui. Il était devenu un peu plus qu'un simple voisin, à qui j'aurais dit bonjour-bonsoir au détour du couloir. J'ignorais si je pouvais qualifier cette relation d'amitié, mais mon cœur me poussa à monter l'escalier pour découvrir ce qui se passait.

Je frappai timidement, puis plus fort pour me faire entendre. Swann finit par ouvrir, le visage aussi chaleureux qu'une porte de prison. En montant, j'avais cherché un prétexte pour venir le voir. Finalement, j'avais opté pour le plus logique.

— Si je suis obligée de déménager à cause du bruit, tu pourras récolter bien pire qu'une auteure casanière et ennuyeuse à mourir. Une tueuse psychopathe ? Une cougar affamée de chair fraîche ? Ou alors, imagine : Miley Cyrus !

Il paraissait si tendu que je m'attendis à recevoir la porte dans la figure à tout moment.

— C'est bon, je vais baisser.

Il refermait déjà. Je tentai le tout pour le tout.

— Tu ne me balances même pas une petite vanne ?

— J'ai épuisé mon quota pour la journée.

En baissant les yeux, j'aperçus avec effarement sa main aux jointures sanguinolentes. Il dut surprendre mon regard.

— Ce n'est rien.

Il avait aussi une marque violette sur la mâchoire, et sa lèvre inférieure était gonflée d'un côté.

— Tu t'es battu ?

Il soupira.

— Tu ne vas pas me foutre la paix, c'est ça ?

— Bingo. Il faut bien que je me venge.

Second soupir.

Je souris, tandis qu'il rouvrait la porte en me faisant signe d'entrer. Mon regard fut aussitôt happé par le trou fraîchement creusé dans le mur en plâtre, près de la chaudière, et qui était taché de sang. Je tournai vivement la tête de l'autre côté.

Après avoir éteint sa chaîne, Swann sortit une bouteille de whiskey d'un placard, et une petite bouteille de crème fraîche.

— Je me fais un irish coffee. Ça te dit ?

— Non merci.

Je préférais ne pas arriver à mon rendez-vous en titubant, ou en caquetant comme une poule folle – ce que je faisais généralement lorsque j'étais ivre. Swann me détailla d'un air sévère.

— Tu vas voir l'autre, c'est ça ? Ma parole, avec ces fringues, tu lui déroules le tapis rouge !

Je fus à un cheveu de sortir de mes gonds. J'étais venue parce que je m'inquiétais pour lui, et pas pour entendre des remarques désagréables. Mais il n'était pas en colère contre moi, ni du fait que je projetais de voir Jaimee. S'il était souvent pénible, arrogant, frimeur, il n'était ni mauvais ni mesquin. Il avait simplement besoin d'un paratonnerre pour canaliser sa foudre, et je m'étais pointée chez lui au moment opportun.

Le visage baissé, il était occupé à remplir une tasse, et je remarquai le tremblement de ses mains et de ses lèvres, qu'il essayait de contrôler en contractant les mâchoires. Je décidai de passer outre à ce qu'il venait de dire.

— Oh et puis, finalement, j'ai changé d'avis. Seulement, vas-y mollo avec le whiskey. L'autre jour, j'ai mis un temps fou à retrouver le chemin de mon appartement.

Il ne rit pas, mais ses mâchoires se desserrèrent très légèrement. Il sortit un second mug, et concocta un café irlandais d'une main experte.

— Tiens, marmonna-t-il en me tendant la tasse.

Je pris place dans un fauteuil, tandis qu'il demeurait debout, appuyé contre le comptoir de la cuisine. J'avalai ma boisson à petites gorgées, attendant patiemment qu'il commence à parler.

— Puisque tu veux tout savoir, je me suis battu avec Jo, devant les clients, et le patron m'a viré.

Je reposai ma tasse sur la table basse, en tâchant de ne pas montrer ma stupeur. Si j'en jugeais par ce que Swann avait encaissé l'autre soir sans broncher, Jo avait vraiment dû dépasser les bornes, cette fois. Le devinant à vif, je m'abstins de lui poser la question.

— Je suis désolée pour toi.

Il balaya l'air d'un grand geste dédaigneux de la main.

— Je trouverai un autre job. Les garages, ce n'est pas ce qui manque à Londres.

Il avait beau prétendre l'indifférence, je pouvais sentir le regret qui perçait dans sa voix.

— Il n'y a pas moyen que ton patron passe l'éponge ?

— Peut-être… Le souci, c'est que je ne veux plus bosser avec Jo. Si on ne m'avait pas arrêté, je crois bien que je l'aurais…

— Je comprends.

Il descendit son irish coffee, en deux gorgées, avant de poser la tasse couronnée de mousse sur le comptoir.

— Il n'aurait pas dû me faire ça. Pas aujourd'hui.

— « Pas *aujourd'hui* » ?

Il hésita à répondre. Peut-être se reprochait-il d'en avoir trop dit ?

— Pas le jour de mon anniversaire. J'ai craqué. Ce qu'il a dit, c'était… c'était…

Il se tut, serrant les poings et prenant de grandes inspirations. Même s'il ne me regardait pas, je mesurai l'effort qu'il fournissait pour se maîtriser. Après un long moment, il releva finalement la tête, en arborant son sourire à la Ian Somerhalder. Mais Swann Geary, ce mec que j'avais cru invincible, ne parvenait pas à dissimuler la tristesse au fond de ses yeux.

— Bon, tu ferais mieux d'y aller. Ne fais surtout pas attendre ton petit directeur. Au fait, oublie ce que je t'ai dit tout à l'heure. Tu es très élégante. Il a beaucoup de chance.

Je jetai un coup d'œil à la pendule. Il était 18 h 15. Si je me dépêchais, je pouvais encore retrouver Jaimee à temps. Mais je m'en voulus d'aller m'amuser en abandonnant Swann.

— Je sais que c'est dur, mais tu dois essayer de ne plus penser à ce que t'a dit Jo.

Il hocha la tête.

— C'est déjà fait.

Alors, pourquoi avait-il l'air si abattu ?

— Tu ne vas quand même pas passer ta soirée d'anniversaire tout seul ?

Je me traitai intérieurement d'idiote. J'étais seulement une voisine, et rien d'autre, et voilà que je me prenais pour une sorte de soutien psychologique, voire – oh *my god* ! – une amie. Swann avait dû inviter une bande de proches, ses collègues musiciens, Moira, et sûrement Kathleen.

— Ce soir, je vais rester me soûler ici, et quand je ne tiendrai plus debout, j'irai me coucher. C'est toujours comme ça que je *fête* mes anniversaires. (Il prit un ton ironique sur le mot « fête ».)

Joignant le geste à la parole, il entama la préparation d'un autre irish coffee, en y versant une dose hallucinante de whiskey. Je ne comprenais pas pourquoi il n'avait invité personne ce soir-là, lui qui était constamment accompagné en temps normal.

Mais après tout, c'était son choix.

Je me levai pour aller mettre ma tasse à moitié pleine dans l'évier, et le quitter. Au moment de franchir la porte, je m'arrêtai, en proie au doute. Je pensais à ma soirée, à ce qui ne manquerait pas d'arriver, et à tous les merveilleux moments que je m'apprêtais à vivre dans les bras de Jaimee. J'en rêvais depuis tellement longtemps...

Mais qui pouvait m'assurer qu'il ne me réservait pas encore une mauvaise surprise ? Je savais que je ne pourrais pas supporter une nouvelle déception, un autre dîner d'affaires « impromptu ».

De l'autre côté, il y avait Swann, mon « un-peu-plus-qu'un-simple-voisin » qui, après une journée affreuse, allait passer sa soirée d'anniversaire à s'enivrer, seul, dans son appartement.

Si Jaimee tenait vraiment à moi, il attendrait un jour de plus. Ce serait comme une sorte de test.

Je fis demi-tour.

Chapitre 15

En demandant à Swann s'il voulait qu'on aille boire un verre quelque part, je me sentis un peu bête. S'il n'avait pas souhaité convier Kathleen ou Moira pour son anniversaire, pourquoi voudrait-il me voir, *moi* ? En plus, il avait été clair sur son désir de rester seul.

Je m'attendais à un refus catégorique. Alors qu'il était en train de verser du café chaud, il arrêta net son geste et tourna la tête dans ma direction. Il resta silencieux, étudiant mon visage pendant si longtemps que je finis par craquer.

— Quoi ?

— Tu n'es pas obligée de faire ça.

— Obligée de faire quoi ?

— Reporter ta soirée, parce que tu as pitié du pauvre mec qui broie du noir le jour de son anniversaire. C'est hors de question.

Ses mots me demandaient de partir, mais tout dans son attitude, le ton de sa voix, son regard, me suppliait de rester. Je m'approchai de lui.

— Je n'ai absolument pas pitié de toi.

C'était vrai. Franchement, comment s'apitoyer sur un type avec qui la nature avait été aussi généreuse ? Mais ses mains tremblaient toujours, et il me faisait penser à un petit garçon perdu. J'aurais plutôt dû m'inquiéter du coup de fil crève-cœur que j'allais devoir passer à Jaimee, de sa réaction lorsque je lui dirais que je reportais notre soirée, du fait qu'il allait sûrement m'en vouloir. Pourtant, la seule chose qui m'importait à cet instant était que Swann accepte de sortir pour se changer les idées.

Parce que, aussi bizarre que cela puisse paraître après le nombre incalculable de fois où il m'avait fait tourner en bourrique, j'éprouvais de la peine pour lui.

— Et ton petit directeur ? Si tu lui dis que tu sors avec un autre mec, il risque de moyennement apprécier.

— C'est possible. On verra bien.

Il relégua son mug au fond de l'évier, sans avoir touché à son contenu.

— J'ai eu l'impression que tu n'étais pas heureuse, hier soir.

Pendant un instant, j'eus envie de lui dire de s'occuper de ses affaires, par habitude sans doute. Mais il avait posé sa question avec douceur, en laissant pour une fois toute moquerie au vestiaire. On aurait dit qu'il s'inquiétait vraiment pour moi.

— Ça ne s'est pas passé aussi bien que je l'aurais voulu, en effet.

Une autre émotion passa dans ses yeux, sa voix se teinta de colère.

— Il s'est mal comporté ?

Je soupirai, étrangement heureuse de pouvoir me confier. Lorsque j'avais parlé à Fred de ma soirée ratée, elle m'avait dit de ne pas m'en faire pour si peu. Elle avait peut-être raison, mais j'avais besoin d'un avis objectif. Fred croyait dur comme fer que la seule façon d'oublier Buzz était de me précipiter dans les bras d'un autre homme, et elle ne comprenait pas mes réticences.

— Il y avait deux invités-surprises à notre petit dîner en *amoureux* (sur ce mot, je mimai des guillemets avec mes doigts), un homme d'affaires et sa femme. Ils ont parlé business durant toute la soirée. Et, oh tiens, quelle heureuse coïncidence ! la fille était française.

— Donc, tu penses qu'il s'est servi de toi, c'est ça ?

Cette question me prit au dépourvu. Je dus réfléchir avant de répondre.

— Un peu, oui. Je sais que je lui plais, je le pense en tout cas, mais je voudrais être sûre de ses sentiments avant de… enfin, tu vois.

— Donc, vous n'avez pas…

Encore une fois, j'eus beau chercher, je ne décelai aucune moquerie dans sa voix.

— Non.

Swann eut un léger sourire, comme si ma réponse le soulageait, mais je me faisais sûrement des idées.

— Par contre, il semble particulièrement pressé d'en arriver là.

— En gros, dis-moi si je me trompe, tu te demandes si le coup du bouquet, ce n'était pas uniquement pour te fourrer dans son lit ?

Le bouquet, mais aussi le bijou. Jaimee me connaît bien, il sait que j'aime les cadeaux, et tout le romantisme qui va avec, pensai-je.

— Disons que je me pose des questions. Je ne pourrais pas supporter d'être encore trahie, je dois me protéger. Tu crois que je suis folle ?

La situation me parut brusquement ridicule. J'étais là, en train de discuter de mes histoires sentimentales avec mon voisin ! Comment est-ce qu'il pourrait comprendre ce que je ressentais ?

Il me regarda droit dans les yeux.

— Tu veux connaître mon avis ?

— Oui.

— Tu as entièrement raison. Fais-le mariner. Si tu lui cèdes trop vite, il se croira en terrain conquis. Laisse-toi désirer.

Je fus heureuse d'être enfin comprise, même si ma conseillère du cœur arborait une barbe naissante et des muscles d'Apollon.

— Merci, dis-je, troublée.

J'avais pris ma décision, j'allais reporter ma soirée avec Jaimee, mais ça ne m'empêcha pas de m'inquiéter. Et si jamais il le prenait mal ? S'il ne voulait plus me revoir ?

Je me mis à triturer mon pendentif, en m'angoissant. À vouloir jouer avec le feu, j'allais peut-être finir par me brûler… Jaimee me plaisait à la folie. Est-ce que je ne faisais pas une énorme bêtise ? Au bout d'un moment, je sentis le regard inquisiteur de Swann. Il avait recommencé à me scruter, sans parler. Je m'énervai.

— Quoi encore ?

— Est-ce que tu vas vraiment lui dire que tu passes la soirée avec un autre mec ?

— Je ne sais pas mentir. Si je lui racontais des histoires, il le saurait tout de suite.

Le regard de Swann s'alluma.

— Tu cherches à le rendre jaloux en lui faisant croire que tu sors avec moi ?

Je secouai la tête.

— Tu veux le rendre jaloux, répéta-t-il d'une façon totalement horripilante.

Dans ma tête, une voix hurla : *pourquoi, mais pourquoi est-ce que tu as décidé de sacrifier ta nuit d'amour pour lui ?*

— On va pouvoir y aller maintenant, ou tu as prévu de te la raconter pendant toute la soirée ? demandai-je, excédée.

Son rire résonna pour la première fois, ce soir-là. Il plissa les yeux, m'adressa un regard mystérieux.

— T'es vraiment un drôle d'oiseau.

— Qui dit oiseau ne veut pas dire poule, à ne pas confondre. Je ne fais pas partie de ta basse-cour. Bon, tu es d'accord, alors ? Je l'appelle, et on y va ?

— Si j'accepte de rendre ton petit ami jaloux, tu devras me donner quelque chose en échange.

C'était la meilleure ! Je sortis de mes gonds.

— Mes fesses, oui !

Swann examina mon arrière-train avec des airs de connaisseur, qui me donnèrent l'impression d'être une pouliche de concours.

— Entendu, ça marche. Tes fesses me conviendront très bien.

Je lui jetai mon regard le plus noir, tout en me retenant de rire.

Le laissant seul, je m'éclipsai chez moi pour appeler Jaimee, la mort dans l'âme. En quelques mots hésitants, je lui expliquai qu'un de mes amis se sentait déprimé et qu'il avait besoin de ma présence à ses côtés.

— Et cet ami, tu le connais depuis longtemps ?

— C'est mon voisin, en fait. *Juste* mon voisin.

Je me demandai combien de fois j'allais encore devoir prononcer cette phrase au cours de mon existence.

— Mais il m'a trouvé un job à mon arrivée et il m'a rendu d'autres… services, poursuivis-je. Tu comprends ?

Je préférai ne pas préciser la nature des services en question, redoutant que Jaimee ne comprenne pas. Comme il ne répondait pas, je me mis à balbutier, la gorge comprimée par la peur, et le cœur battant la chamade.

— J'espère que tu ne m'en veux pas, Jaimee. J'étais si impatiente de passer cette soirée avec toi…

— Bien sûr que non, je ne t'en veux pas. Si ton ami va mal, tu as raison de rester avec lui. Tu as toujours été attentionnée envers les autres. De toute façon, je devais aller voir Beckmann le plus rapidement possible pour discuter des bases de notre contrat. Je t'appelle demain ?

— Ou tu peux aussi passer me voir à l'improviste…, murmurai-je.

Mais il avait déjà raccroché. J'aurais aimé qu'il me supplie, en me disant qu'une journée supplémentaire à m'attendre lui serait insupportable – ou peut-être pas quelque chose d'aussi grandiloquent, mais avec un peu plus de regret dans la voix. Eh oui, même si ça me rendait folle de l'admettre, j'aurais adoré qu'il se montre un peu jaloux. Mais nous étions des adultes, j'avais un empêchement, et Jaimee en profitait pour régler ses affaires.

Quoi de plus naturel ?

J'aurais juste tellement, tellement préféré qu'il n'évoque pas Beckmann.

Lorsque Swann me demanda où je voulais aller, je suggérai le *Dog & Duck*, un pub de Harrow que j'aimais assez. Ce n'était pas très loin de Sudbury, et si mon chauffeur buvait trop, nous pourrions facilement rentrer en bus.

Ce soir-là, il portait un blouson en cuir qui lui donnait une allure de *bad boy*.

Attention, les filles !

En arrivant, je me rendis compte avec effarement que l'endroit avait considérablement changé en six ans. Il s'appelait désormais le *Blue Koala* – nom que je détestai d'emblée. Je me souvenais d'un pub à l'ambiance familiale, avec son traditionnel jeu de fléchettes, et un écran télé où défilaient en boucle des matchs de foot. Rien à voir avec cette espèce de club de striptease, éclairé par des photophores violets disposés sur les tables. Au centre, j'aperçus même une barre de *pole dance*.

En découvrant les photos des danseuses affichées sur les murs, Swann sembla aux anges.

— Je ne connaissais pas ce club, mais c'est plutôt cool, ici.

Tu m'étonnes !

Déçue, je pris place au comptoir, sur un immense tabouret. Étant donné l'étroitesse et la longueur de ma jupe, l'escalade se révéla périlleuse. Une fois juchée sur mon perchoir, je me rendis compte que la sublime barmaid n'avait d'yeux que pour Swann. On aurait dit qu'elle se trouvait face à une apparition.

Elle paraissait même en être devenue sourde et muette.

Je répétai ma commande, en parlant plus fort et en agitant la main devant ses yeux.

— Eh oh, vous êtes là ? Je voudrais une demi-pinte de Foster's, s'il vous plaît.

Elle parut revenir sur Terre, attrapa un verre et le remplit, mais sans quitter Swann du regard.

— Et pour toi, beau gosse, ce sera ?

Il lui décocha l'un de ses sourires ravageurs. Sensible à son numéro de charme, la fille battit des paupières, en se cambrant pour dévoiler son décolleté.

Vite, qu'on apporte un extincteur ! Quelqu'un a le feu où je pense !

— Pour moi, beauté divine, ce sera une vodka, ronronna-t-il. Avec des glaçons… parce que en te regardant, j'ai subitement un gros coup de chaud, là.

Par pitié !

C'était si nul que je fus à deux doigts de me taper la tête contre le comptoir. Au moins, force était de constater que mon voisin déprimé avait repris du poil de la bête. Je bus ma bière, étouffée par le regret. Je pensais à Jaimee, et à l'occasion peut-être unique que je venais de rater, alors que Swann paraissait s'être déjà remis de son coup de blues.

Tandis que je demeurais pensive pendant un moment, je remarquai qu'il ne faisait plus aucun cas de la serveuse. Son regard était captivé par une ancienne photo en noir et blanc suspendue sur le mur du bar. Il ne s'agissait pas cette fois d'une stripteaseuse en petite culotte, mais d'une famille vêtue à la mode du début du siècle, les fondateurs du pub si j'en jugeais à la légende écrite en dessous. Je trouvais ce cliché incongru dans un tel endroit, et m'étonnai que le propriétaire actuel l'ait gardé. Ou alors, il était peut-être leur descendant ?

J'observai Swann à la dérobée, mais il s'en aperçut. Il reporta son attention sur moi.

— Je peux te poser une question ?

Je crus qu'il allait me demander quelque chose d'important. J'attendis, espérant qu'il finirait par me parler de son enfance.

— C'est quoi ton problème avec Miley Cyrus ?

Hein ?

Il me fallut quelques instants pour réagir. Ah oui, la liste de ses voisines potentielles !

— J'ai juste sorti le premier nom qui me venait. En même temps, d'après ce que j'ai entendu, elle file un mauvais coton, non ? Par contre, c'est vrai qu'avec une fille aussi déjantée vivant en bas de chez toi, tu t'ennuierais sûrement moins qu'avec moi !

Un mec normal m'aurait assuré que je n'étais pas du tout barbante. Mais je savais que Swann, lui, ne mentirait pas.

— Peut-être. Mais je t'aime bien comme tu es.

Je fus touchée. Il n'y avait pourtant rien d'exceptionnel dans ce qu'il venait de dire, mais je savais que c'était sincère. Il pensait vraiment ce qu'il disait.

Je hochai le menton en direction de la photo.

— Ce serait chouette si toutes les familles étaient aussi unies, hein ? dis-je, non sans amertume.

Je bus ma bière et en demandai une autre.

— Ma sœur va certainement bientôt se marier avec mon ex. Tu imagines les réunions de famille ? Une nuit, j'ai rêvé de la cérémonie. Je kidnappais ma frangine, et je la ligotais dans la cave. Ensuite, je la gavais de petits choux à la crème, comme une oie.

Pensif, Swann porta son verre de vodka à la bouche et en but une gorgée.

— Tu l'aimais, ton ex ?

Il m'avait posé la même question pour Jaimee. Je me demandais pourquoi les sentiments des autres semblaient autant l'intriguer.

— Oui. Je ne couche pas avec un homme sans l'aimer.

Il me regarda d'un drôle d'air, un peu comme si j'étais une créature extraterrestre.

— Tu es du genre à croire au prince charmant, c'est ça ?

— Je veux croire qu'il existe quelqu'un qui est fait pour moi, quelque part. Et si ce n'est pas Jaimee, je continuerai de chercher jusqu'à ce que je le trouve.

— Et si tu ne le trouves jamais ?

— Je le trouverai.

Je me demandai comment on en arrivait toujours à parler de moi. Dès qu'il s'agissait de lui, il était beaucoup moins loquace. Mais ce soir-là, j'étais bien décidée à prendre ma revanche. Je posai de nouveau mon regard sur la photo, désirant aiguiller notre conversation sur le sujet qui m'intéressait.

— Franchement, il y a des jours où je réussirais presque à comprendre mon ex. Avec ma sœur, il a fait le bon choix. Elle est beaucoup mieux que moi.

Swann reposa son verre d'un coup sec, et me toisa, l'air furieux.

— Arrête de te rabaisser !

— Non. Je suis lucide, c'est tout. Annabelle est canon, elle est brillante, sûre d'elle, et elle est à l'aise avec son corps. Je parie qu'au lit, c'est le nirvana entre eux ! (Je devenais pitoyable, j'inspirai pour me ressaisir.) Le pire dans tout ça, c'est qu'après le mal qu'elle m'a fait, je continue de l'aimer, parce que je suis génétiquement programmée pour ça.

— La génétique n'a rien à voir là-dedans. Perso, je hais ma mère. Je l'ai toujours haïe. À ma décharge, elle ne m'a jamais aimé non plus.

Je savais que certaines mères ne ressentaient aucune affection pour leur enfant, mais ça n'en restait pas moins affreux. Dans nos sociétés, on a tellement tendance à idéaliser l'amour maternel. L'envie d'en savoir plus me titillait, mais si je voulais que Swann se confie, je ne devais pas le brusquer.

— Ça ne doit pas être facile de vivre avec ça.

— J'en ai pris mon parti. C'est juste qu'une fois, au moins une *petite* fois dans ma vie, j'aimerais que ma garce de mère se souvienne de mon anniversaire !

J'étais trop choquée pour répondre, ne pouvant concevoir qu'une femme puisse négliger son enfant à ce point. Dans ma tête, j'imaginais Swann, cet enfant délaissé, regardant les autres souffler leurs bougies, entourés par leurs parents. Le plus important n'était pas de recevoir des cadeaux, mais de sentir qu'on était unique aux yeux de quelqu'un.

Grandir sans cette certitude devait être terrible. Rien que d'y penser, j'en eus le cœur serré.

Je ne remarquai pas tout de suite que Swann était en train de me dévisager.

— Ne fais pas cette tête-là, Lina.

Je ne me rappelais pas l'avoir jamais entendu prononcer mon prénom auparavant, et cela m'étonna. Est-ce que ça signifiait quelque chose ? Me considérait-il comme une amie ?

Pile à cet instant, la musique changea, passant d'un titre pop à une musique au tempo lent, et des clients, des habitués sans doute, tournèrent la tête vers le milieu de la salle. Je compris ce qui allait se passer. Surgissant par une porte à l'arrière, une danseuse black, au corps de déesse, rejoignit la barre de *pole dance*. Elle portait un soutien-gorge et un minishort dorés, ce dernier si ridiculement petit qu'il aurait pu faire passer celui de Kylie Minogue pour une gaine de grand-mère.

Swann siffla entre ses doigts.

— Vas-y beauté, lâche-toi !

À l'instar des autres clients mâles, il se mit à la dévorer des yeux, tandis qu'elle balançait ses hanches. Droite, gauche, droite, gauche. Les hommes suivaient le moindre de ses mouvements, comme on regarde un match de tennis. Il n'y avait pas à dire, cette fille savait s'y prendre pour capter leur attention.

Lorsqu'elle attrapa la barre métallique et commença à onduler telle une chenille sur une branche, Swann applaudit.

C'était clair en tout cas, il n'était plus du tout triste.

— Ça, c'est de la danse ! hurla mon voisin.

Je levai les yeux au ciel, en secouant la tête et en soupirant, les trois à la fois. Le numéro me parut interminable. J'aurais voulu reprendre notre conversation, là où on l'avait laissée, mais à l'instant où la musique se tut, Swann s'empressa de m'abandonner.

— Je reviens.

— Eh, mais où tu vas ?

— Attends-moi là.

Sans se préoccuper de moi, il alla discuter avec la danseuse, de si près qu'on n'aurait pas pu glisser une feuille de papier à cigarettes entre eux. La fille gloussait, en se frottant contre lui.

Ben, allez-y, faut pas vous gêner, surtout ! Faites ça devant tout le monde pendant que vous y êtes !

Mais qu'est-ce que je faisais là ?

Je terminai ma bière, en ruminant ma colère. Après avoir réglé mes consommations, je m'aperçus qu'il ne me restait plus assez d'argent pour prendre le bus. Je poussai un juron. En plus, j'allais devoir aller au distributeur ! Je me demandais pourquoi j'étais aussi furieuse, alors que j'aurais dû me réjouir. Swann allait mieux, et c'était bien mon but en l'emmenant ici, non ?

Je vis à peine le jeune homme venu s'asseoir à sa place. Je ne me rendis compte de sa présence qu'au moment où il m'adressa la parole.

— Tu as l'air d'être à court d'argent, je peux t'offrir une bière ?

Âgé d'environ vingt-cinq ans, il était brun, et plutôt séduisant. Il sentait très bon, et portait un costume haut de gamme. Mais son sourire ne me plaisait pas. Il me mettait mal à l'aise, sans que je sache pourquoi.

— C'est gentil, mais je suis accompagnée, et…

Il vrilla ses yeux étroits sur les miens.

— J'ai l'impression que ton compagnon est, comment dire… occupé. C'est bien lui, là-bas ?

Il désigna Swann et la danseuse qui se trémoussait à ses côtés. Je tâchai de rester polie, tandis que mon impatience grondait. Je voulais qu'il me laisse tranquille.

— J'ai assez bu pour ce soir. Mais, merci quand même.

— Je peux aussi t'offrir autre chose, tu sais.

« Autre chose ? » Je réprimai une grimace de dégoût. Ma première impression sur ce type était la bonne. Je ne l'aimais pas, mais je me méfiais de sa réaction. Je choisis d'employer la méthode douce, dans un premier temps au moins, espérant qu'il serait assez raisonnable pour aller voir ailleurs.

— Je suis sûre que d'autres jeunes femmes n'attendent que ça. Le bar est plein, vous n'avez qu'à faire votre choix.

— Oui, mais elles ne sont pas aussi sexy que toi.

— Écoutez, je ne veux pas discuter avec vous, vous comprenez ?

Mon ton montait de plus en plus, malgré moi. Il se dandina sur le tabouret, visiblement agité, ce qui eut le don d'augmenter ma propre nervosité. Je refermai ma pochette, et esquissai un geste pour partir. Il bondit à terre pour me barrer le passage.

— Qui te parle de discuter ? Tu ne me repousserais pas, si tu savais ce que j'ai à te proposer. Je suis le meilleur coup de Londres.

Ce fut plus fort que moi, j'éclatai de rire.

— Rien que ça !

Furieux, il approcha son visage du mien, l'air menaçant. Je voulus le frapper avec mon sac, mais il m'immobilisa le bras.

— Ne fais pas la fine bouche. Je connais un tas de façons de te faire grimper au rideau.

J'entendis soudain un cri haineux, près de nous.

— Et moi, je connais un tas de façons de te défoncer la gueule, connard !

Je n'eus pas le temps d'intervenir, ni le type de bouger. Swann l'attrapa par le col et le projeta si violemment que le comptoir trembla.

Chapitre 16

Nous roulions depuis une bonne demi-heure dans les rues de Harrow puis de Wembley, sans parler. Ma colère n'était toujours pas retombée. Ma colère contre qui ? Le mec affreusement grossier du bar, ou bien Swann ? Mon esprit embrouillé ne parvenait pas à démêler mes émotions. Je savais seulement que j'avais besoin de vider mon sac, et que ça ne pouvait pas attendre une seconde de plus.

— Ça t'arrive souvent ? demandai-je.

Swann, dont les mains demeuraient crispées autour du volant et les yeux rivés sur la route, n'esquissa pas le moindre mouvement pour me regarder.

— De défendre une fille contre un salopard ?

— Non. D'aller draguer une nana, en laissant tomber l'amie qui est venue pour te soutenir ?

Les mots sortaient de ma bouche de manière incontrôlable. Pendant quelques instants, devant un feu qui venait de passer au rouge, Swann fit danser ses doigts sur le cuir.

— Tu veux parler de la danseuse ? Je l'ai croisée à un casting le mois dernier, et je voulais savoir si elle n'avait pas entendu parler d'autres auditions. C'est un milieu où certaines infos valent de l'or, et plus on connaît de monde, plus on a de chances de percer. Mon agent est tellement nul que je dois faire le boulot moi-même.

Il tourna finalement la tête vers moi, me décocha un regard qui me sembla blessé.

— Je te l'ai déjà dit Lina, quoi que tu penses de moi, je ne saute pas sur tout ce qui bouge.

Comprenant mon erreur, je rougis, en me mordant la lèvre inférieure, à la fois honteuse et énervée. Pourquoi ne m'avait-il pas dit qu'il la connaissait ? Ça aurait évité ce quiproquo absurde ! En même temps, je n'étais pas sa petite amie, et il ne me devait aucune explication. Je me rendis compte que mon attitude pouvait paraître étrange, voire déplacée. On aurait dit que j'étais jalouse. Le connaissant, j'étais certaine qu'il ne manquerait pas de le souligner, pour le seul plaisir de m'agacer.

Mais il ne fit aucun commentaire, ce qui accrut mon sentiment de honte. J'étais si confuse que je n'osais plus ouvrir la bouche. Au bout d'un moment, je marmonnai tout de même un « désolée », du bout des lèvres.

Swann hocha la tête, comme pour accepter mes excuses. Ce geste fut accompagné d'un sourire qui me mit du baume au cœur. J'étais soulagée qu'il ne m'en veuille pas.

— Je vais acheter quelque chose, je reviens tout de suite, m'informa-t-il.

Il arrêta sa BM à la sortie de Wembley, devant une épicerie ouverte vingt-quatre heures sur vingt-quatre, et j'en profitai pour essayer de me reprendre. Pourquoi est-ce que je m'étais mise dans un état pareil ? Swann était juste un ami, et je m'étais comportée comme une femme possessive ! Lorsqu'il ressortit avec deux packs de bière sous le bras, je n'avais toujours pas réussi à remettre de l'ordre dans mes idées.

Il roula encore pendant quelques minutes, tandis que je continuais de réfléchir. Avais-je été vexée qu'il m'ait laissée en plan ? Je cherchais désespérément à savoir ce que j'avais éprouvé en le voyant avec une autre femme, à mettre un nom sur ce sentiment imprévu et troublant. La scène défilait en boucle dans ma tête…

— Viens, me dit soudain Swann.

Je ne m'étais même pas aperçue qu'il avait coupé le moteur. Nous nous trouvions devant l'entrée d'un parc de Sudbury, proche de la gare. Seule, je ne me serais jamais aventurée ici, à la nuit tombée, les tabloïds regorgeant de faits divers sordides survenus dans les nombreux parcs londoniens. Tout en marchant à côté de Swann, je ne pus m'empêcher de sourire. Swann Geary était sûrement le type le plus dangereux qu'il m'ait été donné de rencontrer, beau à se damner, impertinent, mais avec un côté gentleman *so* irrésistible, charmeur absolu, briseur de cœur en puissance, et pourtant, je me sentais rassurée en sa présence.

Je savais qu'il ne pouvait rien m'arriver – ou en tout cas, que je ne risquais rien d'une autre personne que lui.

Il m'indiqua un banc, au bord d'un plan d'eau bordé de saules pleureurs, qui était quasiment invisible derrière les fourrés. Je me demandai comment Swann connaissait cet endroit. Je ne l'avais pas imaginé en amoureux de la nature, mais ça n'aurait pas été la première fois que je me serais trompée sur lui. Il me surprenait de plus en plus, et c'était loin d'être désagréable.

Il ouvrit un pack, me tendit une canette que j'ouvris en m'asseyant. La nuit était douce, et de la route lointaine, nous percevions à peine le bruit des voitures.

— Tu aimes ? me demanda Swann en s'installant près de moi.

Il buvait sa bière, un bras allongé sur le dossier du banc, enveloppant le parc du regard comme si l'endroit lui appartenait. Prince Geary en son royaume.

— Beaucoup.

— Je pensais bien que ça te plairait. Je viens parfois ici quand j'ai besoin de me calmer. Ça me rappelle le lac Corrib, près de Galway. Il est parsemé de dizaines d'îlots sauvages, et juste derrière, il y a les collines vert et ocre du Connemara. Lorsqu'il pleut, l'air se remplit d'odeurs de mousse et de fougère.

J'écoutais Swann, balancée entre stupeur et admiration. Je ne l'avais jamais entendu parler de cette façon. Rien qu'en l'écoutant, je pouvais presque entrevoir ce coin d'Irlande qui paraissait si merveilleux. J'étais touchée aussi qu'il se livre, d'autant que je savais, de la bouche de Moira, qu'il n'aimait pas parler de son enfance.

— Quand j'avais onze ans, j'empruntais un canot en douce et j'allais passer mes journées sur une petite île au milieu du lac. Il y avait une vieille chapelle délabrée, et il m'arrivait d'y dormir à la belle étoile. C'était mon refuge. J'aimais me dire que personne d'autre ne le connaissait, même si c'était faux, évidemment. Quand on n'a rien, on s'accroche à ses rêves. (Il demeura un moment silencieux.) Je ne me suis jamais senti aussi libre que là-bas. L'année d'après, j'ai été emmené par les services sociaux.

Il se tourna vers moi.

— Je me demande pourquoi je te raconte tout ça…

Alors que l'air était chargé d'émotion, Swann écrasa brusquement sa canette vide entre ses mains, avant de la fourrer dans le sac plastique. Le charme était rompu.

— Bon, et si on parlait de ton bouquin, maintenant ? Alors, ça avance ?

J'aurais bien aimé rester un peu plus longtemps sur l'îlot de Swann, à l'abri de cette chapelle en ruine, mais mesurant l'effort que cette confidence avait dû lui coûter, je consentis à changer de sujet.

— J'ai écrit la scène du baiser, et j'ai envoyé l'idée à l'éditeur. Il n'y a plus qu'à attendre.

Swann entama une autre bière, tandis que j'achevais la mienne.

— En fait, je me demande si je vais vraiment y arriver, si je ne fais pas fausse route en perdant mon temps.

— Pourquoi ?

— Écrire un livre, c'est un peu comme pour la danse ou la chanson, ça doit venir de son âme, de ses tripes. Si on se force, le lecteur le sent obligatoirement. La volonté ne suffit pas. *Ma* volonté ne suffira pas. Je ne peux pas écrire un truc qui est à mille lieues de ce que je suis intérieurement. Les lecteurs méritent qu'on soit sincère avec eux, qu'on ne joue pas la comédie. Et moi, je suis une incorrigible romantique. On peut dire que j'ai vraiment la poisse.

Je tendis la main par-dessus les cuisses de Swann pour saisir à mon tour le sac plastique. Il l'attrapa et la posa sur son torse, par jeu.

— J'en connais une qui aurait bien besoin d'une petite leçon de son professeur.

Une lueur amusée éclairait ses yeux, et il lâcha ma main. Je fus contente de le voir retrouver sa bonne humeur, même si cela signifiait que j'allais aussi reprendre mon rôle habituel, si humiliant, de dindon de la farce.

J'ouvris une seconde bière, en descendis la moitié, pour que l'alcool fasse effet. J'avais besoin de vider la tension nerveuse inexplicable qui continuait de m'agiter, depuis notre départ du bar.

— Entre nous, je ne sais pas si ça vaut le coup. L'autre jour, ton… cours dans le jardin m'a aidée, je l'avoue, mais je crois qu'on ferait mieux d'arrêter là. Je ne suis pas faite pour écrire du sexe. Je ne dois pas être faite pour le sexe, point barre.

Je ris, trouvant ma formule très drôle. Je n'avais rien avalé de la journée, et la bière me faisait tourner la tête. Mais je me sentais bien.

Swann se redressa pour me regarder droit dans les yeux.

— Je ne te crois pas. Tu manques seulement de confiance en toi.

— Mais c'est la vérité !

— Je te propose un exercice. Si tu n'y arrives pas, alors j'admettrai ma défaite.

— OK, dis-je en étouffant un rot irrépressible.

— Allume-moi.

Je faillis m'étouffer.

— Pardon ?

Il soupira.

— Séduis-moi, quoi. Donne-moi envie de faire l'amour avec toi.

J'écarquillai les yeux, en sentant mes joues s'enflammer. C'était bien la première fois qu'un homme me demandait ce genre de chose, et je n'avais, mais alors là, pas la moindre idée de la manière dont on devait s'y prendre. Avec mes ex, je n'avais jamais eu besoin de me démener pour les… *allumer*. Les choses se faisaient toutes seules, ou disons plutôt que j'attendais qu'ils manifestent leur désir – ce qui finissait toujours par arriver tôt ou tard. Bref, je n'avais encore jamais pris l'initiative de manière aussi directe.

— Pense à ton roman, m'encouragea Swann, en posant ses coudes sur le dossier, comme s'il se tenait prêt pour le grand spectacle.

— Écoute, ce n'est pas la peine. Je vais me couvrir de ridicule.

Cet entêté secoua la tête.

— Si tu n'essaies pas, je continuerai de te harceler jusqu'à ce que tu aies envie de m'étrangler.

Je ne lui dis pas que cette idée m'avait déjà effleurée, plus d'une fois. Je laissai échapper un petit soupir vaincu, en comprenant qu'il ne laisserait pas tomber.

— Bon, puisque tu insistes. Mais si tu te moques de moi ensuite, je te tue, je te mets dans un sac avec une pierre, et je te balance au fond de l'étang, pigé ?

Il rit, puis me fit signe de me lever.

— Allez, vas-y. Imagine que tu es Emily. Tu veux faire comprendre à ton iceberg de mec qu'il doit passer à la vitesse supérieure.

J'obtempérai en soupirant très fort cette fois, pour qu'il entende. Suivant son conseil, je fermai un instant les yeux en essayant de me mettre dans la peau de mon héroïne. Dans ce coin isolé du parc, j'avais peu de chance d'être vue, mais je jetai quand même un regard aux alentours pour m'en assurer.

— Alors, c'est pour aujourd'hui, ou pour demain ? demanda mon enquiquineur de voisin.

— Tu as vraiment de la chance que ce soit ton anniversaire, sinon tu serais déjà en train de servir de bouffe aux poissons !

Il se contenta de froncer les sourcils. Puisque j'allais m'humilier toute seule, autant en finir le plus vite possible. Je me mis à fredonner le premier air qui me vint. Allez savoir pourquoi, ce fut *Fever*[1].

J'adoptai une voix sensuelle que je ne me connaissais pas. Swann parut surpris, mais je ne sus dire s'il appréciait, ou non. Il m'observait sans sourciller, avec des airs de professionnel, et j'eus soudain l'impression déroutante de passer un casting.

J'en avais assez qu'il me prenne pour une fille coincée. J'étais prête à tout pour qu'il change de regard sur moi.

1. Chanson écrite par Eddie Cooley et John Davenport en 1956.

Rougissante, je lui tournai le dos, et me concentrai sur ma chanson. Balançant lentement mon bassin, j'ôtai l'épingle qui retenait mes cheveux et les secouai. Les boucles tombaient en cascade jusque sur mes reins. Je passai ensuite une main sur ma hanche, remontant sans hâte sur ma taille, mes seins, comme si je voulais en souligner les courbes.

Puis, de profil, je déboutonnai les premiers boutons de mon chemisier, que j'ouvris jusqu'à ce qu'il puisse entrapercevoir mon soutien-gorge noir. J'entendis Swann se racler la gorge.

S'ennuyait-il ? Je décidai de me tourner vers lui pour en avoir le cœur net. Il riva ses yeux sur mon visage, un léger sourire aux lèvres. Ça ne m'empêcha pas de sonder ses iris pour vérifier s'il aimait ce que je faisais. C'était le cas, apparemment.

J'adorais la lumière chaude qui enflammait son regard, elle embrasa ma poitrine et accéléra mon pouls. Il n'y avait pas d'autre femme dans les parages, pour le distraire. Il n'y avait que moi, et lui, cet homme beau à se damner. Même si ce n'était qu'un jeu, j'allais me démener pour le séduire.

Je passai la langue sur mes lèvres, et reculai d'un pas.

Entravée par ma jupe, je me lançai dans une danse souple, ondulant les hanches, pliant par instants les genoux et creusant les reins. J'étais trop éméchée pour ressentir un quelconque embarras.

Lorsqu'il se courba en avant, pour poser le menton sur ses mains croisées, je pris cela comme un encouragement. Il paraissait captivé. Je continuai ma danse, de dos cette fois, en me rapprochant de lui, si près qu'il dut se redresser. Fredonnant toujours, je me frottai contre lui à plusieurs reprises.

Il toussota.

— C'est bon, Lina. Tu as réussi ton exercice.

Emportée par le jeu, je n'étais plus en état de penser de façon cohérente. Je savais seulement que j'aimais le sentir fébrile, et je ne voulais pas que ça s'arrête.

Je me retournai, en accentuant la chaleur rauque de ma voix.

— Non, pas encore.

Je me plaçai entre ses jambes, que j'écartai d'un mouvement de bassin, et effleurai son cou avec le dos de ma main. Sa barbe était étonnamment soyeuse, et je ne pus m'empêcher de frémir à l'idée des sensations qu'elle devait procurer lorsqu'il embrassait. J'enlevai mon foulard en soie et le fis glisser doucement derrière son cou, avant de le jeter au loin.

Les mains posées de chaque côté de son corps, il ne bougeait pas. On aurait même dit qu'il retenait son souffle.

— Tu n'as pas idée de l'effet que tu me fais, murmurai-je. Tu es le mec le plus sexy que j'aie jamais rencontré. Dès que tu t'approches de moi, tu me mets dans tous mes états.

Je commençai à ôter les boutons de sa chemise, un à un, jusqu'à l'entrouvrir. Sous mes doigts, je le sentis tendre les muscles fermes de son abdomen, alors que ses yeux ne me quittaient plus.

À tort ou à raison, j'avais la sensation d'avoir pris le pouvoir sur lui, et ça m'excitait prodigieusement.

Une chaleur sourde envahit le creux de mon ventre, tandis que je caressais sa peau, en ouvrant plus largement sa chemise pour découvrir ses pectoraux. Me penchant, je déposai un long baiser sur son torse, enivrée par son odeur. Je le sentis trembler sous mes lèvres, en ressentis une intense vague de plaisir.

N'était-ce vraiment qu'un jeu ? Tout se brouillait dans ma tête. Je savais juste que je mourais d'envie de continuer.

— La nuit, je rêve que tu me caresses… Aucun homme ne devrait avoir le droit d'être aussi tentant. Dis-moi ce dont tu as envie, là, maintenant.

Je promenai ma main de plus en plus bas, jusqu'à la boucle de sa ceinture. Tête baissée, il semblait hypnotisé par mes doigts.

Sa respiration s'accéléra. Il attrapa mon poignet avec fermeté, comme s'il l'enserrait dans des menottes, et me repoussa.

— On rentre.

Je me figeai, incrédule, alors qu'il refusait obstinément de croiser mon regard. Avec des gestes brusques, qui traduisaient de l'énervement, peut-être même de la colère, il se leva, ramassa les bières restantes et le sac plastique, sans un mot.

Je le suivis jusqu'à sa voiture, des larmes irrépressibles coincées dans ma gorge, parce que je ne comprenais pas sa réaction, et qu'elle me peinait terriblement. On aurait dit qu'il me détestait.

Mais qu'est-ce qui m'avait pris ?

Chapitre 17

Les deux jours suivants, je fis ce que j'aurais dû faire depuis longtemps. Je tâchai de me concentrer sur l'écriture de mon roman.

Inspirée, j'écrivis la scène où Emily séduisait Angel, rien qu'en dansant sous ses yeux – et sur ses cuisses. Lui essayait de se maîtriser le plus longtemps possible, mais la chaleur quasiment animale qui émanait d'Emily était irrésistible. Il avait peur de ce qu'il ressentait pour elle, de ce qui arriverait, s'il se laissait aller à l'aimer. Il craignait d'être vulnérable.

J'enchaînai les mots presque sans difficulté, jusqu'à ce que mes deux personnages finissent par faire l'amour sur le canapé. Tout en décrivant leur étreinte, je rougis plusieurs fois, me demandant si je n'allais pas un peu trop loin dans les détails. J'eus du mal à utiliser certains termes – et ça n'avait rien à voir avec un éventuel souci d'orthographe. Mais je tins bon, surprise de réussir à écrire une scène aussi chaude et explicite.

Swann avait éveillé quelque chose en moi que je ne soupçonnais pas. Dès que je pensais à lui, ou que je rêvais de lui, les yeux grands ouverts, je secouais la tête pour le remplacer par Jaimee…

Je dus réécrire mon texte plusieurs fois, certaines expressions et métaphores me paraissant, après coup, complètement ridicules.

Elle se mit à caresser son membre durci.

Quel membre ? Sa jambe ? Son bras ?

Il entama un mouvement de va-et-vient avec sa main, et reposa sa bouche sur le petit bouton gonflé de désir.

Le bouton de quoi ? De sa jupe ? Ou alors, était-ce… l'interrupteur de la lumière ?

Si je devais écrire ce genre de scène, je devais surmonter ma pudeur, et appeler un chat, un chat. Après tout, ce n'était rien qu'une question d'anatomie.

Finalement, lorsque je relus le texte, je le trouvai assez joli. Il était érotique, mais sans tomber dans la vulgarité. Le lecteur ne se mettait pas en position de voyeur. Il assistait à une scène d'amour entre un homme et une femme, car même si le désir était là – et bien là ! – il n'était pas dénué de sentiments. Les deux étaient étroitement liés. Angel admirait le courage d'Emily, son humour, sa force douce. Elle adorait son caractère entier, et son côté protecteur.

En apparence, ils n'avaient rien en commun, et c'était justement en cela que leur histoire était… hors du commun.

Je décidai d'envoyer mon texte à Guillaume dans la foulée, sachant que si j'attendais trop, je risquais de changer d'avis. Je souhaitais lui démontrer que j'étais capable d'écrire ce roman, de A à Z – en passant par la sulfureuse lettre Q. Dans ce passage écrit à la première personne, je parlais des envies secrètes d'Emily, nourries à partir de mes propres fantasmes. Je me rassurai en me disant que mon éditeur était un professionnel, et que lui faire lire cette scène était un peu comme se dénuder devant un médecin. Ça ne portait pas à conséquence.

Vers 18 heures, le vendredi soir, lorsqu'il me répondit, mon cœur s'emballa.

Du calme, fofolle. Ça doit être un banal accusé de réception.

Chère Lina,

J'ai été très heureux d'avoir de tes nouvelles. J'avais hâte de découvrir ton projet et même si, en l'état, il m'est encore difficile de me prononcer définitivement, je peux d'ores et déjà te dire que je suis très optimiste.

Ton parti pris d'apporter « de la fraîcheur, du romantisme et de l'humour » à un récit érotique me plaît beaucoup. Je trouve ça original, et suis persuadé que tu as les capacités de mener à bien ce projet. Tu as raison, il faut rester fidèle à soi-même, et je te félicite d'avoir su t'adapter à ce genre nouveau pour toi, tout en gardant un style bien « Linaléen ».☺

Ta scène du baiser, ainsi que la scène érotique que tu m'as envoyée aujourd'hui, m'a paru très convaincante. Dès que tu auras écrit quelques chapitres, j'aurai la grande joie de pouvoir t'établir un contrat.

Dans l'attente de te lire,
Bien à toi,
Guillaume

Je sortis en trombe de mon appartement et grimpai les marches quatre à quatre, en marmonnant des « Oh mon Dieu, oh mon Dieu ! » à n'en plus finir. J'étais si folle de joie qu'il fallait absolument que j'annonce la nouvelle à Swann. À cet instant, je n'imaginais pas la partager avec quelqu'un d'autre.

Il me faisait la tête depuis deux jours, mais j'étais persuadée que ça serait vite oublié. J'avais renoncé à essayer de comprendre son comportement, le mettant sur le compte de son coup de blues. Son anniversaire était manifestement une date qui faisait remonter à la surface des souvenirs douloureux, et j'en avais fait les frais, comme je m'évertuais à mettre le désir que j'avais ressenti sur le compte de l'alcool.

J'avais voulu lui prouver que je pouvais être aussi sensuelle que Kathleen, ou cette belle danseuse black qui paraissait tant lui plaire. Je souhaitais qu'il me regarde, comme il les regardait, elles. Mais je m'étais trompée, et je n'arrivais pas à chasser cette peur horrible d'avoir tout gâché.

Je frappai plusieurs fois chez lui, affichai un immense sourire en l'entendant marcher de l'autre côté du mur. Mais il ne m'ouvrit pas. Je m'adressai à la porte close, un rien refroidie.

— Je voulais juste te dire que mon éditeur avait aimé mon projet.

Comme il ne daignait toujours pas se montrer, je me mordis la lèvre inférieure, contrariée. L'autre soir, dans le parc, je n'avais commis aucun crime que je sache, hormis peut-être une insulte à la danse ? C'était vrai, j'avais bu, et j'étais allée un peu loin dans notre jeu, mais est-ce que je méritais vraiment qu'il me laisse sur le pas de sa porte ? Au départ, c'était son idée, après tout.

— Est-ce que j'ai dit ou fait quelque chose qui t'a déplu ? Si c'est le cas, je m'en excuse. Je sais que je peux être maladroite, parfois. Mais bon, je pensais qu'il y avait… enfin, qu'on était… amis.

Il soupira très fort, ce qui eut le don de m'exaspérer. Quelle que fût la raison de son mutisme, je ne pouvais pas supporter son refus obstiné de me parler. L'espace d'un moment, j'avais cru que nous étions... proches. Mais je m'étais peut-être seulement monté la tête ? J'en vins à me demander ce que j'avais réellement représenté pour lui. Un sujet de distraction ? Un passe-temps ?

Malgré ma colère, je demeurais là, piétinant comme une âme en peine, attendant une réponse, un signe, n'importe quoi. Il ne pouvait pas me faire ça. Après quelques secondes supplémentaires à espérer qu'il se déciderait, je dus me rendre à l'évidence. L'idée qu'il puisse me haïr me parut soudain insupportable.

— Oh, et puis va te faire voir ! Ce ne sera plus la peine de revenir frapper chez moi !

Je regrettais presque la première fois où je lui avais ouvert ma porte. Avait-il été sincère en disant qu'il m'aimait bien ? Je commençais à en douter.

Ces deux derniers jours, si je m'étais plongée dans l'écriture, c'était surtout pour arrêter de penser à lui. Swann n'avait pas fait une entrée fracassante dans ma vie, il s'y était glissé progressivement – d'abord un plat de pâtes partagé de force devant la télé, un irish coffee, une danse, puis une autre, jusqu'à ce que je m'attache à lui. Et une fois son coup réussi, il me jetait sans la moindre explication !

Depuis mercredi, j'avais épié ses pas dans l'escalier, ses allées et venues, les bruits à l'étage. Kathleen était passée lui rendre visite, la veille, mais elle n'était restée qu'une dizaine de minutes. Je l'avais entendue parler fort, puis sortir en claquant la porte. J'en avais éprouvé une joie honteuse, comme si je me réjouissais de la savoir dans la même galère que moi.

Pourquoi mentir ? J'étais heureuse qu'ils se disputent. Heureuse que Swann et elle ne fassent pas l'amour ensemble, juste au-dessus de ma tête. Je crois que j'en aurais été malade.

Mais toute cette histoire ne rimait à rien.

Je retournai devant mon ordinateur, demeuré allumé sur le message de Guillaume. Ma joie était toujours là, même si à cause de Swann, elle était un peu ternie.

Il m'en restait quand même suffisamment pour répondre au message de Jaimee. Il m'invitait à dîner. J'étais censée le retrouver au Miramay, où se déroulaient des auditions pour un prochain spectacle – une adaptation moderne du film Dirty Dancing, à laquelle il croyait. Il s'agissait d'un remake encore plus sensuel que l'original, précisait-il, pour surfer sur l'air du temps. J'étais amusée de découvrir que la vague érotique le touchait, lui aussi.

J'ignorais pourquoi j'avais tant hésité à lui répondre depuis la veille.

Désormais, les choses étaient claires dans ma tête.

Jaimee,

Excuse-moi pour mon silence, j'ai été débordée. Je serai très, très heureuse de venir, ce soir – et même plus que ça...

À tout à l'heure,
Lina

J'étais bien déterminée à lui faire oublier cette maudite soirée où j'avais eu le malheur de lui préférer mon voisin.

Comme Fred n'était pas joignable, je passai un coup de fil à ma mère, qui m'avait laissé plusieurs messages. J'avais enfin une *vraie* bonne nouvelle à lui annoncer. Je réussis à la joindre à son bureau, où elle restait toujours tard, y compris le vendredi soir, et lui expliquai en quelques mots que mon éditeur était prêt à publier mon nouveau livre.

— Et c'est encore une romance ? interrogea ma mère, d'un ton neutre.

Je fis de mon mieux pour ne pas sourciller au mot « encore ».

— Si on veut. Mais dans un genre plus…

Pourquoi avais-je soudain honte ? J'inspirai avant de lâcher la bombe :

— … érotique.

Il y eut un silence si long que je me demandai si elle n'avait pas raccroché. Je l'entendis se racler la gorge à l'autre bout du fil.

— Je vois. C'est bien, Lina, vraiment. Est-ce que tu penses le publier sous un pseudo ?

Cette question me coupa le souffle. C'était tout ce qui lui importait ? Préserver son nom ? Je m'appelais Degenne depuis le divorce de mes parents, mais c'était la première fois que j'en arrivais à le déplorer.

Je surmontai ma déception, résolue à ne plus me laisser atteindre par qui que ce soit, et surtout pas par un membre de ma famille. C'était triste de constater que ma propre mère n'était pas fichue de se réjouir pour moi, mais tant pis.

— Je verrai ça avec mon éditeur quand le moment sera venu. Bon, je dois te laisser, bonne soirée.

Je raccrochai sur ces mots, et composai aussitôt un autre numéro. En approchant le téléphone de mon oreille, j'avais les mains qui tremblaient, la gorge sèche. Je n'avais plus parlé à mon père depuis une éternité, à tel point que je ne parvenais même plus à me souvenir de l'année exacte. Combien de fois avais-je eu envie de l'appeler, sans réussir à me décider ? J'y pensais de plus en plus ces derniers temps, mais j'avais peur de ne pas savoir quoi lui dire, de tout gâcher définitivement. Ce jour-là, mon roman me fournissait le prétexte idéal.

Je fus presque intimidée en entendant le son de sa voix.

— Allô ?

— Papa…

— Lina ? C'est toi ? C'est vraiment toi ?

On aurait dit qu'il n'osait pas y croire. Le timbre chantant de Charlotte résonna tout près : « Hein ? C'est ta fille ? ».

— Je te dérange peut-être ? dis-je timidement. Je peux te rappeler un autre jour, si tu veux.

Il rit, et je me mis à sourire, les yeux embués de larmes. Bon sang, ce que ça me faisait du bien de l'entendre !

— Et je devrai encore attendre dix ans ? Jamais de la vie !

Pendant quelques instants, ni lui ni moi ne sûmes quoi dire, avant de nous lancer en même temps :

— Et comment va Charlotte ?

— Ta sœur va bien ?

Seconde vague de rires, vite calmés. Stupéfaite, je me rendis compte qu'il ne semblait pas être au courant pour moi, Annabelle et Buzz. Il n'avait donc pas été invité à leurs fiançailles ? Même si elle avait coupé les ponts avec notre père, je trouvais ça injuste. Elle lui en avait toujours voulu d'être parti avec Charlotte, en nous abandonnant. Pourtant, lui, au moins, n'avait pas eu la bassesse de voler le conjoint de quelqu'un d'autre.

En rassemblant le puzzle de mes souvenirs, j'avais compris que mes parents ne s'entendaient déjà plus, bien avant son départ. Leur amour s'était effrité peu à peu, au fil des ans. Leur séparation n'était la faute de personne.

— On ne se parle plus, avouai-je.

— Je suis désolé, petit cœur. Je l'ignorais. On peut dire que j'ai l'art de mettre les pieds dans le plat.

— Alors, je sais de qui je tiens.

Il rit de nouveau, mais son rire fut moins gai.

— Tu peux me raconter, tu sais.

— Ce serait trop long, je crois.

— J'ai tout mon temps, je t'assure, et je suis là pour ça.

C'était la façon dont il s'adressait à moi lorsque petite, je revenais de l'école, le moral à zéro.

« Qu'est-ce qui ne va pas, petit cœur ? Tu sais que tu peux tout dire à ton papa. Je suis là pour ça… »

Par bribes, sans entrer dans les détails – j'évoquai simplement un chagrin d'amour –, je lui expliquai la raison de mon départ pour l'Angleterre. Trop de temps s'était écoulé, il fallait reprendre nos repères, et je ne pouvais pas, ne voulais pas, tout lui dire. Je lui racontai mon arrivée, et sans même m'en rendre compte, fis dévier notre conversation sur Swann, ce voisin grâce auquel je m'étais sentie moins seule, et qui m'avait trouvé un job de serveuse.

Par moments, j'entendais Charlotte qui intervenait entre deux bruits de fourchette. Ils devaient être en train de dîner. Mais mon père continuait de m'écouter, comme s'il n'avait rien de mieux à faire, comme si j'étais à ses yeux la personne la plus importante au monde.

À la fin, il me fit promettre de le rappeler vite, il m'invita même à venir lui rendre visite en Suisse. Juste avant de raccrocher, je lui demandai si je pouvais utiliser son nom pour mon prochain roman. J'avais presque failli l'oublier, alors que c'était le but premier de mon appel – le fameux « prétexte ». Au fond, j'espérais que cette demande ferait plaisir à mon père. C'était une manière de lui montrer qu'il comptait toujours pour moi.

— Par contre, je préfère te prévenir. Mon livre sera un peu sensuel… et même très. Mais si ça te dérange, pas de problème, j'inventerai un pseudo.

Il se tut, apparemment surpris, et mon cœur eut un raté. On venait à peine de se retrouver, et voilà que je lui demandais d'apposer son patronyme sur un livre érotique ! Charlotte gloussa un petit « oh là là » amusé.

— Tu n'en auras pas besoin, Lina, murmura mon père, ému.

Je partis pour le Miramay, le cœur léger. J'avais renoué le contact avec mon père, et ça avait été si facile que je me demandais encore pourquoi j'avais attendu tout ce temps pour l'appeler. Je savais cependant que notre lien demeurait fragile, et que je devrais sûrement faire des efforts pour reconstruire une vraie relation avec lui. Ça prendrait du temps, mais c'était déjà un début.

Une pluie drue inondait les rues, et en sortant de la station de métro, à Covent Garden, je me retrouvai au milieu d'une forêt de parapluies. Avoir les pieds mouillés faisait partie du charme de la vie londonienne.

En marchant sur le trottoir, je ralentis un peu la cadence, histoire de savourer ce moment le plus longtemps possible, jusqu'à ce que j'arrive devant le théâtre. S'il n'y avait aucun agent de sécurité, la foule, elle, était au rendez-vous. Le hall était bondé. Des artistes s'échauffaient dans tous les coins, étirant leurs jambes sur les marches. Un chorégraphe criait ses instructions, tandis que son assistante distribuait des dossards numérotés.

Le stress des candidats était palpable, l'ambiance à la fois excitante et électrique.

Au loin, à l'entrée d'un couloir, j'aperçus Jaimee. Il semblait en grande conversation avec une jeune femme blonde qui tenait un bloc et hochait la tête tout en tournant les pages. Un homme en costume les rejoignit, et Jaimee se retourna pour lui répondre. Au moment où je voulus brandir la main pour lui faire signe, quelqu'un, derrière moi, m'attrapa le bras.

Je fis volte-face, agacée.

— Quoi ?… Swann ?

Il me contemplait, avec un regard aussi mystérieux que son sourire. Sa présence me rendit folle de rage.

Je n'avais aucun désir de le voir. Ce soir-là, je voulais me concentrer sur Jaimee, et uniquement sur lui.

Et d'abord, qu'est-ce qu'il faisait là ? Il me fallut quelques instants pour comprendre.

— Tu es venu pour le casting, je suppose ? demandai-je d'un ton acide.

C'était sans doute grâce à un précieux tuyau de la danseuse du bar ! En repensant à elle, je sentis ma colère redoubler. Je reculai d'un pas, mais il m'agrippa les mains pour me retenir.

— Tu as rendez-vous avec l'autre, c'est ça ?

« L'autre » ! Cette appellation me mit en rogne. Je me débattis. Il resserra son emprise, le visage impérieux.

— Reste là, on doit parler.

— Tu devrais aller te préparer pour l'audition.

— Ils attendront.

À cet instant, je sentis une présence dans mon dos. J'entendis la voix furieuse de Jaimee.

— Mais vous êtes qui, vous ? Laissez-la tranquille !

Je me retournai, éberluée, les joues rouges. Swann me lâcha, pour mieux toiser Jaimee.

— Ce n'est rien, intervins-je, d'une voix douce. C'est Swann Geary, mon voisin. Il est venu pour l'audition. Nous avions juste une petite… explication.

Jaimee fronça les sourcils, en examinant Swann d'une manière assez désagréable.

— Alors, c'est lui, ce pauvre type soi-disant déprimé qui ne peut pas se passer de toi ?

Encore plus que ses mots, son ton était méprisant, ce qui n'échappa pas à Swann.

— C'est quoi votre problème ? Parce que vous possédez un petit théâtre, vous vous croyez au-dessus de moi ?

Ils se jaugèrent du regard, comme deux coqs dans un poulailler, sans bouger. La situation m'exaspéra. J'eus l'impression d'être une sorte de trophée qu'ils se disputaient. C'était d'un ridicule ! Jaimee fit un pas vers Swann. Pendant un bref instant, je crus qu'il allait lui mettre son poing dans la figure.

— Vous feriez mieux d'aller passer votre casting.

— Je ne vous autorise pas à me donner des ordres, tonna Swann.

— Ne vous approchez plus de Lina, espèce de branleur. Je connais les hommes de votre espèce. Ils sont prêts à tout pour obtenir ce qu'ils veulent.

Un éclair de fureur passa dans les yeux de Swann.

— Si vous tenez tellement à elle, alors pourquoi est-ce que vous la traitez aussi mal ? Elle ne vous appartient pas !

— À vous non plus !

C'était plus que je ne pouvais en supporter. J'ouvris la bouche, mais aucun son n'en sortit.

Je ne vis plus qu'une option : la fuite.

Je me retrouvai à l'extérieur, courant si vite que je me tordis la cheville à plusieurs reprises. Je voulais rentrer à la maison, et m'enfermer à double tour afin de me laver le cerveau à l'eau de Javel, prononcer des incantations vaudoues, m'insensibiliser le cœur avec de grands seaux de glace. Je ferais tout ce qui était possible pour oublier Swann. J'irais même dormir sous les ponts, s'il le fallait.

Mes cheveux dégoulinaient sur mon dos. Il pleuvait des cordes, et dans mon affolement, j'avais laissé mon parapluie dans le hall du Miramay.

Alors que j'accélérais encore le pas, l'un des talons de mes escarpins me lâcha subitement. Je le ramassai avec une brusque envie de pleurer, m'écroulant sur un banc, restant pendant de longues minutes sous la pluie battante. J'étais incapable de réagir. Je me sentais perdue.

Tout ce que je savais, c'était qu'à la seconde même où Swann était apparu dans le théâtre, Jaimee n'avait plus existé pour moi.

Lorsqu'une voiture s'arrêta à ma hauteur, je contemplais toujours mon talon cassé avec désespoir comme si c'était la pire catastrophe qui me soit jamais arrivée dans la vie.

— Viens avec moi, Lina.

Chapitre 18

Swann roulait de manière bien trop décontractée à travers le West End. Je suffoquais presque de le voir sourire, alors que je me sentais si mal. Il venait de gâcher ma soirée et mes espoirs. Désormais, je savais que je n'aurais plus envie de sortir avec Jaimee, parce que mon esprit était complètement obnubilé par quelqu'un d'autre. Juste parce qu'il existait, et que je l'avais rencontré, Swann avait mis un terme à une histoire qui n'avait pas encore commencé.

Et c'était ce constat qui m'enrageait. Il paraissait détendu, j'aurais même juré ne l'avoir jamais vu aussi serein depuis notre première rencontre. Sans doute le sentiment d'avoir gagné une manche décisive.

— Et ton casting, alors ? demandai-je, mauvaise.

Il haussa les épaules.

— Je m'en fous… Si tu veux te sécher, il y a une serviette dans le sac, sur le siège arrière.

— Je veux seulement rentrer chez moi, marmonnai-je.

Je grelottais de froid. Sans rien me demander, Swann augmenta le chauffage de la voiture, et un souffle d'air chaud me caressa les jambes. Ça ne suffit pas à rendre mon humeur meilleure.

— Pourquoi est-ce que tu fais ça ? demandai-je.

— Pourquoi est-ce que je fais quoi ?

Je m'énervai.

— Jouer avec moi. Mais pour qui est-ce que tu te prends ?

Il crispa ses mains autour du volant, et contracta les mâchoires. Pendant un instant, je crus qu'il allait se mettre en colère.

— Je me prends pour le mec qui n'a pas dormi depuis deux jours à cause de toi.

Je restai pantoise. Il se concentra sur le pare-brise, me laissant le temps de me ressaisir et d'enregistrer l'information. Swann n'avait pas réussi à trouver le sommeil par *ma* faute ? Je parvins finalement à parler d'une voix étranglée par la stupeur.

— Mais pourquoi ?

Il me dévisagea, négligeant dangereusement la route et les voitures qui nous klaxonnaient.

— Sèche-toi, tu vas attraper froid, m'enjoignit-il avec suffisamment de fermeté pour que j'obtempère.

En me penchant, j'attrapai le sac de sport et en sortis une serviette bleue que je passai sur mes cheveux. Elle sentait le parfum de Swann. Je dus déployer des trésors de maîtrise pour ne pas la garder plus que nécessaire auprès de moi.

Ce qu'il venait de me dire tournait en boucle dans ma tête, mais je préférais attendre qu'il s'explique. Une expression interrogatrice sur le visage, je patientais, les yeux éblouis par les enseignes lumineuses géantes de Piccadilly, encombré plus que jamais en ce vendredi soir. Il était inutile de passer par ce quartier pour rentrer à Sudbury. C'était même une absurdité, à moins de vouloir perdre un temps considérable. Swann cherchait manifestement à rallonger le trajet.

S'il souhaitait se livrer à des confidences, je n'étais pas décidée à lui faciliter la tâche. Je demeurais silencieuse, apparemment absorbée par la vie qui palpitait en plein cœur de Londres, alors que je n'arrivais toujours pas à digérer son arrivée inopinée et ses déclarations.

— Et toi, pourquoi fais-tu ça ? demanda-t-il finalement, en passant devant un théâtre illuminé.

— Pourquoi est-ce que je fais quoi ?

— Pourquoi est-ce que tu t'obstines à vouloir sortir avec un type qui ne te mérite pas ?

Je croisai les bras, muette de colère. D'une main, il me saisit le menton pour m'obliger à tourner la tête vers lui. Ses yeux bleus plongèrent dans les miens, avec une lueur douce, presque attendrie, et je me sentis chavirer. Malgré tout, je réussis à ne pas succomber complètement.

— Jaimee est quelqu'un de bien, affirmai-je. Il est courageux, et travaille très dur pour conserver l'héritage de son père.

Mon ton me parut peu convaincant, même à moi. On aurait dit que j'essayais de me trouver des raisons d'aimer Jaimee. C'était pitoyable. Depuis quand est-ce que les sentiments étaient une question de logique ?

— De toute façon, ça ne te regarde pas.

— S'il est si bien, dis-moi pourquoi tu hésites autant à coucher avec lui ?

Ses questions commençaient sérieusement à m'excéder. J'avais la sensation qu'il inversait les rôles.

— Ce n'est pas à toi de juger les hommes que je fréquente. Je suis assez grande pour décider avec qui je veux sortir.

Il se contenta de grogner, tandis qu'il bifurquait sur Oxford Street, tout aussi bondée de véhicules. Je commençais à en avoir assez.

— Dépose-moi près d'une station de métro, exigeai-je.

— Pas question.

Il soupira, en secouant la tête.

— Tu ne comprends donc pas ?

— Si. Je comprends que mon voisin s'arroge le droit d'intervenir dans ma vie, et que ce n'est pas normal.

— Je ne suis pas seulement ton voisin, et tu le sais très bien.

Toujours cette arrogance ! Je me mordis la lèvre inférieure, pour ne pas lui répondre. Il tourna si brutalement à un carrefour que je dus m'accrocher à ma ceinture. En arrivant sur Harrow Road, il se mit à rouler de plus en plus vite. Je jetai un coup d'œil au compteur, horrifiée. Mais qu'est-ce qui lui prenait ?

— Est-ce que tu serais en train de fuir une meute de filles lancée à tes trousses, par hasard ?

Il leva le pied, à mon plus grand soulagement.

— Je crois que j'ai besoin d'un verre, lança-t-il, le visage sombre. Mais je suppose que tu vas refuser !

— Absolument pas… Du moment que ce n'est pas dans un endroit trop huppé, ajoutai-je en désignant ma chaussure dépourvue de talon.

Il secoua lentement la tête, exaspéré.

— Tu es la fille la plus imprévisible que je connaisse. Tes réactions sont toujours déconcertantes ! Tu as l'art de me rendre complètement dingue, tu es au courant ?

Je pris cela comme un compliment.

Lorsqu'il atteignit Wembley, j'eus une petite idée de l'endroit où nous allions nous arrêter, et je ne me trompai pas. Swann parqua sa BM devant *The Irish Tavern*. Avec le nombre considérable de pubs existant à Londres, je me demandai furtivement pourquoi il choisissait cet établissement. Avait-il besoin d'un lieu où il avait ses repères, pour pouvoir me parler ?

Ou est-ce que je me faisais encore des idées ?

C'était plus probable.

En tout cas, ça me fit un peu bizarre d'y revenir en tant que cliente. Je ressentis même un soupçon de curiosité en boitillant derrière Swann, jusqu'à une table dans le fond de la salle. Qui m'avait remplacée ? À notre arrivée, une jeune femme rousse, plus petite et plus mince que moi, accueillit Swann avec des yeux gloutons. Elle m'effleura à peine du regard, mais je commençais à avoir l'habitude.

Ça ne m'agaçait – presque – plus.

— Vous prendrez ? minauda-t-elle en m'ignorant purement et simplement.

— Un irish coffee, s'il vous plaît, répondit Swann, indifférent à la fascination évidente qu'il exerçait sur elle. Quant à ma petite amie…

— Pareil, dis-je, ahurie.

Une fois la serveuse partie, Swann s'inclina vers moi, pour chuchoter.

— Je n'avais pas envie qu'elle reste là à m'observer pendant toute la soirée.

Ah, je comprenais mieux ! L'espace d'un instant, j'avais presque failli y croire… J'étais quand même heureuse que pour une fois, il m'ait épargné son grand numéro de séduction. La fille nous rapporta deux mugs fumants, avec une moue réticente.

Allez ma petite, va jouer ailleurs !

J'avalai deux longues gorgées brûlantes, pour me réchauffer.

— Ça fait du bien. J'avais froid.

Je parlais de choses banales, pour lui montrer que j'étais disposée à l'écouter. Mais je n'allais pas me lancer la première. Ça aurait été trop facile. Il but à son tour.

— Lina…

— Oui ?

Il y eut un silence, pendant lequel il reposa sa tasse en prenant ostensiblement son temps. Ses yeux se perdirent sur la fumée qui montait en volutes au-dessus de son mug.

— J'ai oublié de te féliciter pour ton livre.

— Merci, dis-je, un rien déçue.

Il jeta un coup d'œil en direction de la serveuse, qui prenait une commande à une table voisine, attendit qu'elle s'éloigne avant de continuer.

— Ça devient plus compliqué que je ne l'avais prévu. Tu vois ce que je veux dire ?

Je soupirai, incapable de contenir plus longtemps mon impatience.

— Tu pourrais arrêter de tourner autour du pot et être un peu plus clair ?

Il leva la tête, me décocha un regard assassin.

— Bon sang, Lina ! Tu le fais exprès, ou quoi ? Tu me plais, tu comprends ?

Je n'arrivais pas à croire ce que j'entendais.

— Je te plais ?

Il serra les poings, au bord de l'explosion.

— Tu ne t'en doutais pas ? C'est pour ça que je ne t'ai pas ouvert tout à l'heure.

— Je croyais que tu m'en voulais d'avoir été trop loin, dans le parc.

Prenant une grande inspiration, il parut se calmer.

— J'étais en colère contre moi, pas contre toi. J'ai eu tellement de mal à me contrôler, Lina. Quand tu dansais, j'ai bien cru que… j'allais me comporter comme le dernier des salauds et te sauter dessus !

Ses paroles faisaient écho à mon propre désir. S'il n'avait pas interrompu notre petit jeu, je l'aurais sûrement laissé faire, parce que c'était ce que je voulais. Sa confession enflamma mes joues, tout autant que le souvenir de mes mains avides sur son torse nu.

Et je ne t'aurais pas repoussé, pensai-je, sans oser le dire.

Je me concentrai sur ma boisson, yeux baissés, pour ne rien laisser transparaître. Tandis que je reposais le mug devant moi, je sentis sa main effleurer la mienne, juste un instant. J'en eus des frissons.

— Je voulais te laisser tranquille, vraiment, m'avoua-t-il. Mais ce soir, au théâtre, lorsque je me suis mis à imaginer ce mec en train de te toucher…

Il donna du poing sur la table, et je relevai les yeux, osant à peine respirer. Son regard tourmenté était la chose la plus sexy qu'il m'avait été donné de voir.

— Mais ça ne nous mènerait à rien, Lina. Il vaut mieux qu'on en reste là.

Une brusque bouffée de colère m'emporta. Il ne supportait pas qu'un autre homme me touche, mais il ne voulait pas de moi, non plus ! Qu'est-ce qu'il croyait ? Que j'allais demeurer chaste jusqu'à la fin de mes jours, juste – juste – pour lui faire plaisir ?

— Je veux rentrer.

J'attrapai mon sac et me levai, mais il se planta devant moi. Je sentis de nouveau son parfum.

— Je ne suis pas un homme pour toi. Je ne crois pas en l'amour.

Je déglutis, chamboulée par son regard, son odeur, la proximité de ses lèvres sensuelles.

— Pourquoi est-ce que tu penses toujours savoir qui est fait pour moi, et qui ne l'est pas ?

Il tendit une main vers mon visage, et je fermai les paupières. Je le sentis caresser mes cheveux, rouvris mes yeux à contrecœur lorsqu'il cessa.

— Parce que je te connais, répondit-il. Et je me connais. Là, maintenant, j'ai envie d'être avec toi. Mais je ne peux rien t'offrir d'autre. Je suis incapable d'aimer.

— Je sais.

— Sois honnête, Lina, ce n'est pas ce que tu veux, pas vrai ?

Sans attendre ma réponse, il s'éloigna pour aller régler nos consommations au comptoir, et sortir en flèche. Je me mis à le suivre en courant jusqu'à sa voiture.

Visiblement tendu et épuisé, il démarra en trombe, sans un mot, et je ne sus plus quoi dire. Tous les mots qui me venaient en tête me paraissaient ridicules.

Il roula si vite qu'il nous fallut à peine cinq minutes pour rejoindre Sudbury. Swann coupa le moteur, recula sur son siège, comme s'il attendait que je descende la première. Je détachai ma ceinture, les mains tremblantes, la poitrine étouffée par les émotions.

— Ne pleure pas, je t'en supplie, me souffla Swann, en se penchant vers moi.

Je relevai la tête, et tâchai de lui sourire. Il était incroyablement beau, mais ce qui me frappa le plus fut la tendresse inhabituelle qui adoucissait son regard. Il saisit mes mains gelées, et les frictionna vigoureusement entre les siennes.

— Tu vois, on n'a même pas couché ensemble, et je te brise déjà le cœur, déclara-t-il, non sans amertume.

— Je suis seulement fatiguée…

— Tu mens.

Je ne voulais pas qu'il se sente coupable, alors qu'il s'était toujours montré sincère envers moi. Je fis appel à mon piètre talent de comédienne pour faire diversion, et revenir sur un terrain dont nous avions l'habitude, et qui était susceptible de le rassurer.

— Le monde ne tourne pas autour de toi, Swann Geary !

— Donc, tu es en train de penser à ton petit directeur, c'est ça ? Crois-en mon expérience, ce type n'en vaut pas la peine !

— Eh bien, non, pas du tout ! Là, tu vois, j'en ai un peu ma claque de me faire des nœuds au cerveau à cause des mecs. En fait, aujourd'hui, j'ai appelé mon père. Je ne lui avais pas parlé depuis des années, et ça m'a fait quelque chose.

Il hocha la tête, apparemment convaincu par mes explications.

Mes larmes taries, j'ouvris la portière, satisfaite de voir Swann retrouver son expression amusée. Je voulais qu'il reste tel qu'il était. Insupportablement prétentieux, impertinent, mais franc comme personne. Je rentrai dans le hall, en le sentant derrière moi. Au moment où j'allais ouvrir ma porte, je l'entendis murmurer.

— Demain, je pars en Irlande pour quelques jours. J'ai des comptes à régler là-bas.

Je fis volte-face, éberluée. Je ne voulais pas qu'il parte, pas maintenant ! Mais je ne pouvais pas le lui dire de cette façon.

— Tu vas voir ta mère ?

— Oui. Je crois que c'est toi qui m'as aidé à prendre cette décision.

Je haussai les épaules, chagrine. Pourquoi est-ce que je faisais toujours tout de travers ?

— En te poussant à fuir !

— Non. Juste en étant là quand j'en avais besoin. Je crois que je n'ai jamais eu un anniversaire pareil, déclara-t-il, avec un sourire à tomber. Je ne suis pas près d'oublier ton petit numéro !

Je ne pus m'empêcher de pouffer. Mais aussitôt après, la réalité de son départ me remplit de désespoir. Ma gorge se serra. Je dus fournir un effort considérable pour ne pas tomber à ses pieds et le supplier de rester.

— Je suis vraiment heureuse si j'ai pu t'aider.

Je me mis à penser à Fred, à son coup de foudre pour Alessandro, au fait qu'elle n'avait pas hésité à tout quitter pour le suivre en Italie. Elle avait saisi sa chance, sans se préoccuper des conséquences. J'ignorais ce qui allait se passer avec Swann, j'ignorais surtout si je parviendrais à dompter mes sentiments, mais quoi qu'il arrive, j'assumerais. Il avait été clair : il ne pouvait rien me promettre. Je lui plaisais, c'était tout.

— J'aimerais bien t'accompagner, dis-je, le cœur battant la chamade. J'ai toujours rêvé de visiter l'Irlande, et ça pourrait aussi m'aider pour mon roman. J'aime faire voyager mes lecteurs.

Il plissa les yeux, en sondant mon visage.

— Tu es sérieuse ?

— Oui, acquiesçai-je, écarlate.

— Tu as conscience de ce qu'il risque d'arriver si on part ensemble, n'est-ce pas ?

Je hochai la tête, hypnotisée par les flammes qui dansaient dans ses yeux.

— Oui.

— Dans le bar, tu m'as affirmé que tu ne couchais jamais avec un homme sans l'aimer.

— Tout le monde peut changer ! Tu m'as fait découvrir une partie de moi que je ne connaissais pas.

C'était la vérité, et d'ailleurs, il sembla me croire.

— Toi, par contre, n'espère pas pouvoir me changer.

— Je n'en ai aucune envie.

Il parut hésiter, avant de parler.

— J'ai déjà essayé de te fuir, une fois, mais je n'y suis pas arrivé. Un dimanche, je suis allé chez toi pour te donner ta première leçon, comme promis. J'ai frappé, mais tu ne répondais pas, et la porte était ouverte. Comme je ne t'entendais pas, je me suis inquiété. Je suis allé dans ta salle de bains, et je t'ai vue… nue.

Oh, alors je n'avais pas rêvé ! Je devins si rouge que je crus m'évanouir. C'était le jour où Moira était venue lui rendre visite, et nous étions allées à Camden, parce que Swann s'était absenté sans explication. Je n'aurais jamais imaginé que ça pouvait être à cause de moi !

Il m'attrapa par la taille, et me plaqua contre le mur, avec une telle violence que j'en eus le souffle coupé.

— Tu peux me jurer que tu ne tomberas pas amoureuse de moi ? Je t'aime bien, Lina, je ne veux pas te faire souffrir.

Il y avait de la colère et de la douleur dans sa voix. Il semblait être vraiment effrayé à l'idée de me faire du mal. Sa sensibilité m'étonna, me toucha.

J'adoptai le ton le plus sincère qui soit, en croisant les doigts.

— Ne te fais pas des cheveux blancs pour rien, Swann. Comment est-ce que je pourrais aimer quelqu'un avec qui je n'ai rien en commun ?

Par chance, il n'avait pas lu ce que j'avais écrit à Guillaume, en parlant de personnes que tout opposait au départ, et qui finissaient quand même par s'aimer.

— C'est vrai, concéda-t-il. On ne partage rien, sauf une maison, et... une énorme envie de coucher ensemble.

Je levai les yeux au ciel.

— N'importe quoi ! Arrête un peu de te prendre pour un mec irrésistible ! Je n'ai jamais dit que je voulais coucher avec toi.

Il prit une voix de velours, qui me fit fondre.

— Tu n'as pas besoin de me le dire.

Il m'embrassa. Si pendant un moment, j'avais ressenti du remords en pensant à Kathleen et à Jaimee, il s'évapora instantanément à l'instant où Swann posa sa bouche sur la mienne. Il me serrait contre lui jusqu'à m'étouffer. Lorsque ses mains se mirent à vagabonder sur mon dos, puis mes fesses, ma respiration s'accéléra. Incapable de me contrôler, je passai une jambe autour de sa taille pour le sentir encore plus près. La robe fluide que je portais remonta.

— Promets-moi de ne pas t'attacher à moi, m'ordonna-t-il tout en m'embrassant avec une lenteur affolante.

C'est déjà fait.

Il passait le bout de sa langue sur mes lèvres, que j'entrouvrais, fébrile. Prenant son temps, sa main remonta de ma cheville, jusqu'en haut de ma cuisse.

— Je te le jure, bredouillai-je, le souffle court.

Je ne pus réprimer un gémissement, en sentant ses doigts soulever délicatement la dentelle de ma culotte.

— Swann, je t'en prie…

Contre toute attente, il s'écarta brusquement. Je le dévisageai, interdite.

— Merde, pourquoi faut-il que je te désire autant ? s'écria-t-il.

Avec un grognement rageur, il m'abandonna, pantelante au milieu du hall d'entrée, et monta l'escalier. Aucun bruit ne résonnait dans la maison, hormis celui de sa respiration forte et saccadée. En arrivant devant sa porte, il se retourna.

— L'avion décolle à 14 heures.

J'eus du mal à reprendre mes esprits.

— Et le billet ?

— Je vais m'en occuper.

Je repensai soudain qu'il venait d'être licencié de son travail.

— Il n'y a pas de raison…

— Ne t'en fais pas. J'ai un pote qui bosse dans une agence de voyages, et il peut me trouver des billets pour trois fois rien. Maintenant, rentre chez toi, parce que si tu restes là, à me regarder comme ça, je ne suis pas sûr de pouvoir répondre de mes actes. Et je n'ai aucune envie que notre première fois se passe dans un hall d'entrée.

Il disparut, en me laissant bouche bée.

Chapitre 19

Sur les planches, j'ai connu mes premières joies, mes premiers chagrins. Je suis même tombée amoureuse pour la première fois. Quand je suis sur les planches, rien ne peut m'arrêter. Mon cœur bat très fort, et je me sens vivante comme jamais. Un jour, j'ai tenté de l'expliquer à mon père, le grand lord Kinley.

— Je veux devenir danseuse professionnelle.

Il a retiré ses lunettes, et pincé les lèvres. Il avait aussi affiché cette expression lorsqu'il avait surpris Tom et George, deux de nos domestiques, en train de se peloter dans la cuisine, le mois précédent. Entre profond dégoût et fulgurante pulsion meurtrière.

— Emily, si tu abandonnes tes études, je te déshérite.

Le choix était délicat. Que valait la danse contre une fortune évaluée à plus de dix millions de livres, sans parler des propriétés ? Je n'ai pas hésité plus d'une demi-seconde.

— Garde ton fric, ai-je lancé en passant la porte.

Je levai un instant le nez de mon ordinateur, en entendant Swann soupirer. C'était un peu bizarre de me retrouver assise à côté de lui, dans l'avion qui nous emmenait vers Dublin. Jusqu'ici, nous nous étions toujours croisés de manière spontanée, sans avoir rien prévu à l'avance, ni organisé. Les phrases coulaient toutes seules, je n'avais eu aucun effort à fournir pour alimenter nos conversations. Mais là, pour la première fois, nous nous retrouvions assis côte à côte, mal à l'aise et muets comme des carpes.

En partant avec Swann, j'avais l'impression de faire quelque chose d'interdit et de terriblement osé. Dès que j'y pensais, je me mettais à rougir bêtement sur mon siège. Évidemment, je pensais à Kathleen et à Jaimee. Mais je n'éprouvais pas assez de culpabilité pour regretter mon choix. Le plus troublant était de savoir ce que Swann et moi projetions de faire pendant ce week-end irlandais.

Depuis la veille, je me sentais fébrile, à tel point que j'en avais préparé ma valise au milieu de la nuit, pestant devant ma « splendide » collection de culottes en coton. À peine une ou deux osaient arborer de la dentelle ! La honte ! J'avais foncé dès l'aube écumer les magasins de lingerie de Harrow.

Après avoir descendu un verre de whiskey, Swann regardait silencieusement à travers le hublot. Plus le temps passait, plus je le sentais se raidir sur son siège. Je me demandais si ça avait un rapport avec nous. En y réfléchissant, je me dis qu'il devait plutôt penser à sa mère, à cette entrevue qui approchait à grands pas. Il ne m'avait toujours pas dit pourquoi il la détestait autant, mais je n'osais pas lui poser la question. Je refermai mon ordinateur, imaginant un stratagème pour le distraire et reprendre nos marques. Je n'aimais pas le voir anxieux et triste.

J'eus soudain une idée, soufflée par une série américaine. *Dr House*, peut-être ?

— « Action » ou « vérité » ? m'écriai-je à brûle-pourpoint.

Il sursauta et se tourna vers moi, l'air surpris.

— Tu veux vraiment t'embarquer là-dedans ?

— Tout à fait. Dans mon immense générosité, je t'autorise même à commencer.

Son expression changea, ses yeux s'allumèrent, et il arbora son sourire mi-humain mi-fauve. Swann Geary était de retour. J'étais satisfaite, même si j'allais sûrement prendre cher.

— « Vérité », ronronna-t-il. Avec combien d'hommes as-tu couché dans ta vie ?

J'avais sottement pensé qu'il me poserait une question sur mon enfance, ma famille. Mais comme toujours, il esquivait les sujets importants, pour me parler de choses plus… érotiques. Puisque j'avais proposé le jeu, je ne pouvais pas me défiler.

— Tu vas te moquer, dis-je.

— Non, promis.

Je n'y croyais pas une seule seconde.

— Deux, murmurai-je.

Il m'examina avec fascination, comme si j'étais un animal de zoo, sympathique, espérai-je, mais quand même pas tout à fait normal.

— Sérieux ?

— Tu as choisi « vérité », non ?

— Et tu as quel âge ?

Je grognai, persuadée qu'il allait éclater de rire.

— Vingt-quatre ans.

Je me rendis compte avec étonnement que nous n'avions jamais abordé ce genre de questions toutes simples. Nous allions passer la nuit ensemble, sans nous connaître vraiment. C'était tellement aux antipodes de mes habitudes que je me demandais si Swann ne m'avait pas jeté un sort. Moi, Lina, j'allais faire l'amour avec un mec dont je ne savais finalement pas grand-chose, hormis ce qu'il voulait bien laisser transparaître. Mon angoisse venait-elle de là ?

— Et toi ?

— Vingt-cinq… Tu ne me demandes pas avec combien de filles j'ai couché ?

Je réfléchis. La curiosité me titillait bien sûr, mais d'un autre côté, je redoutais la réponse.

— Je ne préfère pas. C'est plus rassurant de me dire que tu n'as pas plus d'expérience que moi, même si c'est complètement faux. Laisse-moi me bercer d'illusions, s'il te plaît.

Soudain, tout s'éclaira dans mon esprit. Je venais de mettre des mots sur ce qui m'effrayait le plus, et la raison pour laquelle j'avais dépensé mes dernières livres en dessous affriolants. J'étais terrifiée à l'idée de le décevoir. Comment satisfaire quelqu'un comme lui ? Je n'étais pas une pro du sexe, je ne possédais pas tout un arsenal de techniques élaborées pour combler un homme.

Sentant peut-être mon malaise, il se pencha sur moi et m'embrassa dans le cou, avec gourmandise. Je remarquai le regard envieux de l'hôtesse, qui restait figée au bout de l'allée.

Eh ouais, il est à moi aujourd'hui !

— Tu ne dois pas penser à ça, Lina, me dit doucement Swann. Je ne veux pas que tu imagines que je te compare à qui que ce soit.

— Ce serait normal, murmurai-je. Les autres…

Il posa un doigt sur mes lèvres pour me faire taire.

— Lina, tu m'excites prodigieusement. Aucune autre fille n'arrive à me faire cet effet-là.

Dans mes rêves, je voulais que notre relation prenne un tournant un peu plus profond. Mais je savais pertinemment que ça n'arriverait pas.

— Arrête de te moquer de moi ! J'ai eu l'occasion de voir quel genre de filles tu fréquentes, d'accord ? N'oublie pas que j'habite dans la même maison que toi.

Kathleen, son corps de rêve, et sa peau cuivrée. J'avais beau ne pas être particulièrement complexée, il y avait quand même de quoi se sentir inférieure. Elle et Swann avaient-ils rompu ? J'étais trop lâche pour lui poser la question de but en blanc.

Il se remit à m'embrasser.

— Si je m'écoutais, on irait tout de suite dans les toilettes, et je…

Il me chuchota la suite dans le creux de l'oreille, tout en glissant une main sous mon chemisier. Je peinais à respirer normalement, obsédée par sa voix rauque et ses doigts qui se promenaient sur mon dos, mon ventre, se faufilant sous la ceinture de ma jupe… J'en oubliais complètement où nous nous trouvions, et surtout que nous n'étions pas seuls. L'avion aurait pu trembler de toutes parts, les autres passagers hurler à la mort, que je n'aurais pas levé le petit doigt.

Lorsque Swann s'écarta, il me fallut un long moment pour me calmer. Reprenant mes esprits, je jetai un regard paniqué à la ronde pour vérifier que personne ne nous avait vus. La vieille femme assise de l'autre côté du couloir dormait à poings fermés, sa bouche laissant échapper un concert de sifflements graves et aigus.

Swann avait encore gagné ! Je me tournai vers lui, proprement furieuse.

— Ça t'amuse ?

Il attendit quelques instants avant de répondre :

— Tu crois que je te fais marcher, c'est ça ? Lina, quand est-ce que tu vas commencer à me croire ?

Avec une expression rageuse, il attrapa ma main, et la posa sur la bosse durcie, en haut de son jean. Je la retirai, sans me presser, rouge de plaisir. Je ne me considérais pas comme une fille moche, mais je n'aurais jamais pensé pouvoir enflammer un homme aussi beau et expérimenté que lui. Au fond, je crois qu'une part de moi n'en revenait toujours pas de plaire à Swann.

Après quelques instants, et de profondes inspirations, il me décocha un sourire.

— « Action » ou « vérité » ?

J'avais tant de questions à lui poser. Quelle était sa couleur préférée ? Les plats qu'il aimait ? Comment était née sa passion pour la danse et le chant ? Mais en apprenant à le connaître, je craignais d'apprendre aussi à l'aimer. Sans doute valait-il mieux que je n'en sache pas plus sur lui. Comprendre qui était réellement Swann, sous son apparence, pouvait se révéler dangereux.

Mais je n'étais pas assez naïve pour ignorer les sentiments qui commençaient à naître en moi. J'éprouvai un besoin urgent et vital de les étouffer dans l'œuf.

— « Action »... Je veux que tu mettes la main aux fesses de l'hôtesse, là-bas.

Comme je l'avais prédit, il jubila. Il se leva pour échanger sa place avec la mienne, avant de héler l'hôtesse brune désœuvrée, qui se tenait bras croisés, aussi immobile qu'une statue. La belle accourut ventre à terre. « L'effet Swann », sans doute.

— Ma copine voudrait un verre d'eau, s'il vous plaît.

Elle se retourna, et je m'attendais à ce qu'il en profite. Mais il n'en fit rien. L'hôtesse nous rapporta le verre, avec un sourire affecté, puis retourna à son poste.

— Pourquoi ? demandai-je.

— Parce que je sais parfaitement ce que tu essaies de faire.

Je rougis, démasquée.

— On jouait, c'est tout !

— Écoute, Lina, je ne suis pas le mec que tu imagines. Et je n'ai aucune envie de caresser les fesses d'une autre femme lorsque je suis avec toi. Tu es magnifique et sexy. Et ce qui te rend encore plus magnifique et sexy, c'est que tu l'ignores…

Je ne pus réprimer un sourire, qu'il me rendit.

— J'ai loué une voiture pour aller à Galway. J'ai pensé que tu aimerais voir le pays.

Cette attention me toucha, et je déposai un baiser sur ses lèvres. C'était la première fois que je prenais l'initiative, et j'en éprouvai un certain malaise, après coup. Toujours ce sentiment déconcertant d'avoir brûlé les étapes, voire de faire les choses à l'envers.

— Ne rougis pas, Lina. Je t'autorise à faire tout ce que tu veux de moi… au moins pendant notre séjour.

Cette phrase me rappela que notre histoire n'était pas sérieuse, et qu'elle se terminerait, dans quelques jours, une semaine, un mois peut-être ? Nous étions justes des *sex-neighbours*, comme il existait des *sex-friends*, rien de plus.

— Tu parais triste, tout à coup, fit remarquer Swann.

Je me reprochai ma vague de nostalgie. Ça ne servait à rien d'anticiper. Il fallait au contraire profiter de chaque seconde passée avec lui. Pendant les trois jours à venir, j'allais être sa copine, entièrement et sincèrement, même si ce n'était qu'à durée déterminée.

— Ce n'est rien.

Mais le charme était rompu. Il ne souriait plus.

— Je voudrais te prévenir. Je risque de ne pas être facile à vivre pendant le trajet. Mais une fois que j'aurai balancé à ma mère tout le bien que je pense d'elle, je me consacrerai entièrement à toi. Tu me supporteras jusque-là ?

— Je crois que oui. Tu n'auras qu'à me dire ce que tu veux que je fasse. Si tu désires que je parle sans m'arrêter de la pluie et du beau temps, de mes ex, ou même de Miley Cyrus, je le ferai. Si tu préfères que je la boucle, aucun souci. Je peux devenir invisible.

Il m'embrassa.

— Surtout pas…

Il ne lâcha plus ma main jusqu'à la fin du vol, et ce fut ce geste-là, plus que n'importe quelle caresse étourdissante, qui me combla. C'était la preuve que nous partagions autre chose qu'une maison et une énorme envie de coucher ensemble.

Il y avait aussi de la tendresse entre nous, et il m'aurait été facile de tomber amoureuse de lui.

Si facile.

Mais je ne devais pas.

Dès notre atterrissage à l'aéroport de Dublin, Swann perdit complètement sa bonne humeur. Parlant à peine, il m'emmena jusqu'à notre voiture de location, un pick-up américain. Ce choix de véhicule m'étonna, tout comme l'accent qu'il parut retrouver en discutant avec le loueur de voitures.

C'était comme si, en revenant chez lui, Swann devenait quelqu'un d'autre.

La route s'étala bientôt devant nous comme un ruban infini se déroulant au milieu d'une mer verte. Je prenais mentalement des notes sur le paysage, chaque charmant village que nous traversions, les quelques visages burinés mais amicaux que j'entrevoyais au gré des carrefours, les murets en pierre sèche, si bas qu'un enfant aurait pu les enjamber.

Il se mit à pleuvoir, et l'herbe devint quasiment fluorescente sous le ciel noir.

À sa façon brusque de prendre les virages, à ses mains qui se serraient autour du volant, je devinais la nervosité grandissante de Swann, appréciant d'autant plus qu'il conduise sans se presser. Malgré son impatience d'en finir avec sa mère, il voulait me laisser le temps d'admirer les paysages. La pensée qu'il désirait aussi me montrer d'où il venait me traversa, mais je la chassai aussitôt. Je ne devais surtout pas me dire ce genre de chose. Swann n'était pas amoureux de moi.

— C'est magnifique, dis-je en l'observant du coin de l'œil.

Il se contenta de hocher la tête.

Il nous fallut un peu plus de deux heures pour rejoindre la côte ouest. L'air iodé emplit avec bonheur mes narines, tandis qu'à l'horizon, l'océan se confondait avec le ciel. Depuis que j'avais mis les pieds en Irlande, j'avais déjà engrangé une kyrielle d'images sublimes.

Le pick-up longea quelques cottages aux volets bleus, bordant les falaises, avant d'arriver à Galway. Je m'étais attendue à une ville calme et rurale, aussi je fus surprise de découvrir une foule d'étudiants déambulant dans les rues, au milieu de maisons colorées, de pubs et de boutiques aux façades en bois.

Swann trouva une place près de la rue principale, et coupa le moteur. Je le suivis à l'extérieur. Le ciel était désormais dégagé, et une fraîcheur mentholée caressait mes joues.

— Ma mère vit là-bas, m'expliqua-t-il en désignant un appartement situé au-dessus d'une épicerie peinte en violet.

Il avait l'air si perdu que j'eus du mal à ne pas le prendre dans mes bras. Il restait planté devant moi, hésitant, tandis que je me sentais déchirée intérieurement.

D'un côté, je mourais d'envie de l'accompagner. Je voulais le soutenir, lui montrer que je souhaitais être avec lui, même dans les moments moins fun. Mais l'autre partie de moi, celle qui pensait uniquement à se protéger, me criait de le laisser y aller seul.

Si je découvrais d'où venait Swann, si je partageais cette épreuve avec lui, je ne pourrais plus faire machine arrière. J'avais beau être convaincue de faire le bon choix, les mots qui sortirent de ma bouche n'en furent pas moins difficiles.

— Je vais faire un tour. Prends ton temps.

Était-il déçu ou soulagé ? Son visage était si fermé que c'était impossible à dire.

— Entendu.

Il m'embrassa à la hâte, presque brutalement, avant de s'éloigner. Pour me rassurer, je me répétai que c'était mieux pour moi. Pourtant, je le regardai marcher sur le trottoir, la gorge serrée, jusqu'au moment où il franchit une petite porte, près de l'épicerie.

Swann allait vivre un moment difficile, et ça me tuait de ne pas être avec lui.

Mon instinct me soufflait que s'il m'avait demandé de venir, ce n'était pas seulement pour coucher avec moi, ou m'éloigner de Jaimee. Bien sûr, j'avais peut-être tort. Mais je pouvais aussi avoir raison.

Oh et puis, merde !

Chapitre 20

Je le retrouvai en haut d'un escalier étroit et grinçant. En m'entendant, Swann se tourna vers moi, le visage tendu, si bien que je fus traversée par un doute affreux. Et si j'avais commis une erreur en le rejoignant ? Il allait m'en vouloir, peut-être même me dire de partir. Mais aussitôt après, il esquissa l'ombre d'un sourire.

— Elle ne veut pas m'ouvrir, marmonna-t-il les dents serrées…

— Tu es sûr qu'elle est chez elle ? dis-je doucement, en m'approchant de lui.

— J'ai vu de la lumière à travers les fenêtres, et je peux sentir l'odeur de sa putain de cigarette. Tu te rends compte, Lina ? Elle sait que je suis là, et elle continue de fumer tranquillement, derrière cette porte !

Il était blême de colère, et je commençais à le connaître suffisamment pour savoir jusqu'où cette rage pouvait le conduire. En même temps, je le comprenais. Comment supporter qu'elle refuse de le voir ? Je me mis à la haïr de toutes mes forces, et j'avais le cœur brisé pour Swann. Je déglutis pour refouler les larmes de frustration qui montaient dans ma gorge.

— C'est une garce, lançai-je, incapable de tenir ma langue, et me fichant complètement d'être entendue par sa mère.

Il posa ses mains de chaque côté de la porte, et soupira, la tête affaissée.

— Tu ne devrais pas assister à ça, Lina. Ça n'a rien d'agréable.

Il ne me disait pas de m'en aller pour autant, et je lui en fus reconnaissante. C'était comme si ma présence avait de l'importance à ses yeux. J'aurais voulu lui avouer ce que j'avais ressenti en le voyant partir seul. Mais pour la première fois depuis mon arrivée à Londres, les mots en anglais me parurent brusquement hors de portée.

C'était peut-être préférable.

— Ne t'en fais pas pour moi, dis-je simplement.

Il avait dû mettre tellement d'espoirs dans cette rencontre. Je souffrais avec lui de l'attitude méprisante de sa mère.

— Parle-lui à travers la porte. Elle t'entendra. Bon sang, tu n'es quand même pas venu jusqu'ici pour abandonner maintenant !

Il leva les yeux, et les garda rivés sur moi pendant un moment.

J'étais peut-être allée trop loin. Après tout, de quoi est-ce que je me mêlais ? Je ne connaissais pas l'histoire de Swann, et je n'étais même pas sa petite amie officielle. Encore une fois, je craignis d'avoir été maladroite, mais il me rassura d'une caresse sur la joue.

Puis, il se retourna vers la porte.

— Écoute…

Swann lui rappela le défilé des hommes dans cet appartement, le nombre incalculable de fois où il avait dû passer la soirée dehors pour leur laisser le champ libre. Plus il avançait dans son récit, et plus ma haine grandissait. J'imaginais Swann, enfant, livré à lui-même, et victime d'un insoutenable manque d'amour.

Il balbutiait par instants, ne trouvant plus ses mots, revenant en arrière.

— Est-ce que tu sais que j'avais souvent tellement faim que je faisais les poubelles ? Quel genre de mère peut permettre ça ?

Il continua de parler. Chacune de ses paroles résonnait dans ma tête, me lacérant un peu plus la poitrine. Je pleurais en silence, furieuse qu'il soit obligé de s'adresser à une porte close.

— Sais-tu pourquoi j'enviais tant mes copains à l'école ? Pas parce qu'ils avaient de beaux vêtements, ou des vélos neufs, non. Juste parce que leurs mères venaient les chercher, après la classe. C'est tout ce que j'aurais voulu…

Sa voix avait vacillé. Il se tourna brièvement vers moi, et je vis son expression défaitiste. Peut-être se disait-il que tout cela ne servait à rien ? Il paraissait en proie à une sorte d'agitation intérieure, qui ne lui donnait pas tant l'air triste que complètement perdu.

Sa mère ne répondit pas, et il baissa les bras.

— Mais en fait, le pire, c'était que je me sentais coupable. J'avais l'impression d'être un garçon horrible, monstrueux, qui ne méritait pas d'être aimé. Pour moi, c'était la seule explication. Si ma mère me détestait, c'était parce que quelque chose clochait chez moi. Tu sais ce que c'est de grandir avec ce sentiment ? J'ai tout fait pour que tu m'aimes, je voulais être le meilleur, pas pour moi, mais pour toi.

Il secoua la tête.

— Mais je survivrai. Je veux croire que je serai même heureux, un jour. Tu n'as pas réussi à me détruire. Cette semaine, j'ai eu vingt-cinq ans, et j'ai décidé qu'il était temps d'en finir avec tout ça...

Soudain, il donna un violent coup de poing contre la porte.

— Mais qu'est-ce que je croyais au juste ? Que tu allais t'expliquer ? Me demander pardon ? Bordel, ce que je peux être con ! Maintenant, tout ce que j'espère, c'est que je ne suis pas comme toi.

Je marchais dans les rues de Galway, main dans la main avec Swann, sans un mot. Je le sentais vidé. J'étais terriblement déçue de la manière dont les choses avaient tourné avec sa mère.

— N'aie pas pitié de moi, Lina, lâcha-t-il. C'est vraiment la dernière chose que je voudrais.

Je levai les yeux au ciel.

— Je te l'ai déjà dit, Swann Geary. Quoi qu'il arrive, je peux t'assurer que je n'aurai jamais, jamais pitié de toi.

Il m'attira à lui pour m'embrasser.

Ce baiser brutal n'eut rien à voir avec les baisers qu'il m'avait donnés dans l'avion. Il avait quelque chose de plus grave, de plus désespéré. Mais je ne reculai pas, au contraire.

Au coin d'une ruelle adjacente, je m'arrêtai devant une boutique vendant de ravissantes bagues traditionnelles ornées de mains tenant un cœur surmonté d'une couronne. L'enseigne indiquait « anneaux de Claddagh ». Il était aussi expliqué sur un petit écriteau disposé dans la vitrine que, selon la manière de porter la bague, la personne indiquait si elle était libre, ou non. Je trouvais ça follement romantique.

Swann murmura à mon oreille :

— Je suis sûr que tu sais qu'Angel en offre un à Buffy dans la série. Il souriait, et je compris qu'il allait mieux. Je le tapai à l'épaule.

— Arrête un peu de me charrier avec ça !... Non mais, sans rire, c'est vrai ? J'adore !

On aurait dit que je souhaitais qu'il m'en offre un, ce qui était faux. Swann eut soudain l'air gêné.

— Écoute, Lina, tu ne dois pas espérer...

Je laissai échapper un soupir d'agacement. Pourquoi fallait-il toujours qu'il me rappelle qu'il n'était pas amoureux de moi ? Il n'y avait rien de mal à rêver un peu, non ?

— Bon, je vais m'en acheter un. Attends-moi là.

Si j'avais cru naïvement que le moment que nous avions vécu ensemble avait créé une sorte de lien entre nous, Swann venait de me ramener brutalement sur Terre. J'étais impuissante à masquer ma colère.

Il me retint par le bras, m'obligeant à lui faire face.

— Lina, ne fais pas ça.

Tête tournée vers le magasin, je m'obstinais à ne pas croiser son regard, parce que ma colère s'était transformée en une immense déception, et qu'il allait certainement le lire sur mon visage.

— Regarde-moi, s'il te plaît, m'implora-t-il.

Adoucie par le timbre de sa voix, j'acceptai de lui obéir. Qui aurait pu lui résister ? Ses yeux reflétaient un tourment intérieur, de la souffrance, et j'eus mal pour lui. Je regrettais de m'être comportée comme une gamine vexée.

— C'est la première fois que je rencontre une fille comme toi, murmura-t-il en esquissant un sourire. Une fille belle, sensible, drôle… Tu m'intimides, tu comprends ? Je ne sais pas comment me comporter avec toi. Tu me fais perdre tous mes repères.

Alors que j'étais touchée par cet aveu, il secoua brusquement la tête.

— Je n'aurais jamais dû t'emmener avec moi. J'ai l'impression d'être un salaud et de profiter de toi.

— Si je suis ici, c'est que je l'ai décidé, Swann Geary. Je suis une grande fille, j'ai mon libre arbitre. Ce qu'on vit, c'est amusant, et super excitant. Un peu étrange peut-être aussi, mais passons... En tout cas, je t'interdis de gâcher ce moment avec des scrupules à la con, tu m'entends ?

— On peut encore tout arrêter, insista-t-il.

— C'est ça ! Et me priver de la nuit la plus torride de ma vie ? Hors de question !

Il sourit, tout en me dévorant des yeux comme si j'étais la fille la plus irrésistible de l'univers. Je baissai les miens, chamboulée.

— Je vais entrer en acheter un pour ma meilleure amie. Elle est comme moi, folle de Buffy.

Il m'enlaça par la taille et m'embrassa longuement, sans se préoccuper des passants, ni du vendeur qui nous observait avec intérêt, à travers la vitrine. Ma langue cherchait la sienne avec avidité, et il paraissait ne plus pouvoir se maîtriser. Ses mains glissèrent sur mes fesses, les prenant en coupe, et j'en redemandais encore, en me collant contre lui.

— Je crois que si on continue, la police va bientôt venir nous embarquer pour attentat à la pudeur, grommela Swann, en se détachant de moi, avec un regret évident.

Il saisit ma main et m'entraîna à l'intérieur de la boutique.

Le miroir accroché sur le mur de l'entrée me renvoya un reflet de pure débauche. J'avais du rouge à lèvres partout – sauf sur la bouche –, le teint rose, les lèvres gonflées, et les yeux luisants de désir. En avançant vers la vitrine centrale, je sentis aussi un étrange flottement sur l'une de mes hanches, que je ne compris pas tout de suite.

Oh non ! Ma culotte !

C'était un petit bout de satin noué sur les côtés, et fortement conseillé par la vendeuse de lingerie. « *Un vrai régal pour les hommes !* », m'avait-elle dit. Elle ne perdait rien pour attendre.

— Tu as l'air d'être au bord du malaise, fit remarquer Swann.

— J'ai un problème avec ma culotte, chuchotai-je. Elle va bientôt tomber à mes pieds. Qu'est-ce que je vais faire ?

Il pouffa.

— Merde Swann, ce n'est pas drôle ! m'énervai-je. Je la sens glisser ! Tout le monde va la voir !

Il me répondit entre deux éclats de rire.

— Je crois que je vais pouvoir arranger ça. Rapproche-toi de moi, je me tiens prêt à réceptionner l'engin.

Lorsque ma culotte atterrit finalement sur ma chaussure, je levai aussitôt un pied pour m'en débarrasser. Swann la ramassa, l'air de rien, et la fourra dans sa poche comme s'il s'agissait d'un vulgaire mouchoir.

Nous étions tous les deux hilares en sortant du magasin.

— C'est bon. Tu peux me la rendre, maintenant, dis-je, une fois sur le pas de la porte.

Il se pencha à mon oreille.

— Hors de question. Je l'ai, je la garde.

Après mes emplettes, Swann m'emmena sur le port, dans un petit restaurant discret. L'ambiance à la fois simple et cosy m'enchanta, tout comme les bougies allumées sur les tables. J'avais rêvé de pouvoir un jour discuter avec Swann dans un endroit comme celui-ci. À notre arrivée, un jeune serveur en tablier, à la silhouette juvénile et dégingandée, vint nous accueillir et prendre nos commandes. Swann opta pour la même chose que moi, une soupe de poissons, malgré un plat du jour alléchant, un *irish stew*, ragoût d'agneau traditionnel.

Je ne voulais pas m'endormir sur mon assiette à la fin du repas, et c'était ce qui risquait d'arriver si je mangeais un plat trop lourd.

Le serveur ne semblait pas décidé à partir. Il continuait de me considérer, en souriant.

— Et vous attendez quoi au juste ? Vous n'avez rien d'autre à faire ? le rabroua Swann.

Le jeune homme balbutia quelques mots, avant de disparaître, son carnet à la main. Je me mis à scruter Swann d'un air surpris.

— Je n'aime pas la façon dont ce merdeux te regarde, m'expliqua-t-il.

Je n'en croyais pas mes oreilles. Était-il réellement jaloux ?

— Mais ce n'est qu'un gamin ! m'étonnai-je.

— Et tu sais à quoi rêvent *les gamins* le soir, dans leur lit ? Ils rêvent qu'ils couchent avec des filles comme toi.

— Des « filles comme moi » ?

— Des filles qui ont des formes à caresser, des cuisses qu'on a envie d'ouvrir, des fesses qu'on veut saisir à pleines mains, des...

— Je crois que j'ai saisi, là, l'interrompis-je, rougissante.

— Non, laisse-moi terminer. Je voulais dire : des yeux incroyables, et un rire sale.

M'interrogeant sur le sens précis qu'il donnait au mot « dirty », je fronçai les sourcils.

— « Sale » ?

— J'adore ton rire. C'est le son le plus érotique que j'aie jamais entendu.

J'aurais vraiment voulu ne pas être touchée par son compliment, mais c'était bien au-delà de mes forces. Le serveur nous apporta nos verres à la vitesse de l'éclair, sans oser lever le nez.

Le pauvre !

— Et si on apprenait à se connaître, avant de se rouler comme deux bêtes sauvages sous une couette ?

lançai-je, en dégustant mon vin blanc doux qui coula avec volupté le long de ma gorge.

J'éprouvais le besoin de parler de notre prochaine nuit avec légèreté, sans émotion, comme de quelque chose d'anodin et de banal. Après tout, le monde ne s'arrêterait pas de tourner parce que Swann et moi allions faire l'amour. Ce serait juste une aventure.

— Je crois que tu en sais plus sur moi que la majorité des gens, répondit Swann. Il n'y a que Moira qui me connaisse aussi bien.

Il était encore plus beau à la lueur des bougies, ce que je n'aurais pas cru possible. Son sourire et son regard me subjuguaient. Ce soir-là, il aurait pu me demander n'importe quoi.

— Oui, dans un sens. J'en sais désormais beaucoup sur l'endroit où tu es né et la façon dont tu as grandi. Mais pas sur des choses toutes simples… Par exemple, quelle est ta série télé préférée ?

— Devine.

Je m'y attendais, et passai en revue les possibilités.

— Une série sexy, genre *Nip/Tuck* ? Ou alors, un truc gore… *American Horror Story* ?

Il sourit, prenant un malin plaisir à me laisser cogiter.

— *Sex & the City*, peut-être ?

— Nan, nan.

— Je donne ma langue au chat.

— J'aime beaucoup *Brothers & Sisters*.

Il aurait pu me répondre *La Petite Maison dans la prairie* que je n'en aurais pas été plus éberluée.

— Tu te moques de moi ?

— Pas du tout. J'ai toujours rêvé d'avoir une famille pareille, une mère qui veille sur ses enfants, même lorsqu'ils deviennent des adultes. Ça doit être génial de pouvoir compter sur ses frères et sœurs, de ne jamais se sentir seul face aux épreuves de la vie… Ça te surprend, on dirait ?

— Un peu… mais je crois que je comprends. J'aimerais bien avoir une famille comme celle-là, moi aussi. Le souci, c'est que je me demande si ça existe vraiment.

Il y eut un silence, chacun restant momentanément perdu dans ses pensées.

— Et toi ? Je parie que c'est encore un truc à l'eau de rose, s'amusa Swann, mais sans méchanceté.

— Eh bien, non. Figure-toi qu'en ce moment, je raffole de *Breaking Bad*.

— Je ne connais pas. Raconte.

Je lui résumai l'histoire qui, au départ, ne m'avait pas du tout attirée, lui parlai du talent de l'acteur principal, et de la manière dont j'avais fini par devenir fan.

— Il est incroyable… Quand est-ce que tu as su que tu voulais devenir…

Je cherchai un intitulé précis :

— … chanteur-danseur-comédien ?

— Souvent, quand j'étais petit, j'allais me réfugier chez Moira, qui habitait juste en face. Sa mère aimait les comédies musicales. Elle pouvait regarder des DVD à longueur de journée, en repassant, en cuisinant. Elle connaissait toutes les chansons par cœur ! Au début, je trouvais ça débile. Je me disais que c'était un truc de filles, enfin tu vois le genre de chose que pourrait penser un petit mâle de dix ans qui se prend déjà pour un vrai mec. Je crois que c'est comme ça que tout a commencé. Un jour, une prof à l'école m'a dit que j'avais une belle voix, et un certain don pour la danse. J'y ai vu une manière d'échapper à mon destin... Les filles commençaient toutes à me courir après, aussi. J'ai flairé le bon filon ! Je me voyais déjà en star adulée par les femmes.

— Ça ne m'étonne pas de toi !

Un voile de tristesse assombrit brièvement son visage.

— Je pensais aussi que si je devenais célèbre, ma mère serait enfin fière de moi... Tu connais le film *Billy Elliot* ?

J'opinai.

— Je l'ai vu pour la première fois quand j'avais dix ans, poursuivit-il. Il y a cette scène à la fin, où le père et le frère de Billy viennent le voir danser sur scène. Le soir, avant de m'endormir, j'imaginais que j'étais à sa place, et que ma mère m'applaudissait, le regard ému. C'était très con.

— Je trouve au contraire que c'est très touchant.

Toujours aussi penaud, le petit serveur nous apporta nos bols de soupe, qui dégageaient un appétissant fumet. Il posa maladroitement un plateau chargé de tranches de pain brun, avant de déguerpir. Du rock irlandais à peine audible se diffusait dans la salle, et les autres clients parlaient aussi doucement que Swann et moi.

Je me sentais merveilleusement bien. Il plongea son regard dans le mien.

— Et toi, quand as-tu compris que tu voulais devenir écrivain ?

— Je l'ai découvert lorsque j'avais sept ans. Notre professeur nous encourageait à raconter par écrit nos vacances et nos week-ends. Bon, j'ai toujours eu une bonne imagination aussi. Le soir avant de m'endormir, je m'inventais des histoires. À la maison, il y avait souvent beaucoup de tension entre mes parents, et ça me permettait de m'évader, tu comprends ?

Il hocha la tête, l'air sincèrement intéressé.

— Mais tu pourrais écrire autre chose. Pourquoi des romances ?

Je baissai timidement les yeux.

— Parce que dans la vie, les histoires d'amour ne sont jamais aussi belles que dans les livres.

J'éprouvai le besoin urgent de changer de sujet.

— Au fait, tu ne m'as jamais dit comment tu avais appris le français ? Une ex-petite amie *made in Paris* ?

Il termina sa bière.

— Non. Une fois, j'ai joué dans une pièce au collège. C'était une adaptation des *Misérables*. J'aime beaucoup ta langue, mais je suis loin de la maîtriser. Est-ce que ton pays te manque ?

J'avalai une première cuillerée de soupe. Elle était aussi délicieuse et épicée que le laissait présager son odeur. On sentait que le chef prenait à cœur de cuisiner avec des ingrédients frais.

— Pas du tout. Je regrette juste d'être loin de ma meilleure amie. Elle s'appelle Fred, et en ce moment, elle est folle amoureuse d'un Italien pour qui elle a tout quitté. J'espère qu'elle ne tombera pas de haut si jamais ça s'arrête.

Swann approuva d'un regard. Il attrapa ma main, glissa ses doigts en éventail entre les miens. À cet instant, une femme entra dans le restaurant, en apportant avec elle une bouffée d'air froid et iodé. Grande et brune, elle ressemblait vaguement à Kathleen. Je fermai un instant les paupières pour la chasser de mon esprit.

Non, ne pense pas à elle, pas maintenant !

Je me sentais horrible, malhonnête. J'essayai de me rassurer en me disant qu'elle et Swann n'étaient sûrement plus ensemble, mais je ne pouvais pas en être certaine à moins de l'interroger, ce que je refusais.

Je ne pouvais pas imaginer que j'avais brisé leur couple, d'une manière ou d'une autre. Je ne pouvais pas non plus me dire que j'étais seulement un « entracte » pour Swann. Dans les deux cas, je me serais détestée.

Tandis que je continuais de déguster mon repas, Swann s'était figé, le regard rivé sur moi.

— J'étais en train de penser au fait que tu ne portais rien sous ta jupe.

— J'ai quand même des bas ! objectai-je, bêtement.

Il afficha une expression féline.

— Hum, encore plus excitant… Et si on partait ?

Je ne me le fis pas dire deux fois.

J'avais eu peur qu'il m'emmène dans un hôtel. Faire l'amour dans une chambre froide et impersonnelle, comme un couple adultère, aurait gâché la magie. Lorsque Swann me conduisit dans l'un de ces charmants cottages blancs surplombant l'océan, je fus folle de joie.

Sur le perron, il me prit par la main, et m'entraîna à l'intérieur.

— C'est la maison d'un ami. Il me la prête pour la semaine. J'aurais voulu pouvoir t'offrir un palace, mais… enfin, tu sais.

Ce manque d'assurance me troubla. Je n'étais pas habituée à le voir douter, mais je repensai à ce qu'il avait vécu avec sa mère. Quelque part en lui devait subsister ce petit garçon qui faisait tout pour être aimé.

— Oh, les palaces ! plaisantai-je. Tout ce luxe, ces employés qui se plient en quatre pour vous, cette bouffe incroyable, pouah, ça me dégoûte !

Je grimaçai, et il se mit à rire. Reprenant mon sérieux, j'ajoutai :

— J'ai toujours rêvé de pouvoir m'acheter une petite maison comme celle-ci, au bord de l'océan. J'y écrirais mes romans, au son des vagues, et le soir, après ma journée de travail, j'irais déguster un irish coffee sur le port... Tu ne pouvais pas me faire plus plaisir.

Il baissa la tête, pas assez vite cependant pour masquer le sourire qui se profilait sur ses lèvres.

— Moi, je crois, au contraire, que je peux te procurer beaucoup plus de plaisir, dit-il.

Lorsqu'il me regarda, ses yeux brillaient d'une lueur animale.

— Vantard ! criai-je.

— Attends, tu vas voir.

Il me poussa contre un mur de l'entrée, et m'embrassa éperdument. La sensation de sa langue dans ma bouche, et de ses mains sur mon corps, me donna des vertiges. J'étais totalement à sa merci.

Il me conduisit jusqu'à une chambre du rez-de-chaussée. L'endroit était adorable, cosy, et meublé avec goût, mais je ne m'attardai pas à l'observer plus d'une seconde.

Sans bouger, Swann demeura un moment debout à me regarder, à la lueur du plafonnier, comme s'il attendait que je me déshabille. Une vague de nervosité me submergea. J'aurais voulu me ruer sur l'interrupteur pour me réfugier dans l'obscurité.

Il s'approcha de moi, et me prit la main.

— Tu trembles ?

J'avais conscience qu'il m'avait déjà vue dénudée, à mon insu, mais les circonstances étaient différentes, cette fois. Je devais combler son désir, et j'avais affreusement peur de le décevoir.

— Ça te dérange si on éteint la lumière ?

Il m'incita à m'asseoir près de lui, sur le lit.

— Lorsque j'ai trop le trac avant une audition, Moira me détend grâce à un jeu de rôles. Elle, elle est l'artiste, et moi, je deviens le producteur… Qu'est-ce que tu dirais de jouer Buffy ?

Je ne pus m'empêcher de sourire.

— Et tu accepterais d'être Angel ?

— Pourquoi pas ? Il était plutôt beau mec, non ? Bon, raconte-moi ce qui te faisait tant rêver à propos de leur relation ?

— Eh bien, d'abord, c'était leur histoire d'amour impossible… Elle, c'était la tueuse de vampires, lui son ennemi mortel. Pourtant, ils étaient irrémédiablement attirés l'un par l'autre. Mais si Angel couchait avec elle, il risquait de perdre son âme.

— Donc, il la voulait désespérément, mais c'était dangereux pour lui ?

— Oui.

— Et la jalousie le dévorait. Lorsqu'il pensait à tous ces hommes qui pouvaient aimer Buffy sans contrainte, et en plein jour, ça le rendait fou.

Swann inspira profondément, comme pour se mettre dans la peau de son personnage, allant jusqu'à modifier le timbre de sa voix. L'expression de son visage devint tourmentée. On aurait dit qu'il souffrait vraiment intérieurement. C'était saisissant.

— Buffy, tu ne dois pas rester là. Va-t'en. Je ne veux plus jamais te revoir.

J'ignorais s'il avait vu un épisode de la série, mais il était tellement bon acteur que je me pris au jeu.

— Angel, je n'en peux plus. Je t'aime. La nuit, je rêve de toi, tu me touches, et je…

Il m'attrapa les poignets.

— Tais-toi !

— Angel, fais-moi l'amour.

— Non.

Cette réplique cinglante faillit me vexer réellement. Je dus me rappeler que nous étions en train de jouer.

— Tu ne me trouves pas assez désirable, c'est ça ? Je suis quoi pour toi ? Un jouet ?

— Tu es l'être le plus sexy du monde… Tu ignores à quel point j'ai envie de toi, toutes les fois où je mords mon oreiller pour ne pas hurler.

Il émit un grognement.

— Je vais te caresser, mais nous ne devrons pas aller plus loin. Tu me le promets ?

— Oui…

Il s'agenouilla en face de moi, et ouvrit lentement mon chemisier, un bouton après l'autre. Son visage était si proche que je pouvais sentir son souffle sur ma peau.

— Tu es si belle.

Il dégrafa mon soutien-gorge. Lorsqu'il posa ses lèvres sur mes seins, j'eus un hoquet de surprise, et mon cœur s'affola. Je passai mes mains avides sous sa chemise. Comme l'autre soir, dans le parc, je sentis sa peau brûlante, et ses muscles frémir. Comme l'autre soir, ce pouvoir me grisa. C'était troublant, et terriblement excitant. Je caressai son torse, descendis de plus en plus bas.

— Juste des caresses, n'oublie pas, murmura-t-il. Ça ne doit pas aller plus loin, Buffy. Tu sais que je ne pourrai pas…

— Je sais. Mais touche-moi, Angel, je t'en supplie. Ma peau me brûle.

Il semblait à bout de souffle, comme s'il déployait des efforts considérables, rien que pour respirer. Notre petit jeu me plaisait de plus en plus. J'en oubliais ma crainte d'être vue en pleine lumière.

Lorsqu'il se mit à sucer mes mamelons, je poussai un gémissement en me cambrant et en enfonçant les doigts dans ses cheveux. L'une de ses mains se posa sous ma nuque, l'autre se glissa entre mes cuisses, remontant ma jupe par le même mouvement. Ses doigts trouvèrent mon sexe, l'effleurèrent, puis s'y aventurèrent d'une manière experte et affolante.

— Je te désire à un point que tu n'imagines même pas, souffla-t-il. Mais je ne peux pas, tu comprends ? Je ne peux pas te donner ce que tu demandes.

Était-il Angel, ou Swann ? Tout se confondait dans mon esprit.

Il joua avec mon clitoris, puis sans cesser cette caresse qui me rendait folle, il enfonça sa main de plus en plus profondément, dans les replis de mon intimité. La sensation de ses doigts fermes, qui allaient et venaient, était insupportable.

— Viens, je t'en prie.

— On ne doit pas, Buffy. On ne doit pas.

— Je n'en peux plus…

Je défis sa ceinture, les mains tremblantes, et libérai son sexe gorgé de désir. Je vis son pouls rapide battre le long de sa gorge, son regard se fit fiévreux. En sentant mes doigts timides et chauds frôler son membre, il laissa échapper un gémissement, lèvres entrouvertes.

— N'aie pas peur, Buffy, j'aimerai tout ce que tu vas me faire.

Encouragée, je prolongeai ma caresse. Il se cambra, le souffle court.

— Mon Dieu, je vais… Non, attends.

Il se redressa brusquement pour se débarrasser de sa chemise, et de son jean, puis il m'aida à ôter ma jupe. Haletante, j'écartai les cuisses, ivre de désir.

Il s'étendit au-dessus de moi, mais sans me pénétrer encore, il promena ses lèvres sur mes cheveux, mes oreilles, mon cou. Je me mis à onduler les hanches en me frottant contre lui.

— Swann, je t'en supplie. Arrête de jouer !

— Tu me rends fou, Lina.

— Toujours cette fâcheuse tendance à inverser les rôles, Swann Geary !

— Tais-toi !

Il plaqua sa bouche sur la mienne avec un grognement, et enfin – enfin – d'un coup de reins, céda à mes suppliques.

Au milieu de la nuit, je m'éveillai allongée, dans le lit. Je n'avais pas froid, Swann avait dû remonter la couette sur mes épaules, pendant que je dormais... Je tâtonnai, surprise de ne pas le trouver. Il était peut-être sorti fumer ? En tendant l'oreille, j'entendis des murmures provenant du couloir.

— Mais non, Kathleen... Oui, je sais que tu as des sentiments pour moi...

Il devait être au téléphone. Je ne parvenais pas à entendre tout ce qu'il disait. Mais au fond, quelle importance ? J'ignorais si c'était elle qui l'avait appelé, ou l'inverse, s'ils avaient vraiment rompu, ou non, ou si elle essayait de le récupérer. Tout ce qui m'importait, c'était cette brûlure insupportable que je ressentais au fond de ma poitrine.

J'étais jalouse, jalouse à en crever.

Après un moment, Swann revint s'étendre à mes côtés, me serrant étroitement contre lui, avec un soupir. Comme je lui tournais le dos, il ne pouvait pas voir que j'avais pleuré.

Je fuis bien avant l'aube, l'abandonnant profondément endormi. J'aurais voulu le toucher, l'embrasser, une dernière fois, mais je savais que si je cédais à cette envie, je n'aurais plus le courage de partir.

Swann,

Désolée d'avoir pris la voiture (je te rembourserai la location), mais il fallait que je parte. Tu n'as rien à te reprocher. Je m'en vais parce que si je reste, je vais rompre ma promesse. Et le dernier truc que je voudrais, c'est que tu m'ajoutes à l'interminable liste de toutes les filles tombées raides dingues de toi ! Un jour, j'en suis certaine, tu réaliseras tes rêves. Ce jour-là, je me tiendrai assise dans le fond de la salle, et tu ne me verras pas. Je me ferai toute petite pour venir t'applaudir en secret.

Je ne regrette absolument rien. Je pourrais vivre mille vies, je repartirais mille fois avec

toi. Ce que tu m'as donné, aucun autre homme ne me l'avait donné avant toi.
Sois heureux, Swann. Tu le mérites.

Je t'embrasse,
Lina

P.-S. : Si tu parles de l'épisode de la culotte à qui que ce soit, je te tue.

Je roulais à fond, la tête vide, me focalisant uniquement sur les indications du GPS. Le soleil levant faisait scintiller les champs recouverts de rosée, mais je demeurais hermétique à la beauté du paysage. Je passais les vitesses machinalement comme un robot, tandis que la fatigue me gagnait.

Au détour d'un village, je fis une halte dans un pub pour boire un café. Voyant sans doute mon air hagard, le patron m'apporta une cafetière pleine, et un plateau de toasts recouverts de confiture.

L'estomac rempli, je me sentis assez forte pour rallumer mon téléphone, éteint depuis la veille. Je voulais mettre les choses au clair avec Jaimee, et lui dire que c'était terminé entre nous, même si ça n'avait pas réellement commencé. Je n'étais pas sûre de trouver les mots justes, et j'avais peur de lui faire du mal. Lorsque je tombai sur son répondeur, j'hésitai un instant. Était-ce le genre de choses qu'on pouvait annoncer dans un message ? Sûrement pas.

Mais par lâcheté peut-être, je souhaitais en finir au plus vite. Je me disais aussi qu'il méritait au moins ça. De l'honnêteté.

— Bonjour, Jaimee, c'est Lina…

Il appartenait à mon passé. C'était un joli souvenir, mais des années s'étaient écoulées, je n'étais plus la même, et lui non plus.

Cette première étape achevée, je consultai mon répondeur. Fred avait essayé de m'appeler. Douze fois. Il avait dû se passer quelque chose de grave. J'écoutai son dernier message, l'angoisse au ventre.

« Lina, mais pourquoi tu ne décroches pas ? Je suis tellement mal, Alessandro et moi, c'est fini ! Je suis rentrée à Paris… (Elle pleurait, ce qui me fendait le cœur.) C'est horrible, je me sens si seule sans lui… Je ne sais pas si je vais pouvoir surmonter ça, Lina. Je ne sais pas… J'ai envie de mourir. »

Chapitre 21

— J'espère que tu es plus doué avec les fermetures Éclair, ai-je gloussé, tandis qu'Angel se débattait avec la serrure.

— Aucun doute là-dessus, m'a-t-il rétorqué, le regard amusé.

La porte s'est ouverte avec un grincement. Il m'a plaquée contre le battant, en m'embrassant fougueusement. Sans prendre la peine d'allumer la lumière, il m'a arraché mes vêtements.

— Tu sais que c'est mon anniversaire, aujourd'hui ? ai-je lancé, tandis qu'il me poussait vers le lit.

Il a haussé un sourcil surpris.

— Et de quel genre de cadeau as-tu envie ?

— Tu as de la chance, j'en désire un qui ne coûte rien. Je voudrais t'attacher.

Il a hésité pendant quelques instants. J'ai vraiment cru qu'il allait refuser.

— Entendu, ma belle.

Qu'un homme tel qu'Angel Carlisle accepte d'être à ma merci m'a profondément touchée. Ça valait mieux que n'importe quelle déclaration. Il s'est allongé, et j'ai défait sa ceinture, tandis qu'il ne me quittait pas des yeux…

J'imaginai cette scène, dans l'avion qui m'emmenait à Paris. Après être descendue comme une folle à l'aéroport de Heathrow, j'avais attendu pendant plus de trois heures qu'une gentille employée de British Airways me trouve une place pour la France. Je lui avais expliqué mon histoire, et elle m'avait écoutée d'un air compatissant, tout en lorgnant sur la file de clients qui s'étirait derrière moi.

J'avais essayé d'écrire pendant le vol, histoire de me calmer.

À peine débarquée, je courus prendre un RER, puis le bus, jusqu'à l'appartement de Fred, situé près de Montmartre, avec la vague impression d'avoir été emportée par un tourbillon. La veille, je me promenais dans les rues pittoresques de Galway, main dans la main avec…

Non, ne pense pas à lui maintenant. Plus tard, ça te fera moins souffrir, peut-être.

Lorsque je sonnai à la porte de son appartement, et qu'Axel, son colocataire, m'ouvrit, je me sentais si fourbue que je ne sus quoi lui dire, hormis un « salut ». Axel se contenta de me faire entrer, et de me désigner le canapé. J'y pris place, soulagée de pouvoir enfin poser mon sac.

— Fred est dans sa chambre, m'indiqua-t-il, en m'offrant un verre de jus d'orange. J'ai aperçu un mec tout à l'heure.

Je n'y comprenais rien.

— Un mec ? Mais quel mec ? Alessandro ?

Il fit une grimace.

— Je ne crois pas. Ce mec-là est dégueu, et il a une tronche à faire peur, genre qui aime bien les substances illicites, si tu vois ce que je veux dire. Je me demande où elle l'a pêché.

Moi aussi, je me demandais bien où elle l'avait déniché, d'autant qu'un mec crade amateur de fumette – voire d'autres choses – n'était pas le genre habituel de Fred. Mon verre terminé, je me levai pour faire le tour de l'appartement. Le comptoir de la cuisine était jonché de bouteilles vides, deux de vodka, une de whiskey et plusieurs de vin. Devant mon visage réprobateur, Axel haussa ses épaules osseuses sous son tee-shirt. Il appartenait à une espèce en voie de disparition, celle des garçons gentils et sérieux. La colocation avec Fred s'était toujours bien passée.

— Pas besoin de me faire la morale, Lina. Ce n'est pas à moi. Fred n'a pas dessoûlé depuis trois jours.

J'avais du mal à le croire, Frédérique n'ayant jamais été une grosse buveuse. La seule fois où elle s'était risquée à mélanger les alcools, lors d'une fête au lycée, j'avais dû lui tenir la tête pendant le restant de la nuit au-dessus de la cuvette des toilettes.

Je traversai le salon recouvert de parquet, et le couloir menant jusqu'à sa chambre, puis frappai à sa porte. Pas de réponse. Je réitérai, un peu plus fort, et j'entendis une voix masculine qui me répondit d'un ton étouffé d'aller me faire voir.

Furieuse, je tournai la poignée, prête à en découdre, même si la possibilité qu'il soit balaise comme une armoire, et peut-être dangereusement défoncé, m'incita à rester sur mes gardes.

— Fred, tu es là ?

Je m'efforçai de ne pas regarder dans la pièce – au moins les cinq premières secondes. Mes yeux glissèrent d'eux-mêmes sur un soutien-gorge accroché au lustre telle une guirlande de noël, l'écran d'ordinateur étant lui décoré d'un string. La chambre empestait l'alcool et le renfermé.

Étendue à plat ventre sur le lit, et entièrement nue, Fred ronflait la bouche ouverte, les cheveux sales et emmêlés. Un type au teint blafard, à moitié endormi, était allongé à côté d'elle. Par chance, il portait un caleçon – en admettant que cette serpillière répugnante et trouée puisse porter ce nom. Comment Fred avait-elle pu coucher avec… ça ? La simple idée qu'il l'ait touchée me flanqua la nausée. La couette gisait en boule sur le sol, près de la porte de la salle d'eau.

Au bord de l'asphyxie, j'ouvris les doubles rideaux et la fenêtre en grand. Le mec poussa une succession de jurons, en clignant des yeux sous les rayons du soleil.

— Merde, mais c'est qui cette salope qui vient nous emmerder ?

L'insulte me fit oublier mes peurs. J'explosai.

— Espèce de connard ! Maintenant, tu te casses, ou j'appelle les flics !

J'ignorais s'il avait des drogues sur lui, ou s'il craignait la police, mais sur le coup, je n'avais pas trouvé d'autre moyen de me débarrasser de lui.

— Et ta copine ? riposta-t-il, en posant une main aux ongles immondes sur la fesse de Fred. Elle n'a pas son mot à dire ? Je ne crois pas qu'elle ait envie que je m'en aille…

Horrifiée, je sortis mon téléphone, et commençai à composer un numéro. Le mec se leva en grognant, dégageant d'insupportables relents de sueur à chacun de ses mouvements. Je tâchai de ne pas lui montrer à quel point j'étais soulagée qu'il parte sans faire d'histoires.

— C'est bon, je m'en vais, dit-il. Mais il n'y a pas d'embrouilles, ta copine et moi, on a juste pris du bon temps.

— Dégage !

Ce « déchet » osa me sourire.

— Je peux quand même prendre une p'tite douche, non ?

Je me dressai de tout mon corps, pour lui barrer le passage. Il mesurait une vingtaine de centimètres de plus que moi, mais il était affreusement maigre, et il titubait.

— Je ne crois pas, non. Tu comprends, je ne voudrais pas avoir à la désinfecter à l'eau de Javel, après, lançai-je en faisant une grimace. Merde, tu ne comprends pas le français, ou quoi ? Casse-toi ! Maintenant !

Il s'abaissa pour me faire une révérence grotesque.

— OK, OK, pas la peine de t'énerver, la rouquine.

Je ramassai ses vêtements étalés sur la moquette, et les lui jetai à la figure. Il les enfila devant moi, avant de se décider à quitter la pièce. Le son de sa voix éraillée continuait de me parvenir aux oreilles alors qu'il sortait.

— À la prochaine, belle métisse qui a le feu aux fesses ! Si tu as envie qu'on remette ça, c'est quand tu veux !

Enfin, je l'entendis claquer la porte d'entrée.

L'ayant sans doute entendu, Fred commença à bouger. Elle se retourna en battant des paupières, pour contrer la lumière qui l'aveuglait. J'attrapai la couette et la recouvris avec, avant d'aller m'asseoir à côté d'elle, sur le lit. Elle leva les yeux.

— Lina ?

Elle scruta les alentours, d'un air ahuri, en faisant visiblement un gros effort de concentration pour se rappeler ce qui s'était passé, et peut-être même où elle se trouvait. Son regard s'arrêta sur ses sous-vêtements et une bouteille de mousseux – encore une ! – oubliée sur le rebord de la fenêtre. Il y avait aussi un cendrier plein, qui ne sentait pas que le bon tabac.

Soudain, elle se mit à gémir, les yeux écarquillés, comme si elle venait brusquement de se souvenir de quelque chose d'horrible.

— J'ai vraiment couché avec ce mec ?

J'acquiesçai, le cœur brisé de la voir dans cet état.

— Tu avais trop bu. Ce n'est pas ta faute.

Une expression de terreur crispa son visage.

— Mon Dieu, Lina, je ne sais même plus s'il a mis une capote !

Fred avait toujours été la voix de la raison sur ce chapitre. Je me levai pour me rendre dans la salle d'eau, et vérifier le contenu de la poubelle. Jamais de ma vie je n'aurais cru être aussi heureuse à la vue de deux préservatifs usagés. Je revins près d'elle en souriant.

— Au moins, il a pensé à l'essentiel.

Elle parut se détendre légèrement, mais le désespoir qui assombrissait ses yeux m'effrayait.

— Comment est-ce que j'ai pu en arriver là ? Comment est-ce que j'ai pu ramener ce type chez moi ?

— Où est-ce que tu l'as rencontré ?

Elle chercha dans sa mémoire.

— Dans un bar… enfin, je crois. Merde, je ne sais plus !

— Ne t'en fais pas, de toute façon bientôt, tu auras tout oublié…

— « Tout » ? répéta-t-elle d'un ton amer. Même Alessandro ?

Je refusai de lui mentir.

— Sans doute pas. Mais crois-moi sur parole, tu guériras.

Elle secoua lentement la tête, en pleurant.

— Je ne sais pas, Lina, je ne sais pas… Je me sens tellement paumée. C'est comme si j'étais à demi morte.

— Tu es en manque, Fred. C'est normal.

— « En manque » ? Mais je ne suis quand même pas une alcoolo ! En tout cas, pas encore.

Je lui souris.

— Je ne voulais pas parler de ça. Tu es en manque d'Alessandro. L'amour est comme une drogue, c'est prouvé scientifiquement. Si on t'en prive brutalement, sans sevrage, ton cerveau et ton corps se révoltent.

— Tu crois que je vais m'en sortir ?

Cette question était un appel au secours.

— Tu y arriveras, je te le promets. Tu t'en souviens ? Je pensais que je n'allais jamais me remettre de ma rupture avec Buzz, et pourtant, j'ai réussi à le rayer complètement de ma tête…

Pendant un bref instant, l'image de Swann passa devant mes yeux. Comment est-ce qu'on pouvait être aussi triste et heureuse à la fois ? Parce que c'était ce que j'éprouvais depuis mon départ du cottage, un mélange de douceur et de douleur, quelque chose qui me donnait à la fois envie de rire et de pleurer.

Je pris la main gelée de Fred dans la mienne.

— J'espère que votre canapé est confortable, parce que je compte bien rester avec toi, le temps qu'il faudra, et que j'en ai vraiment ras le bol de dormir sur des matelas pourris.

Pour la première fois, son regard s'anima, et je sus que je venais probablement de prendre la meilleure décision de mon existence.

Les jours suivants, je la soignai comme une malade, veillant à ce qu'elle mange suffisamment et ne passe pas ses journées à se morfondre, au fond de son lit. Lorsque Fred me raconta la manière dont Alessandro avait rompu avec elle, par texto, j'eus des envies de meurtre. Il ne lui avait rien promis, lui avait-il écrit, et il s'était lassé. Point. Elle avait retrouvé sa valise sur le perron de la villa.

Un salaud pareil, qui devait avoir un sérieux problème de vue puisqu'il confondait les filles avec des Kleenex, méritait une bonne leçon. Le soir même, Fred m'aida à créer une fausse page Internet à son nom, et à écrire un tas d'horreurs. On dit souvent que la vengeance est un plat qui se mange froid, mais dégusté chaud, il était encore plus savoureux.

Comme Frédérique dormait souvent jusqu'à 13 heures, je profitais de mes matinées pour écrire. Mon roman avança bien, et sans même m'en rendre compte, je pus envoyer les quatre premiers chapitres à Guillaume. Axel étant débordé par ses prochains examens, il sortait rarement de sa chambre. Je me disais qu'il voulait peut-être aussi respecter le « deuil » de Fred, et nous laisser discuter tranquillement. Je lui en fus reconnaissante.

Chaque après-midi, je descendais faire des courses dans les boutiques du quartier, vêtue d'un jean emprunté à Fred, et passais le reste de la journée à cuisiner, à l'aide d'un vieux livre de recettes déniché chez un bouquiniste.

Je devins une pro de la blanquette de veau, du saumon en papillote, et de la canette au thym, plats que nous picorions, vautrées devant des séries télé, ne zappant que lorsqu'il s'agissait d'une rediffusion de *Vampire Diaries*. Je refoulais toute chose susceptible de me rappeler, de près ou de loin, Swann. Frédérique parut ne s'apercevoir de rien.

Les journées défilèrent, dans un doux train-train salvateur, pour elle, comme pour moi…

Au bout de trois semaines, elle parut de nouveau s'intéresser au monde extérieur, et j'étais bien placée pour savoir que c'était bon signe. Ce soir-là, il était plus de minuit, et nous étions scotchées sur le canapé, devant un épisode particulièrement captivant de *Penny Dreadful*.

— Au fait, Lina, comment ça se passe avec Jaimee ?

Je sursautai, en proie à la stupeur. Ma vie à Londres me semblait à des années-lumière, déjà.

— C'est de l'histoire ancienne.

— Et ton voisin, le mec agaçant, mais hyper sexe, qui te sort prétendument par les yeux ?

Depuis mon arrivée à Paris, j'avais tout fait pour ne pas penser à lui, même s'il s'obstinait à hanter mes rêves, presque chaque nuit. L'évoquer me fit souffrir. Il me manquait.

Je me forçai pourtant à sourire, et à employer un ton léger, parce qu'il n'aurait pas aimé que je sois triste.

— On a passé la nuit ensemble, en Irlande.

Fred posa bruyamment son plateau sur la table.

— Mais pourquoi est-ce que tu ne m'as rien dit ? Tu voulais me ménager, c'est ça ?

— Bien sûr, mais pas seulement. En fait, c'est fini entre nous.

— Oh…, murmura-t-elle d'un ton désolé.

Je m'empressai de la rassurer.

— C'était génial, vraiment. Je l'ai quitté parce que je sentais que je tombais amoureuse de lui, mais tu vois, je ne regrette rien. Il a toujours été franc avec moi.

— Qu'est-ce que tu vas faire quand tu vas rentrer ?

C'était une question que je n'avais pas voulu envisager jusqu'ici. Fred avait raison, comment est-ce que j'allais supporter de le croiser, peut-être

– sûrement – au bras d'une autre ? Cette perspective me rendait malade.

— Tu sais, les événements se sont enchaînés, et… (J'avais conscience de me chercher des excuses.) Franchement, je n'ai pas encore eu le courage d'y réfléchir.

— Merde, pourquoi faut-il toujours que ce soit si compliqué !

— Comme tu dis. Mais Swann n'y est pour rien. C'est un mec vraiment… spécial. Il a eu une enfance horrible, pourtant il s'en est bien sorti. Il est très fort, et parfois sensible aussi.

Fred avala une grosse bouchée de gâteau au chocolat, qu'elle fit descendre avec une rasade de Coca.

— En somme, tu l'aimes, mais tu refuses de l'avouer… Et cette nuit en Irlande, c'était comment ? Je me disais bien aussi qu'il avait dû se passer quelque chose. Je trouve que tu as changé.

— Ah bon ?

— Tu as l'air plus sereine, plus sûre de toi. Un chouïa plus femme aussi… Bon, maintenant, raconte ! Je veux tout savoir. Par pitié, Lina, fais-moi rêver ! J'en ai gravement besoin.

— Alors, d'abord, je doute que ça te fasse rêver, mais j'ai perdu ma petite culotte dans un magasin de Galway…

Elle rit à gorge déployée.

— Tu as… quoi ?

— Je te jure ! Ça n'arrive qu'à moi, ce genre de truc. Bien sûr, Swann était mort de rire. (Je levai les yeux au ciel, attendrie par ce souvenir.) Il l'a ramassée, et…

Je parlai de lui sans discontinuer jusqu'au petit matin…

Mon téléphone, qui vibrait sur la table en verre, me réveilla vers 10 h 30. Je me trouvais allongée sur le canapé, la bouche pâteuse d'avoir trop bavardé.

— Bonjour Lina, c'est Guillaume…

Comme électrisée, je me redressai d'un bond, le cœur trépidant.

— Ah oui, bonjour Guillaume. Tu vas bien ?

— Oui, très bien. Je voulais juste te dire que j'ai lu ce que tu m'as envoyé… et ça m'a beaucoup plu. Je te fais un contrat.

— Vraiment ?

Je me mis à danser dans le salon, mon téléphone à la main.

— Je suis tellement contente… Je me trouve justement à Paris, en ce moment.

— Ça tombe bien, j'aurais bien aimé qu'on se voie pour discuter de deux ou trois points concernant tes personnages. Tu pourrais venir signer ton contrat en même temps, et rencontrer Inès, ma collaboratrice chargée de la collection, puisque tu travailleras avec elle. Pour l'à-valoir, comme ton précédent livre s'est bien vendu, je te propose 6 000 euros, comme d'habitude la moitié à la signature du contrat, le reste à la remise du manuscrit. Est-ce que ça te convient ?

C'était le double de la somme que j'avais obtenue pour mon premier roman. Je n'en espérais pas tant.

— C'est parfait, merci beaucoup ! Dis-moi quand on peut se voir, je suis à ta disposition...

Après avoir raccroché, je me préparai une tasse de café pour m'aider à réfléchir. Cette nuit, en discutant avec Fred, j'avais envisagé la possibilité de revenir vivre à Paris. Avec l'avance que j'allais toucher pour mon roman, ce projet devenait sérieusement envisageable.

« *Surtout, ne fais pas ça pour moi, je vais mieux maintenant. Si ta vie est à Londres, et que tu t'y sens bien, alors restes-y ! Ce n'est pas loin, de toute façon. Je pourrai débarquer chez toi, à tout moment* », avait-elle objecté, instillant le doute dans mon esprit.

Allait-elle vraiment mieux ? De toute évidence, elle surmontait peu à peu la fin de son histoire avec Alessandro, mais le reste ? Elle avait arrêté ses études, juste avant l'obtention du diplôme, et même si elle affirmait le contraire, elle avait encore besoin de soutien pour se trouver une nouvelle voie.

Et peut-être – peut-être – me cherchais-je aussi une bonne raison de quitter Londres...

Malgré toute la douleur de Fred, une partie de moi avait été heureuse de pouvoir rester avec elle dans le cocon de son appartement loin de mes soucis, d'oublier ma propre vie, l'espace de quelques semaines.

De fil en aiguille, je me mis à penser à ma mère. Je ne l'avais même pas appelée depuis mon retour, alors que j'avais téléphoné plusieurs fois à mon père.

La fuite, encore et toujours !

Il était temps d'affronter mes problèmes, pour de bon.

Chapitre 22

Quelques jours plus tard, je rentrai à Sudbury par un beau samedi d'été. Au moment où je glissai la clé dans la serrure, mes mains se mirent à trembler. Je me demandais ce que j'allais éprouver en revoyant Swann, et j'étais presque trop émue pour oser ouvrir. Fred prétendait que *tout* dans son comportement indiquait qu'il était amoureux de moi, à commencer par sa jalousie envers Jaimee, mais je refusais d'espérer.

En poussant la porte, je perçus un bruissement de papier, et découvris des enveloppes tombées sur le sol de l'entrée. Quelques-unes étaient pour moi, les autres pour Swann. Il était absent apparemment, en vacances peut-être ?

Mais avec qui ?

Je secouai la tête pour chasser cette petite question sournoise de mon esprit. Pendant des semaines, j'avais refusé d'y penser, mais à cet instant, je me rendis compte combien l'imaginer avec une autre femme m'était insupportable.

Je posai les courriers pour Swann sur l'étagère, en m'efforçant de ne pas lever les yeux vers le haut de l'escalier. Chaque recoin de cette maison me rappelait un souvenir avec lui. Notre baiser fougueux dans l'entrée, la fois où il m'avait accueillie chez lui, vêtu d'une serviette…

Heureusement, le bonheur de retrouver mon *home sweet home* effaça momentanément tout le reste. Dire que j'avais haï cet appartement, au début ! Je me souvenais encore du jour où j'étais arrivée, comme si c'était la veille. J'avais failli trépasser en découvrant mon « superbe » intérieur.

Chantonnant gaiement, j'ouvris la fenêtre de la salle de bains, pour laisser entrer l'air frais. L'herbe du jardin avait beaucoup poussé depuis mon départ, les roses fanées pendaient tristement à l'extrémité des tiges. Je me promis de m'en occuper plus tard.

Après avoir rangé mes affaires, je sortis faire des courses, avec l'agréable sensation d'être rentrée à la maison. Deux jours auparavant, j'étais allée voir ma mère chez elle, et elle m'avait proposé de m'aider à trouver un studio – mission autrement impossible, avec mon métier et mes revenus aléatoires. Ce fut à ce moment-là que la vérité s'imposa à moi. Au fond, je n'avais jamais réellement eu envie de revenir vivre à Paris. C'était juste une idée en l'air.

« Merci maman, mais je suis bien à Londres. »

« Je n'aime pas te savoir seule. »

« Je ne le suis pas. J'ai mon voisin. »

« Ton "voisin"?… Bon, en tout cas, je suis sûre que tu serais mieux avec nous. Nous pourrions t'aider. »

J'avais sursauté sur le mot « nous ». Voulait-elle parler d'Annabelle et elle ? La colère s'était emparée de moi.

« Franchement, on ne peut pas dire que tu m'aies beaucoup soutenue jusqu'ici ! »

Elle avait pincé les lèvres.

« Tu as sans doute raison. »

J'avais regretté mes paroles. Je n'avais pas voulu la blesser, mais j'en avais assez de garder ma rancœur pour moi. Elle me rongeait depuis trop longtemps, et ça datait de bien avant cette lamentable histoire avec Buzz.

« Dis-moi, maman, pourquoi est-ce que tu as toujours préféré Annabelle ? »

Visiblement surprise, elle avait baissé les yeux, et j'avais pensé qu'elle allait esquiver la question en prétendant que c'était faux, que je me trompais. Au bout de quelques instants, elle m'avait finalement regardée en face.

« Je m'entends mieux avec elle, nous nous ressemblons beaucoup. Nous avons le même caractère. Toi, tu es différente, imaginative, rêveuse, talentueuse aussi. Lorsque tu étais petite, j'avais souvent des difficultés à te comprendre… Ta personnalité me déroutait, et j'en arrivais à me demander de qui tu pouvais bien tenir ! Ni ton père ni moi n'avons la fibre artistique. Mais je vous aime toutes les deux, Lina. Et sache que je

désapprouve ce qu'elle t'a fait, je le lui ai dit clairement. Rien n'aurait dû vous séparer… Ça m'attriste tellement, tu ne peux pas imaginer à quel point. »

Elle s'était mise à pleurer, et je l'avais prise dans mes bras…

En poussant la porte de l'épicerie, je me raclai la gorge pour refouler une larme. Si j'étais parvenue à parler à cœur ouvert avec ma mère, à extirper mes émotions et à mieux comprendre les siennes, je n'avais toujours pas réussi à appeler Annabelle.

Chaque chose en son temps. Un jour, peut-être ?

Même si ça m'avait fait mal de l'entendre, j'étais reconnaissante envers ma mère d'avoir enfin admis sa préférence. Je ne lui en voulais plus.

En attrapant un panier en plastique, j'avisai une affichette scotchée sur la caisse. Les gérants cherchaient un employé, trois heures chaque matin, pour remplir les rayons. Puisque je n'avais pas encore reçu l'avance pour mon roman, et que mon découvert bancaire avait atteint une profondeur abyssale, je vis cette offre d'emploi comme un signe du destin. Décidément, j'avais bien fait de revenir !

Je m'adressai à la caissière en sari, qui arborait un joli ventre de femme enceinte. Je l'avais vu enfler au fil des semaines.

— Bonjour, je cherche un travail, et le poste m'intéresse.

Je passai mentalement en revue mon expérience professionnelle, ne trouvant pas grand-chose en rapport avec le job proposé. Peu importait, j'allais broder, l'essentiel étant d'avoir l'air motivé.

— J'ai déjà occupé avec succès un emploi de serveuse dans un pub de Wembley. (Je priai pour qu'elle ne me demande pas lequel, vu la manière dont j'avais été virée.) J'ai un vrai sens du contact avec la clientèle, et je n'en ai peut-être pas l'air comme ça, mais je suis capable de porter des charges lourdes, vous savez. J'ai fait plusieurs missions d'intérim difficiles dans des usines, sur Ealing et la région. En plus, j'habite tout près, je pourrai…

Apparemment fatiguée, la jeune femme battit des paupières.

— Un petit instant, s'il vous plaît, m'interrompit-elle. Je vais appeler mon mari.

Elle héla le gérant, occupé à étiqueter des articles dans un rayon.

— Chéri, tu peux venir ? Mademoiselle voudrait le poste.

Je déglutis, en affichant un large sourire. *« Une mine chaleureuse est toujours plus convaincante qu'une tête d'enterrement »*, scandait souvent ma mère.

L'homme moustachu s'approcha, en me scrutant derrière ses lunettes carrées, cerclées de métal.

— C'est bon, on vous prend. Venez lundi, à 7 heures.

J'en eus le souffle coupé. Balbutiante, je lui tendis la main en le remerciant vivement. Je fis ensuite mes courses, le cœur léger, même si je me demandais sur quel critère le gérant s'était basé pour se forger une opinion. Cette question me taraudait toujours, en sortant de l'épicerie.

Bah, pourquoi s'en faire ? Je dois avoir une bonne tête, c'est tout.

Après avoir fait quelques pas sur le trottoir, j'entendis l'homme me rappeler.

— Hé, attendez !

Je rebroussai chemin, avec mon sourire « je suis quelqu'un de bien – faites-moi confiance » plaqué sur le visage.

— Oui ?

— Je voulais vous demander, vous êtes bien la voisine de Swann Geary, n'est-ce pas ?

La voisine… et même un peu plus que ça.

— Euh, oui… Pourquoi ?

— Vous ne sauriez pas où il se trouve, par hasard ? Il n'est pas venu à la réunion de notre association de quartier, et comme ce n'est pas son genre de nous faire faux bond sans prévenir, je m'inquiète un peu. Je suis même allé sonner chez lui, mais il n'était pas là. Nous n'avons pas beaucoup de bénévoles qui s'impliquent autant.

Je mis un certain temps à analyser l'information.

— Swann est bénévole ?

— Oui, il donne des cours de danse et de chant aux enfants défavorisés. Les gamins l'adorent.

Il n'y a pas qu'eux…

— Vous semblez étonnée ? demanda le gérant. Swann nous aide depuis deux ans, et il fait un excellent travail. Est-ce que vous savez s'il va bien ? Il semblait un peu ailleurs, la dernière fois que je l'ai vu.

« Ailleurs » ?

— Je n'en ai aucune idée… Désolée.

Il sembla profondément ennuyé.

— Ah, je vois. Bon, en tout cas, si vous le voyez, dites-lui de nous donner des nouvelles, d'accord ?

Swann s'occupait d'enfants… J'ignorais comment il s'y prenait, mais il parvenait toujours à me surprendre. Chaque fois que je pensais tout connaître de lui, j'apprenais un truc hyper touchant qui ne me faisait que l'apprécier encore plus.

Je trouvai le courage de poser la question qui me brûlait les lèvres depuis un moment. Il fallait que je sache.

— Est-ce que je peux vous demander pourquoi vous m'avez engagée ?

— Swann nous a dit qu'il n'avait jamais rencontré une fille aussi adorable et courageuse que vous. Ça me suffit.

Swann… Mais où pouvait-il bien être ? J'espérais qu'il n'avait pas déménagé. Cette idée affolait trop mon cœur…

La semaine suivante, « l'adorable et courageuse fille » que j'étais se lança avec enthousiasme dans son nouveau travail. Très vite, la machine à étiqueter n'eut plus aucun secret pour moi, et je la maniais avec dextérité, à la vitesse d'une mitraillette. Parfois, en rangeant les boîtes de pizzas, il m'arrivait de penser à Swann, et à notre première rencontre.

« J'espère qu'on se reverra ! »

« Pas moi ! »

« Qui vivra verra, mademoiselle… »

Après avoir partagé une tasse de thé avec Mme Basanti, je rentrais chez moi pour écrire. Les semaines se succédaient lentement, tandis que je menais une vie monacale, entre mon job et mon roman. Sans Swann, le temps semblait s'étirer à l'infini…

Fred était accaparée par plusieurs stages d'été : couture, stylisme, peinture et cuisine. Elle espérait découvrir sa nouvelle vocation parmi ces disciplines. J'étais rassurée de la voir retrouver son énergie habituelle et sa gaieté, même si ses projets partaient un peu dans tous les sens. L'important était qu'elle aille mieux.

Un matin du mois d'août, en revenant du travail, je tombai nez à nez avec un inconnu, bronzé et à la mèche blonde savamment ébouriffée, qui se tenait au milieu de *mon* hall d'entrée.

— Bonjour, bredouillai-je, éberluée.

Mais comment était-il entré ? Ces dernières semaines, je m'étais – presque – habituée à ma solitude, et au silence parfois pesant de cette grande maison. Je me répétais chaque jour que Swann allait finir par revenir, que je devais simplement prendre mon mal en patience. Je ne pouvais pas envisager un autre scénario. Même s'il était accompagné d'une fille, je l'aurais accepté. Ça aurait été horrible bien sûr, mais je serais au moins restée son amie, celle qu'il aimait charrier autour d'un irish coffee, une sorte de confidente franche et bienveillante. J'en étais arrivée au stade de manque où j'aurais tout accepté, juste – juste – pour le revoir.

— Salut, marmonna le mec, en grimpant l'escalier aussi sec, son énorme valise à roulettes cahotant derrière lui.

Je le vis ouvrir la porte de Swann, puis disparaître, et ce fut comme si mon monde s'écroulait. Swann avait donc bel et bien déménagé. Je ne le reverrais plus. C'était pour cette raison qu'il n'avait pas donné signe de vie à M. Basanti. Il était parti, et cette espèce de surfeur australien était son remplaçant.

En rentrant dans mon appartement, je le trouvai de nouveau triste à mourir, et je compris que si j'avais pendant un temps aimé cet endroit, c'était uniquement parce que Swann habitait l'étage du dessus. Il avait réussi à embellir ma vie.

En retournant à l'épicerie, le lendemain, j'avais perdu ma joie de vivre. Même le quartier ne me plaisait plus autant qu'avant. Je ne pensais pas que Swann avait déménagé à cause de moi, cette idée me paraissant complètement ridicule. Mais alors pourquoi ?

Tandis que j'étiquetais mollement des salades préparées et des club-sandwichs, cette interrogation tournait en boucle dans ma tête.

J'avais tout fait pour qu'il ne se sente pas coupable. Avait-il craint que je m'accroche désespérément à lui comme dans un mauvais remake de *Liaison fatale* ? Je croyais qu'il me connaissait suffisamment pour savoir que ce n'était pas mon genre ! Ou alors, il regrettait peut-être notre aventure et, ne voulant surtout pas me blesser, il avait préféré partir que de me l'avouer. Cette possibilité me fit pousser un petit « oh ! » affligé. Imaginer qu'il n'avait pas aimé notre nuit était pire que tout...

Et si, comprenant son erreur, il avait décidé d'emménager avec Kathleen ?

J'en fis tomber mon étiqueteuse.

— Lina ?

Je sursautai en me redressant. Vêtu d'un somptueux costume qui faisait un peu tache dans cette boutique modeste, Jaimee me dévisageait. Je portais mon vieux jogging, et je n'avais eu ni le temps, ni le courage de me coiffer avant de partir. À quoi bon, puisque Swann n'était plus là ? De toute façon, même si j'avais daigné m'habiller correctement, Jaimee aurait été la dernière personne que j'aurais eu envie de voir.

— Tu travailles ici, maintenant ? demanda-t-il, d'un ton neutre.

— Oui, il faut bien payer les factures.

Il marmonna un mot que je ne compris pas, l'air franchement embarrassé. En repensant au message que je lui avais laissé, je le fus encore plus que lui. Il aurait pu me haïr pour la façon dont j'avais mis un terme à notre histoire.

— Tu viens faire des courses ? bredouillai-je, en trouvant aussitôt que cette question arrivait sûrement dans le top 3 des plus imbéciles jamais posées.

Jaimee vivait tout près, et le croiser dans le quartier n'avait rien de surprenant. Mais pourquoi fallait-il que je tombe sur lui, justement ce matin-là ?

— L'épicerie près de chez moi est fermée, ce mois-ci, précisa-t-il.

Je restai plantée devant lui, ne sachant pas comment me sortir de là. Je me dis que je lui devais sans doute une explication, mais comme il n'aborda pas le sujet, mes plates excuses demeurèrent tapies au fond de ma gorge.

— Et au théâtre, tout va bien ?

Son visage s'adoucit légèrement, me rappelant combien Jaimee pouvait être charmant et gentil. Mais il y avait une sorte de dureté dans son regard qui me refroidit, même lorsqu'il m'annonça une bonne nouvelle.

— Oui, ça s'est arrangé grâce aux Beckmann. Je pense que je vais m'en sortir.

— C'est formidable. Je suis contente pour toi.

— Merci, dit-il avec un petit hochement de tête protocolaire.

Le regard fuyant, Jaimee attrapa un sandwich au hasard, et le fourra dans son panier. Je crus qu'il allait partir sans me dire au revoir, mais au dernier moment, il tourna la tête vers moi en soupirant.

— Lina, si jamais tu as besoin de quelque chose, tu peux m'appeler, me proposa-t-il d'une voix adoucie.

Malgré ce que je lui avais balancé sur son répondeur et mon allure affreuse, je sentais qu'il me tendait une perche, une perche pas plus grosse qu'une allumette, mais une perche tout de même. Il y avait toujours de la tendresse entre nous.

Il s'approcha timidement pour m'embrasser sur la joue.

— La place d'ouvreuse est encore libre, tu sais. Mais ça ne te dirait peut-être pas de travailler avec moi ? J'imagine que ça pourrait déplaire à ton... ami.

— Il est parti... (Son visage s'éclaira subitement.) Merci pour l'offre, Jaimee. C'est vraiment gentil. J'y penserai.

Je le laissai s'en aller, en souriant.

Je savais pourtant que je ne l'appellerais pas.

Puisque *my sexy neighbour* s'était évaporé, j'aurais pu me consoler avec Jaimee, pourquoi pas ? Il n'y aurait rien eu de mal à cela, sauf que ce n'était pas lui que j'aimais.

J'avais eu beau essayer de me raisonner, je savais depuis le début que c'était peine perdue. Je ne pouvais pas lutter contre mes sentiments.

J'aimais Swann Geary, à la folie, et sans doute depuis le premier jour.

Une fois rentrée, je surfai sur le Net. Deux clics sur un certain réseau social me suffirent pour dénicher une adresse mail où contacter Swann.

Je me mis à taper, les mains tremblantes.

Swann,

Tu te rappelles ? Le jour où tu m'as déconseillé une pizza, dans l'épicerie, j'ai décidé de la prendre quand même, par pur esprit de contradiction.

Le dimanche où tu es venu manger des pâtes chez moi, j'ai fait l'énervée, alors qu'au fond, j'étais heureuse que tu sois là. Parce que je suis comme ça, une vraie rebelle. Je fais toujours le contraire de ce qu'on attend de moi. Quand tu m'as demandé de ne pas t'aimer, je suis tombée raide dingue de toi, rien que pour t'emmerder.

En même temps, c'est entièrement ta faute. Tu as tout fait pour que ça arrive. Comment ne pas craquer pour un mec qui vous rejoue la scène la plus romantique de l'une de vos séries préférées?

Comment ne pas craquer sur toi...?

Avant de te rencontrer, j'avais de grands principes. Je croyais qu'en amour, tout était toujours tout rose, ou tout noir, alors qu'en fait, c'est plutôt une question de nuances. J'attendais un genre de prince charmant.

Je me rends compte maintenant que j'étais complètement à côté de la plaque.

Tes blessures, ta sensibilité cachée, ton arrogance, ta façon si horripilante de te prendre pour le mec le plus irrésistible du monde, j'aime tout, absolument tout de toi.

Si tu es parti pour me punir de la manière dont je t'ai laissé tomber en Irlande, et pour me prouver que je ne peux pas me passer de toi, c'est gagné.

Tu me manques.

Lina

P.-S.: Je tiens quand même à signaler qu'Angel n'aurait jamais abandonné Buffy sans une explication, lui!

Une semaine plus tard, il avait beau ne pas m'avoir répondu, je n'arrivais toujours pas à faire une croix sur lui. Mon pitoyable cœur continuait de faire le grand huit dès que j'entendais une voiture se garer près de la maison.

Jusqu'au jour où ce fut une BM rouge.

Chapitre 23

Nous étions le premier lundi de septembre. Un midi, alors que je travaillais, j'entendis un ronronnement de moteur. Comme à chaque fois, je me mis à trembler. Comme à chaque fois, je me serais fichu une claque.

Calme-toi, espèce de quiche, ça doit juste être la voisine d'à côté !

Mais je me levai quand même. Il fallait bien que je me dégourdisse les jambes, non ? En découvrant la BM rouge, je crus être victime d'un mirage. Il y avait ce petit autocollant aux couleurs de l'Irlande sur le pare-brise, pourtant mon cerveau refusait encore l'évidence. Ce moment, je l'avais souhaité pendant si longtemps que je n'osais plus y croire.

Je battis des paupières derrière ma fenêtre, le ventre tordu par des crampes d'estomac. Une silhouette féminine, vêtue d'un combi-short blanc, apparut sur le trottoir, et j'étais si secouée qu'il me fallut quelques secondes pour reconnaître Moira.

Elle ouvrit le coffre pour en sortir deux valises. Elle était seule.

J'allai la rejoindre devant la porte de la maison. En me voyant, Moira parut surprise, me dévisageant étrangement comme si elle ne s'était pas attendue à me voir. Je me demandai pourquoi.

Son moment de stupeur passé, elle me décocha un sourire des plus chaleureux.

— Lina!… Tu vas bien ?

Avec son joli hâle doré, qui mettait ses yeux clairs et ses longues jambes en valeur, elle aurait pu figurer dans un magazine de mode, sur le thème « L'été vous rend encore plus belle ». Elle était éclatante, à tel point que le vieux voisin d'en face, occupé à tailler ses haies, ne put s'empêcher de la reluquer en douce.

— Bonjour, Moira. Oui, je vais bien, et toi ?

Elle hocha la tête, en tirant péniblement ses bagages sur le perron. Je me ruai pour lui donner un coup de main.

— Oui. J'ai fait le tour de la France, j'ai adoré.

— Et tes examens ? Ça s'est bien passé ?

— J'ai décroché mon diplôme. Terminées, les humiliations, je suis enfin libre ! Tu te rends compte ? (Son bonheur faisait plaisir à voir.) Crois-moi, il n'y a pas de fille plus comblée sur cette Terre !

— Je te comprends. Un grand bravo !

— Merci.

J'étais sincèrement heureuse de la revoir et d'apprendre qu'elle avait réussi, surtout après ce qu'elle avait enduré. Mais je ne comprenais pas ce qu'elle faisait là, avec la voiture de Swann. J'étais si perdue que les mots me manquaient. Toutes les possibilités défilaient en boucle dans ma tête. Moira venait-elle habiter chez Swann, peut-être pour chercher un poste à Londres ? Était-il parti vivre ailleurs, en lui laissant la BM ?

Je sentis que Moira m'observait, et j'attrapai une valise pour faire diversion.

— Tu veux que je t'aide à les monter ?

— Avec plaisir.

En grimpant l'escalier, j'intimai à mon cerveau en surchauffe d'arrêter d'imaginer tout, et n'importe quoi. Ébaucher mille hypothèses ne servait à rien, hormis à me rendre folle. Moira ouvrit la porte avec sa clé, et je la suivis silencieusement à l'intérieur de l'appartement désert.

Le surfeur australien semblait avoir filé, sans que je m'en aperçoive. En même temps, ça n'avait rien de surprenant. Il était d'une discrétion exemplaire, et je n'avais pas cherché à lier amitié, non plus.

Je demeurai plantée dans le salon de Swann, les yeux rivés sur ses posters, et une bouteille de whiskey à moitié pleine, oubliée sur le comptoir. Revenir ici, en son absence, était un crève-cœur. Je me rappelai notre discussion le soir de son anniversaire, et son soulagement presque imperceptible lorsque je lui avais dit que je n'avais pas encore couché avec Jaimee…

Après avoir ouvert la fenêtre et rangé les valises dans un coin, Moira était en train de remettre de l'ordre dans l'appartement en tapant sur les coussins du canapé. Je me raclai la gorge, embarrassée par son mutisme. J'envisageai de la laisser, mais quelque chose me retint.

— Au fait, comment va Swann ?

Voilà, c'est fait, c'est lâché. Tu peux te remettre à respirer maintenant.

J'aurais vraiment voulu paraître détachée, mais visiblement, ce ne fut pas le cas. Moira leva la tête vers moi, avec un regard interrogateur.

— Il ne va pas trop mal... Il ne t'a pas donné de nouvelles ?

J'étais à un cheveu de perdre le peu de dignité qu'il me restait en la suppliant de me dire où il était. Je me vis *vraiment* me rouler à ses pieds.

— Non.

Elle alla mettre la bouilloire en route, et se jucha avec grâce sur l'un des hauts tabourets, placés derrière le comptoir.

— Tu veux du thé ?

J'acquiesçai, et pris place à côté d'elle.

— Écoute Lina, on dirait que tu n'es pas dans ton assiette, je me trompe ? Tu sembles préoccupée... un peu comme Swann, d'ailleurs.

— Ah bon ?

— Il y a quelque temps, il a passé un week-end en Irlande, avec une fille, enfin je suppose.

Je trouvai subitement mes genoux fascinants.

— Après ça, il était d'une humeur bizarre, triste, pensif, poursuivit-elle. Il se mettait en colère pour un oui, ou pour un non. Bref, il était d'un chiant ! (Elle leva les yeux au ciel, l'air désespéré.) Puis, son agent lui a appris qu'il était grillé dans le West End.

La stupeur me coupa le souffle.

— Comment ça ?

— Par jalousie, un mec, un directeur de théâtre, je crois, a appelé les producteurs. Apparemment, ce type a le bras long, parce que Swann était refoulé de tous les castings. Alors, quand son agent lui a proposé de partir tenter sa chance à Broadway, il a dû faire un choix. S'il restait à Londres, il pouvait dire adieu à sa carrière. Il était black-listé. Pourtant, il a hésité pendant des jours. Il n'arrivait pas à partir.

Je n'en croyais pas mes oreilles. Jaimee s'était vengé, à cause de *moi*, parce que je l'avais rejeté ?

— Je ne l'ai jamais vu se mettre dans un état pareil à cause d'une meuf, commenta Moira, en me scrutant. Même si je ne suis pas d'un tempérament curieux, j'avoue que ça m'intrigue énormément.

Non, ne rougis pas. Ne rougis surtout pas. Sinon, tu seras démasquée.

— Oh, ce n'est peut-être pas à cause de cette fille-*là*, dis-je, en buvant innocemment. Peut-être est-ce à cause de Kathleen ?

— C'est fini depuis longtemps entre eux.

Je n'avais pas mesuré à quel point j'avais prié pour que ce soit vrai. Je me concentrai sur mon thé, tandis qu'elle continuait de m'examiner. Je savais Moira suffisamment intelligente et perspicace pour remplir les blancs et découvrir le pot aux roses, mais connaissant sa discrétion, je me disais aussi qu'elle ne m'interrogerait pas directement. Elle était sympathique, et j'aurais pu lui avouer la vérité. Mais j'étais tellement choquée par ce qu'elle venait de m'apprendre, la « vendetta » de Jaimee, que je ne trouvais pas les mots. Dire qu'il m'avait offert une place d'ouvreuse !

— Et tu viens vivre ici ? demandai-je, d'un ton exagérément gai. Il y avait un mec…

Mon Dieu, ce que c'était dur de jouer la comédie !

— Swann avait sous-loué son appart à un touriste australien, en attendant de savoir si ça marcherait là-bas, répondit-elle. Je ne sais pas pourquoi, il a décidé de revenir vivre à Londres. Je ne comprends pas.

— Ah, oui ?

Mais d'où me venait ce ridicule filet de voix ? Cramoisie, je terminai mon thé d'un trait.

— Je suis allée le chercher à l'aéroport tout à l'heure, expliqua Moira. Il m'a demandé de le conduire dans le West End, puis de déposer ses bagages chez lui. Il veut régler ses comptes une bonne fois pour toutes avec le salopard qui lui met des bâtons dans les roues. J'ai essayé de le dissuader, mais tu le connais, hein ? Quand il a quelque chose en tête... J'ai peur que ça tourne mal. Vraiment mal. Il m'a dit de ne pas revenir le chercher. Il était hors de lui. Il m'a expliqué qu'il en avait assez de fuir, et qu'il ne laisserait plus personne lui gâcher la vie.

Si on m'avait interrogée sur mon trajet jusqu'au West End, si on m'avait demandé, par exemple, quelles routes j'avais empruntées, ou combien de fois j'avais klaxonné en traitant les autres automobilistes d'enfoirés, j'aurais été bien incapable de répondre.

La BM était un peu nerveuse – cela dit, pas autant que moi – et j'avais eu un peu de mal à m'habituer au levier de vitesse, mais rien n'aurait pu m'empêcher de rejoindre Swann. Pas même la pensée que j'allais également croiser Jaimee. Je le haïssais pour ce qu'il avait fait. L'amour ne justifiait pas tout, et d'ailleurs, m'aimait-il, seulement ?

Plus j'y réfléchissais, plus je me disais que ce désastre était ma faute. Si je ne lui avais pas préféré Swann, Jaimee l'aurait laissé tranquille.

— Bon sang, tu vas la bouger, ta grosse caisse, oui ou merde ? hurlai-je.

Le conducteur empoté du 4 × 4 me fusilla du regard.

— C'est quoi ton problème, pétasse ?

Je fis ce que je n'avais encore jamais fait de ma vie, un doigt d'honneur, avant d'appuyer sur l'accélérateur et d'augmenter encore le volume de la musique *metal* qui braillait dans les haut-parleurs.

Évidemment, ce fut ce jour-là qu'un accident de bus bloqua la circulation sur Oxford Street. Je voulus prendre un raccourci par Leicester Square, mais la place était bondée. Par miracle, je trouvai une place, juste devant le pub *La Sortie des Artistes*.

Je coupai le moteur, et me ruai comme une folle à l'intérieur du théâtre. Des cris résonnaient au fond du couloir rouge et doré. Ils se trouvaient dans le bureau de Jaimee. Mon cœur tressauta en entendant Swann hurler.

— Vous allez prendre votre téléphone pour rappeler les producteurs, et leur demander de m'accepter dans les castings ! Maintenant !

— Hors de question ! rétorqua Jaimee. Vous avez détruit ma relation avec Lina, alors je vous pourris la vie, c'est de bonne guerre, non ?

— N'employez pas ce ton ironique avec moi ! Je n'ai rien détruit du tout, c'était fichu d'avance. Elle n'aurait jamais pu être heureuse avec vous.

— Parce qu'elle le sera avec un minable comme vous, peut-être ?

— Si vous la connaissiez mieux, vous sauriez qu'elle se moque complètement de l'argent.

— Lina et moi étions faits l'un pour l'autre, et vous avez pris un malin plaisir à la séduire pour l'inscrire sur votre tableau de chasse, espèce de salaud !

— Vous avez eu votre chance avec Lina, mais vous avez été assez con pour la laisser passer. Ce ne sera pas mon cas. Je suis revenu pour elle.

— Vous n'avez plus aucun avenir, ici, lança Jaimee d'une voix mauvaise.

Un coup résonna, et je poussai la porte, à bout de souffle, et tremblante. Swann, qui se tenait face à Jaimee, avait encore le poing posé sur le bureau qu'il venait de frapper. Ils tournèrent la tête vers moi. J'étais soulagée de constater que personne n'était blessé, physiquement en tout cas.

— Lina ?

— Bonjour, Swann, bredouillai-je, en ignorant sciemment Jaimee.

Même si une partie de moi était désolée pour lui, je n'arrivais pas à lui pardonner. L'affection que je ressentais encore s'était évaporée à l'instant même où j'avais appris ce qu'il avait fait. Le Jaimee que j'avais aimé, tendre, gentil, protecteur, n'existait plus. C'était peut-être dû aux épreuves qu'il avait traversées. Ou alors, il avait toujours été comme ça, dur, rancunier, et je ne m'en étais tout simplement pas rendu compte.

Je pouvais sentir son regard fixé sur moi, mais je ne voulais voir que Swann. Swann qui me dévisageait, comme s'il n'arrivait pas à y croire.

Je pris une profonde inspiration, et finis par trouver je ne sais où le courage de lui sourire, malgré la vague d'émotion qui me submergeait.

— Viens avec moi, lui ordonnai-je.

Ses yeux s'illuminèrent, dans son visage blême de colère. Et sans un mot, il me suivit à l'extérieur.

— Tu vois, j'ai pris bien soin de ta voiture de frimeur. Il n'y a même pas une égratignure, plaisantai-je pour essayer de le calmer.

Tu m'as tellement manqué, Swann. J'ai cru ne jamais te revoir.

Il portait un tee-shirt gris, assorti à un banal pantalon de survêtement, et il était malgré tout beau comme ce n'était pas permis. Ça en devenait presque énervant à la fin ! De quel droit était-il aussi séduisant ?

Face à Swann, je me sentais comme une adolescente, même si plus jeune, je n'avais jamais éprouvé quelque chose d'aussi fort.

En me rejoignant dans l'habitacle, il sembla enfin se détendre.

— J'ai toujours rêvé d'avoir un chauffeur aussi sexy, ronronna-t-il.

Bouleversée, je me mordis la lèvre inférieure, pour ne pas fondre en larmes. J'aurais voulu me jeter dans ses bras, mais j'ignorais encore si c'était ce qu'il attendait. Il plongea son regard dans le mien, et mon cœur stoppa net. Il paraissait heureux… Mais était-ce le bonheur de me voir qui irradiait à ce point ses yeux ?

Toujours ces incertitudes ! Lina, quand vas-tu arrêter de te compliquer la vie inutilement ?

— « Faudrait pas en faire une habitude, quand même », dis-je, répétant ma réplique de ce dimanche après-midi, où il s'était invité à manger chez moi.

— La maison n'était plus la même, sans la succulente odeur de tes pâtes.

J'en restai bouche bée, pendant quelques instants. Est-ce que j'étais en train de rêver, ou était-il réellement en train de me dire, à demi-mot, que je lui avais manqué ?

— Tu pensais vraiment te débarrasser de moi, aussi facilement ? C'est mal me connaître !

— Ça m'étonnait aussi. Avec mon charme et mon corps de rêve, je me disais bien que tu allais revenir un jour ou l'autre. Aucune fille ne peut me résister.

Je lui donnai une tape sur l'épaule, sans pouvoir m'empêcher de rire.

— Bon, on y va ? Le chauffeur de standing que je suis se fait payer à prix d'or.

— Je connais une excellente façon de vous rétribuer, *mademoiselle*, souffla-t-il à mon oreille.

Pas une fois, pendant le trajet, Swann ne m'adressa la parole, et étrangement, je n'en éprouvais pas le besoin, non plus. Il me regardait avec tellement d'intensité qu'aucun torrent de paroles n'aurait pu me faire plus d'effet. En passant devant la gare de Sudbury, alors que je m'apprêtais à tourner sur la droite pour rentrer à la maison, Swann se décida finalement à ouvrir la bouche.

— Non, prends à gauche, s'il te plaît.

Je lui adressai un coup d'œil perplexe, mais obéis, sans broncher. Je lui faisais confiance, et il aurait pu m'emmener au bout du monde. Au détour d'une rue, il me fit signe de m'arrêter. Nous nous trouvions devant le parc où nous étions venus le soir de son anniversaire.

Il prit quelque chose dans la boîte à gants – un petit objet que je ne pus distinguer – et le fourra dans sa poche, avant d'ouvrir la portière.

— Viens, Lina.

Sa main dans la mienne – ce qui ne manqua pas de me propulser direct au paradis –, Swann me mena jusqu'au banc, au bord du plan d'eau. Il faisait encore délicieusement bon, peut-être la promesse d'un bel été indien…

Je m'assis tout près de lui, le cœur balancé entre bonheur et terreur, parce que ce songe était trop beau pour être vrai, et que je craignais de me réveiller à tout instant. C'était comme si je n'avais pas le droit d'être aussi heureuse. Je me disais que cette angoisse venait sans doute de ma malheureuse expérience avec Buzz. J'étais paniquée à l'idée que ce rêve éveillé puisse cesser brusquement.

— J'espère que tu ne vas pas me demander de refaire mon petit numéro ? demandai-je, incapable de masquer les tremblements de ma voix.

De toute façon, proches comme nous l'étions, j'étais persuadée qu'il pouvait sentir le moindre de mes frissons. Lorsqu'il éclata de rire, je me remis à respirer.

Tout va bien, Lina. Swann est là, avec toi. Aucune catastrophe ne va arriver. En tout cas, pas pour l'instant.

— Cette idée m'avait pourtant effleuré, je l'avoue, plaisanta-t-il. Non, je voulais te parler…

Son attention se porta sur une minuscule chute d'eau, qui s'écoulait doucement de l'autre côté de l'étang.

— Ton roman, ça avance ?

Je soupirai. Est-ce qu'il allait me refaire le coup chaque fois qu'on se verrait ? Me parler du roman, alors que j'avais autre chose en tête. Je devinai que c'était peut-être une façon pour lui de préparer le terrain, avant d'aborder un sujet plus délicat.

— J'en ai déjà écrit la moitié.

Il ne me regardait toujours pas.

— Je suis épaté, et vraiment content pour toi. J'ai toujours su que tu y arriverais.

— Il faut dire que j'ai la chance d'avoir une source d'inspiration extrêmement stimulante.

— Ah ?

— Toi.

Alors que je m'étais attendue à une réplique amusée, il hocha la tête, distraitement. J'avais vu juste, il cherchait bien à me confier quelque chose. Mon cœur adopta un rythme effréné.

— Lina, tu te souviens du jour où vous êtes sorties à Camden avec Moira ?

Je haussai les sourcils, perplexe.

— Euh, oui…

— C'est moi qui lui avais demandé de te tenir compagnie. Elle devait faire comme si l'idée venait d'elle, pour que tu acceptes.

J'étais estomaquée, et même en colère.

— Hein ?… Mais pourquoi ?

— Quand je t'ai vue pleurer dans ta salle de bains, j'ai eu envie de te prendre dans mes bras pour te consoler. Ça m'a fait peur.

Il s'éclaircit la voix.

— Au fait, j'ai autre chose à t'avouer…

— Oui ?

— Dans ta lettre, tu te souviens, tu me disais de ne parler à personne de ta culotte perdue.

Il voulait changer de sujet, et je le laissai faire, riant même.

— Tu n'as pas fait ça ?

— C'était pendant une audition, à Broadway. Le metteur en scène voulait que j'exprime la joie, pour tester mon aptitude à jouer la comédie. Alors, j'ai cherché le souvenir le plus tordant de ma vie. À la fin, le type m'a demandé ce qui me faisait marrer à ce point, et je lui ai tout raconté. Il m'a dit qu'il n'avait encore jamais entendu une histoire pareille !

Après un moment à rire, je me mis à parler en même temps que lui.

— J'ai eu peur que tu ne reviennes pas, Swann.

— J'ai cru que tu avais déménagé.

Je fus la première à réagir.

— Vraiment ? Mais je n'allais quand même pas partir comme ça !

— Je pensais que tu ne voulais plus me revoir. Au début, je me suis dit que c'était peut-être mieux ainsi. Au moins, je ne t'avais pas fait de mal.

— Je suis partie voir mon amie, Fred, à Paris. Elle avait le cœur brisé, et je voulais être là pour elle.

— C'est fini avec son mec ? Elle doit beaucoup souffrir.

Une nouvelle fois, je fus ébranlée. Swann savait être attentif et compatissant. Je continuais de le découvrir, et je pressentais que ce n'était pas près de s'arrêter.

— Malheureusement, oui. Elle était dans un état, la pauvre ! Alors, je suis restée. Je crois aussi que je ne savais plus où j'en étais. J'avais besoin de prendre du recul. Tu sais, cette fameuse promesse que je ne pouvais pas tenir…

— Je vois… (Il parut songeur.) Lorsque j'étais à New York, je pensais sans arrêt à toi, déclara-t-il, les yeux toujours rivés sur la chute d'eau. C'était comme si tu m'avais ensorcelé. J'étais incapable de te chasser de ma tête.

Mon visage s'enflamma. Ce n'était pas possible, j'allais me réveiller, ou alors un ouragan surgi de nulle part allait s'abattre sur nous ! Mais le ciel était immuablement bleu azur... Swann venait de se livrer, et je me sentais complètement démunie face à tout ce bonheur qui me dégringolait dessus sans prévenir.

J'ignorais s'il le sentait. Il se leva et se planta devant moi.

— Mais je me disais que je ne pouvais pas t'offrir la vie que tu mérites, et que tu serais sûrement mieux avec ton petit directeur. Dans ma situation, rien n'est jamais sûr, et je finirai peut-être comme mécano dans un garage de banlieue ! Ce n'est pas ce dont les filles rêvent en général.

Je fis semblant de me concentrer.

— Hum, laisse-moi imaginer. Toi, maculé de cambouis, nu sous une combinaison de travail qu'on peut ouvrir par une longue fermeture... J'adore.

Pudique, il baissa la tête en souriant, comme l'autre soir en Irlande, lorsque je lui avais dit que le cottage me plaisait infiniment. Puis, il se pencha sur moi, tandis que mon cœur se mettait à cogner dans ma poitrine.

— Il y avait autre chose qui me bloquait... Petit, j'ai appris à me débrouiller seul, à n'avoir besoin de personne. C'était ma manière de survivre, tu comprends ? En grandissant, je croyais que j'étais comme ma mère, une personne incapable d'aimer.

On a beau vouloir prétendre qu'on est différent de ses parents, la vérité est que, bien souvent, on est exactement comme eux… Tu sais que, depuis cette première fois où nous sommes venus ici, j'ai été incapable de penser à coucher avec une autre fille que toi ?

Je fus si touchée que j'en perdis mes mots.

— Pourtant, j'en ai eu des occasions ! fanfaronna-t-il. Normal, un beau mec comme moi !

J'esquissai une moue faussement agacée. Il eut l'air amusé.

— Mais je ne pouvais pas. J'ai besoin de toi, Lina, comme je n'ai jamais eu besoin de personne auparavant, même si j'ai toujours peur de te faire du mal.

— Moi aussi, j'ai peur, tu sais, mais pas pour les mêmes raisons. J'ai peur parce que je ne suis pas la seule à te trouver irrésistible, et que je n'ai pas envie de te perdre.

Il me rassura d'un baiser étourdissant.

— Tu n'as rien à craindre, ma belle. *Just keep calm and love me.*

C'est ce moment-là que choisit son téléphone pour vibrer. Il l'extirpa de sa poche, et eut une expression de stupeur en découvrant le numéro.

— Excuse-moi. Je dois répondre.

Certaine qu'il était sur le point d'ajouter autre chose d'important, je réprimai un soupir d'impatience, en le voyant s'éloigner. Il discuta brièvement, avant de revenir, le visage fermé.

— Qu'est-ce qu'il y a, Swann ?

— C'était un producteur qui m'a auditionné la semaine dernière. Il hésite, et il voudrait me revoir pour un second casting.

Je me levai d'un bond.

— Mais c'est merveilleux !

— C'est à Broadway.

— Oh ! dis-je. Bien sûr.

Ma gorge se serra.

Rageur, il frappa du poing dans son autre main.

— Je n'irai pas. Je vais rester ici. Je finirai bien par décrocher un rôle, un jour ou l'autre.

Je repensai à Jaimee, et à ce que j'avais entendu un peu plus tôt. Il ne reviendrait pas en arrière. J'aurais pu essayer de l'appeler, mais je savais que ça n'aurait fait qu'envenimer les choses.

Je battis frénétiquement des paupières pour refouler mes larmes. Swann méritait de réussir. Jamais je n'aurais voulu être celle pour qui il aurait renoncé à ses rêves. Mais je venais à peine de le retrouver, c'était si injuste.

Je me mordis la langue très fort, pour lui offrir le sourire le plus sincère et le plus radieux dont j'étais capable. Je devais lui montrer que j'étais folle de joie, à tout prix, même si j'en crevais à l'intérieur.

— Broadway ! Tu te rends compte ! Il faut absolument que tu y ailles, Swann. C'est la chance de ta vie ! Tu ne peux pas la laisser passer. S'il le faut, je prendrai tes fichues menottes, et je t'attacherai pour te faire monter dans l'avion. Tu sais que j'en suis capable.

Il me décocha un regard tendre.

— Je crois que oui.

— L'audition a lieu quand ?

— Demain.

« *Demain* »… Je déglutis.

— Ça nous laisse un peu de temps. Et, si ça marche, mais je suis sûre que ça va marcher, j'irai te voir à Broadway. Ce n'est pas le bout du monde, n'est-ce pas ? Même si tu es loin, ça ne changera rien.

Je savais pertinemment que je n'aurais pas les moyens d'un vol Londres-New York tous les week-ends. Je mesurais aussi les difficultés d'une relation à longue distance. Mais je voulais que Swann y croie, lui.

— Qu'est-ce que tu ferais à ma place ? me demanda-t-il. Si on t'offrait le job de tes rêves, mais que tu devais me quitter ?

— J'aurais affreusement mal, mais je partirais, rétorquai-je, en priant pour que mon mensonge ne se lise pas sur mon visage. Et je sais que tu me comprendrais.

Après un moment de silence, où il sembla réfléchir, il s'écarta légèrement pour sortir une petite boîte de sa poche, et la placer dans le creux de ma main. Je l'ouvris, si fébrile que je manquai de la faire tomber. Elle contenait un anneau de Claddagh.

— Je l'ai acheté, le dimanche où tu t'es enfuie comme une voleuse. Je pensais pouvoir te l'offrir à Londres, à mon retour. Depuis, elle est restée dans la voiture… Je m'étais dit que ça te plairait de te prendre pour Buffy.

J'étais émue, mais je ne voulais pas qu'il se force à faire des choses qu'il ne voulait pas.

— Oh tu sais, au fond, je me moque des symboles. (Le souvenir vague d'un cadenas d'amour reposant désormais au fond de la Seine me traversa l'esprit.) Tu n'es pas obligé de faire ça.

Il attrapa ma main, et glissa ses doigts entre les miens.

— Tu ne m'obliges à rien. Et si ça te plaît, tu peux même m'appeler Angel.

Je ris, des larmes au fond de la gorge. Je devais avoir l'air pitoyable.

— Et si on rentrait chez nous, Angel ?

— « Chez nous »…, répéta-t-il, avec un sourire mystérieux.

Dans le hall de la maison, il me souleva et me porta dans ses bras pour franchir ma porte. J'enfouis ma tête au creux de son cou, les narines comblées par son odeur.

Il referma derrière nous, avant de me déposer sur le comptoir de la cuisine. Sans me brusquer, il se cala entre mes jambes.

— Swann…

Son regard de feu m'hypnotisait, me consumait. Il enfonça la main dans mes cheveux pour m'attirer contre lui et m'embrasser passionnément. Il semblait éprouver un besoin fulgurant de me toucher, de revendiquer mon corps avec ses mains, mon désir avec ses yeux.

Je le comprenais, parce que j'éprouvais exactement la même chose. Mais je décelais aussi de la tristesse dans son regard. Je décidai de la chasser, sur-le-champ.

— Tu comptes me faire l'amour sur ce comptoir ?

— J'imagine que tu préfères un endroit plus… confortable.

Je fis la vexée.

— C'est ça, traite-moi de mémère pendant que tu y es ! Mais je suis une rebelle, ne l'oublie pas. Tiens par exemple, hier, le pizzaiolo s'est trompé. Il a mis deux sachets d'huile piquante. Eh bien, j'ai joué le tout pour le tout : j'ai versé les deux sur ma pizza. Tu vois à quel point je sais prendre des risques.

Il rit doucement, mais un voile sombre continuait d'obscurcir son visage. J'aurais fait n'importe quoi pour l'effacer. Vraiment n'importe quoi.

— Maintenant, je te l'avoue, le carrelage me fait un peu froid aux fesses.

Il éclata de rire.

— Tu parles d'une rebelle !

Je le repoussai à deux mains, feignant la colère.

— Ah ouais ? Tu te moques de moi ? lançai-je. Attends un peu, je vais te prouver que tu te trompes à mon sujet. Ça te dirait une danse ? Je me suis entraînée depuis mon premier essai, dans le parc. Va t'asseoir sur le canapé, et prépare-toi à en prendre plein les yeux. Mais d'abord, promets-moi de me laisser aller jusqu'au bout, cette fois.

— Je te promets de te laisser faire exactement ce que tu voudras de moi. Ça te va, comme ça ?

— Marché conclu.

Il s'installa tranquillement sur le canapé. Dos tourné, je commençai à fredonner *I Wanna Be Loved by You* [1], en caressant langoureusement le comptoir et en bombant les fesses. J'exagérais mes mouvements exprès, pour rendre mon petit numéro comique.

Je voulais surtout l'amuser. Lui faire oublier qu'il repartirait, le lendemain.

J'ondulais les hanches, en remontant ma robe d'un côté, puis de l'autre.

Lorsque je me retournai, Swann me contemplait, le regard brillant. Je mourais d'envie de le rejoindre sur le canapé, de le toucher, mais je me mordis la lèvre inférieure, pour refréner mon impatience.

1. Chanson écrite par Herbert Stothart et Harry Ruby pour le film *Good Boy* en 1928.

Tête baissée, je jetai mes escarpins, l'un après l'autre, et fis glisser ma robe, centimètre après centimètre, jusqu'à ce qu'elle tombe à mes pieds. En relevant les yeux, je vis les veines palpiter sur la gorge de Swann.

Je hissai une jambe sur le comptoir, en dandinant outrageusement du derrière, et j'ôtai mon soutien-gorge. Après l'avoir fait tournoyer au-dessus de ma tête, comme une fronde, je le lançai à la figure de Swann.

Son éclat de rire me combla.

— Alors ? Tu en dis quoi ? Je suis une rebelle, oui ou non ?

Ses yeux n'étaient plus que deux brasiers.

— Je ne sais pas. C'est difficile à dire, je dois y réfléchir. Montre-m'en un peu plus.

— Là, tu me provoques.

Je baissai ma jambe, puis me remis à danser et à chanter. Comme ça, l'air de rien, je fis descendre ma culotte, juste un peu d'un côté, la remontai aussitôt, puis la baissai à nouveau de l'autre, en faisant claquer l'élastique.

Savourant ce petit jeu, je m'amusai à le faire durer le plus longtemps possible. Lorsque je fus entièrement nue devant lui, je me rendis soudain compte de l'audace de mon striptease, en plein jour. Mes joues s'enflammèrent.

Il promena son regard sur mon corps, allumant un incendie au creux de mon ventre.

— Alors, je suis une rebelle ?

— Hum, j'hésite encore.

Je poussai un grognement agacé.

— Cette fois, crois-moi, tu vas vraiment le regretter.

Je posai un index provocant entre mes jambes. Ne pouvant plus se contenir, Swann laissa échapper un rugissement presque animal.

— Viens ma rebelle, laisse-moi te caresser…

Incapable de résister à cet appel, je marchai jusqu'à lui, et plaçai un genou de chaque côté de son bassin. Il glissa une main entre mes cuisses, et je ne pus m'empêcher de gémir en sentant ses doigts aller et venir.

— J'adore tellement ton…, ronronna-t-il.

Je baissai les yeux, écarlate.

— Mon sexe ?

— Ça te choque ?

— Non. C'est juste que personne ne m'avait encore dit ce genre de chose avant.

— C'est que personne ne t'a jamais aimée autant que moi.

Tandis qu'il promenait sa bouche sur mes seins, mes mains s'aventurèrent sous sa ceinture.

Je libérai son pénis gonflé à l'extrême, et me glissai sur lui centimètre par centimètre, chacun plus exquis que le précédent. Il soupira, les paupières à demi closes.

— C'est si bon, Lina…

Il plaça ses mains en coupe sous mes fesses pour guider mes mouvements, nos gémissements se répondirent, ma cadence s'accéléra. Il m'embrassa éperdument, le souffle de plus en plus court.

— Est-ce que tu sais à quel point je suis fou de toi ?

L'instant d'après, le plaisir déferla en moi, chassant toute pensée de mon esprit.

La nuit était tombée. J'étais étendue sur mon matelas, nos peaux nues serrées l'une contre l'autre. Il me gardait prisonnière consentante de ses bras. J'aurais voulu que ce moment dure toujours. Mais je savais qu'il y aurait une fin.

Alors que je le croyais endormi, Swann se mit à jouer avec mon anneau de Claddagh, en le faisant tourner autour de mon doigt. Je n'osais pas bouger.

— Je peux te poser une question, ma belle rebelle ? me demanda-t-il soudain.

— Bien sûr.

— Si Angel était à ma place et qu'il devait partir de l'autre côté de l'Atlantique, loin de Buffy, qu'est-ce qu'il ferait ?

Mon cœur s'arrêta, tandis que je répondis :

— Il lui demanderait de venir avec lui.

Il y eut un silence, pendant lequel je retins mon souffle. Swann m'embrassa tendrement sur l'épaule.

— Décidément, je me sens de plus en plus proche de ce mec…

Épilogue

Un prestigieux théâtre de Broadway, de nos jours…

— Alors, ma chérie, comment va-t-il ?

La première du spectacle commence dans quelques minutes, et mon père semble encore plus nerveux que moi – ce qui me paraît pourtant difficilement possible.

Je crois que je vais m'évanouir. J'attrape un programme que me tend une jeune femme, et je m'évente avec.

Vêtue d'une robe de soirée en lamé argenté qui lui donne l'allure d'une sirène, Charlotte me sourit. Ça me fait plaisir qu'ils soient là, tous les deux. J'aurais voulu convier ma mère et le Professeur, aussi, mais ça aurait été potentiellement explosif. Après toutes ces années, mes parents n'ont toujours pas réglé leurs comptes, et tels que je les connais, la moindre étincelle aurait allumé un vrai feu d'artifice.

À bien y réfléchir, c'est sans doute mieux comme ça. Voir ma mère aurait rappelé à Swann l'absence de la sienne. Il avait tellement rêvé d'être comme Billy Elliot…

Heureusement, Moira est venue, et elle attend déjà, assise dans la salle.

Charlotte me fait un clin d'œil.

— Lina, tu sais que ton père n'a pas dormi de la nuit ?

Il hausse les épaules, sous son smoking loué pour la soirée.

— C'est seulement à cause du décalage horaire.

— Oh, la belle histoire ! le taquine gentiment Charlotte. Tu t'angoisses pour ton *fiston*, oui !

Depuis que nous avons passé Noël en Suisse, avec Swann, mon père et lui ne laissent pas passer une semaine sans se téléphoner. Entre eux, ça a été le coup de foudre. Dès les premières minutes, ils ont rigolé ensemble, complices comme de vieux potes, et mon père l'a rebaptisé « fils ».

Même s'il ne m'a rien dit, je sais que ce surnom affectueux a touché Swann, lui dont l'enfance a été si vide d'amour. Je l'ai lu dans ses yeux.

Je ne vais pas aller le voir dans les coulisses. Je ne veux surtout pas le distraire. Ce soir, il n'est pas mon petit ami. Il appartient à son public et à son art, et je dois m'effacer.

— Il va bien. Il a le trac, mais il prétend que c'est du bon trac. Enfin, tu le connais, toujours à vouloir jouer au gros dur !

J'ai beau plaisanter, à l'intérieur, je suis terrifiée. Swann s'est investi corps et âme dans son rôle. Ces derniers mois, il n'a fait que travailler, répéter, douter, retrouver confiance, puis douter encore. Je suis certaine qu'il sera bon, mais les critiques seront-elles d'accord avec moi ?

— Ma chérie, tu es prête ? me demande soudain papa.

Je comprends que le moment est venu. Mon cœur manque un battement. Moi qui étais déjà dans tous mes états ! Mon père pose une main sur mon épaule, avant de s'éloigner, avec Charlotte.

Annabelle entre dans le hall. C'est Swann qui a tenu à l'inviter. Il m'a assuré que la première d'*Edward aux mains d'argent* était l'occasion de revoir ma sœur. En réalité, il m'a suppliée, menacée, harcelée, jusqu'à ce que j'accepte.

Si ça n'avait pas été pour lui…

Sous son regard intraitable, j'ai envoyé un message à Annabelle, en lui précisant que papa serait là, également. Elle m'a répondu à peine cinq minutes plus tard.

Dans sa robe noire et fluide, Annabelle marche, éblouissante, sûre d'elle. En apparence, tout du moins. Parce que moi qui la connais comme ma poche, je peux sentir sa nervosité à des kilomètres.

Les têtes se retournent sur son passage, et je suis étonnée d'en éprouver de la fierté.

Eh ouais, les mecs, c'est ma sœur ! Ça vous en bouche un coin, hein ?

J'ai tant redouté nos retrouvailles. Je m'attendais à ressentir, non plus de la colère – de l'eau a coulé sous les ponts, et il y a Swann… – mais plutôt une sorte d'indifférence, de froideur. Je pensais qu'après tout le chagrin qu'elle m'a causé, je ne pourrais plus jamais aimer ma sœur.

Et en la découvrant, aussi fébrile que moi, le regard brillant de larmes contenues, je me rends compte que j'avais à la fois tort et raison. Mes sentiments pour elle ne sont effectivement plus les mêmes. Je ne lui voue plus cet amour inconditionnel, et le temps nous a éloignées l'une de l'autre.

Pourtant, je suis bouleversée de la revoir, et je me demande ce que je vais pouvoir lui dire. Combien de fois ai-je imaginé cette scène ?

Le mois dernier, pour le lancement de mon roman dans une grande librairie parisienne, ma mère est venue me soutenir. Là, comme si de rien n'était, elle m'a donné des nouvelles d'Annabelle. Ça fait deux fois qu'elle repousse la date de son mariage avec Benjamin, apparemment pour de « petits soucis d'organisation »… Mais ma mère avait un drôle d'air en le disant. Je n'ai été ni contente, ni peinée, en l'apprenant. Je ne me suis pas frotté les mains, genre : « Chouette, bien fait pour eux ! » J'avais juste l'impression qu'elle me parlait d'inconnus. Ou alors, de personnes qui appartenaient à un autre chapitre de ma vie. Un chapitre clos.

— Tu es splendide.

Ma voix ne tremble – presque – pas. Avec Annabelle, nous demeurons quelques instants à nous dévisager.

Elle essaie de sourire, mais je devine qu'elle est à deux doigts de fondre en larmes.

— Toi aussi… Maman m'a dit que ton roman marchait bien.

Je hoche la tête.

— Il est déjà en réimpression.

Elle baisse les yeux. Je ne l'ai jamais vue aussi hésitante. Ou alors, c'est mon regard qui a changé. Je la vois désormais telle qu'elle est, une jeune femme qui se barricade derrière son assurance, mais qui, au fond, n'est ni plus confiante ni plus forte que moi.

— Je l'ai lu…, murmure-t-elle.

Ses mots restent en suspens. J'ai du mal à en croire mes oreilles, et il faut un certain temps pour que l'information remonte jusqu'à mon cerveau.

— Et qu'est-ce que tu en as pensé ?

— J'ai toujours su que ma petite sœur était bourrée de talent. Je n'arrête pas de parler de toi au bureau. Je te jure, mes collègues n'en peuvent plus.

« Ma petite sœur »…

C'est trop tôt. Je ne suis pas prête pour les effusions. Annabelle doit le sentir.

Mal à l'aise, elle change de sujet.

— Et Fred, comment elle va ?

— Très bien. Je dors chez elle quand je suis en dédicace à Paris.

Fred… Elle a enfin (enfin !) compris qu'Axel, son colocataire, était le garçon idéal. Amoureux transi, d'une patience d'ange. Ils vivent une belle histoire. Comme elle a décidé de préparer l'examen d'entrée d'une grande école de mode, Axel lui apporte son soutien sans faille. Je n'ai jamais vu mon amie aussi heureuse.

Une sonnerie retentit. Tout mon esprit se tourne vers Swann.

Annabelle s'installe à côté de moi, sans un mot. J'adresse un petit sourire à Moira, assise deux fauteuils plus loin. Son émotion est palpable, et me contamine – je n'en ai pourtant pas besoin !

Les lumières de la salle s'éteignent, et je retiens mon souffle. Lorsque le rideau s'ouvre, j'oublie le reste du monde. Swann apparaît sur scène, et je dois me contenir pour ne pas applaudir à tout rompre et hurler comme une hystérique : « Youhou, c'est mon mec !!!! »

Son visage est enlaidi par deux fausses cicatrices, ses mains recouvertes de ciseaux, mais il est plus sexy que jamais.

Dire qu'il a failli rater le rôle parce que la coproductrice du spectacle le trouvait trop beau pour jouer Edward ! Lors de la seconde audition, il avait su démontrer qu'il n'était pas que ça.

De toute façon, il pourrait être sale, habillé comme un sac, que je le trouverais juste… irrésistible. Et je me moque de savoir que toutes les filles présentes craquent aussi pour lui.

Le soir, c'est dans notre studio de Brooklyn qu'il se dépêche de rentrer après les répétitions, c'est mon corps qu'il caresse, et c'est dans mes bras qu'il s'endort en murmurant des mots d'amour. Hier, entre deux baisers, il m'a dit qu'il rêvait de m'offrir un petit cottage, à Galway…

Le décor représentant l'intérieur d'un vieux manoir est frappant de réalisme. Sombre, gothique. À peine Swann entonne-t-il les premières notes de sa chanson que je me mets à pleurer. Mes larmes vont s'écraser sur ma robe en satin.

Il est prodigieux.

Sous son maquillage, je ressens toute l'émotion d'Edward, sa solitude. Swann utilise son enfance pour nous livrer son âme, sans pudeur. Je jette un coup d'œil discret aux autres spectateurs du premier rang. Ils sont éblouis, eux aussi.

Non Lina, n'applaudis pas ! Ce n'est pas le moment !

C'est bête, mais j'ai l'impression qu'il chante pour moi. D'ailleurs, il me regarde.

Annabelle attrape ma main.

Je ne la retire pas.

The Fell Types are digitally reproduced by Igino Marini.
www.iginomarini.com

Achevé d'imprimer en septembre 2015
Par CPI Brodard & Taupin - La Flèche (France)
N° d'impression : 3013099
Dépôt légal : octobre 2015
Imprimé en France
81121598-1